国家出版基金项目
NATIONAL PUBLICATION FOUNDATION

中宣部2022年主题出版重点出版物

"十四五"国家重点图书出版规划项目

纪录小康工程

全面建成小康社会

山东全景录

SHANDONG QUANJINGLU

本书编写组

山东人民出版社

责任编辑：崔　敏　谭　天　战海霞

封面设计：石笑梦　王凤娟

版式设计：周方亚　王凤娟

图书在版编目（CIP）数据

全面建成小康社会山东全景录／本书编写组编著 . — 济南：山东人民出版社，
　2022.10

（"纪录小康工程"地方丛书）

ISBN 978 - 7 - 209 - 13800 - 0

I.①全…　II.①本…　III.①小康建设－成就－山东　IV.① F124.7

中国版本图书馆 CIP 数据核字（2022）第 071532 号

全面建成小康社会山东全景录
QUANMIAN JIANCHENG XIAOKANG SHEHUI SHANDONG QUANJINGLU

本书编写组

山东人民出版社出版发行

（250003　济南市市中区舜耕路 517 号）

山东临沂新华印刷物流集团有限责任公司印刷　新华书店经销

2022 年 10 月第 1 版　2022 年 10 月济南第 1 次印刷

开本：710 毫米 ×1000 毫米 1/16　印张：19

字数：221 千字

ISBN 978 - 7 - 209 - 13800 - 0　定价：66.50 元

邮购地址 250003　济南市市中区舜耕路 517 号

山东人民出版社市场部　电话：（0531）82098027

总　序

为民族复兴修史　为伟大时代立传

　　小康，是中华民族孜孜以求的梦想和夙愿。千百年来，中国人民一直对小康怀有割舍不断的情愫，祖祖辈辈为过上幸福美好生活劳苦奋斗。"民亦劳止，汔可小康""久困于穷，冀以小康""安得广厦千万间，大庇天下寒士俱欢颜"……都寄托着中国人民对小康社会的恒久期盼。然而，这些朴素而美好的愿望在历史上却从来没有变成现实。中国共产党自成立那天起，就把为中国人民谋幸福、为中华民族谋复兴作为初心使命，团结带领亿万中国人民拼搏奋斗，为过上幸福生活胼手胝足、砥砺前行。夺取新民主主义革命伟大胜利，完成社会主义革命和推进社会主义建设，进行改革开放和社会主义现代化建设，开创中国特色社会主义新时代，经过百年不懈奋斗，无数中国人摆脱贫困，过上衣食无忧的好日子。

　　特别是党的十八大以来，以习近平同志为核心的党中央统揽中华民族伟大复兴战略全局和世界百年未有之大变局，团结带领全党全国各族人民统筹推进"五位一体"总体布局、协调推进"四个全面"战略布局，万众一心战贫困、促改革、抗疫情、谋发展，党和国家事业取得历史性成就、发生历史性变革。在庆祝中国共产党成立100周年大会上，习近平总书记庄严宣告："经过全党全国各族人民持续奋斗，我们实现了第一个百年奋斗目标，在中华大地上全面建成了小康社会，历史性地解决了绝对贫困问题，正在意气风发向着全面建成社会主义现代化强国的第二个百年奋斗目标迈进。"

这是中华民族、中国人民、中国共产党的伟大光荣！这是百姓的福祉、国家的进步、民族的骄傲！

全面小康，让梦想的阳光照进现实、照亮生活。从推翻"三座大山"到"人民当家作主"，从"小康之家"到"小康社会"，从"总体小康"到"全面小康"，从"全面建设"到"全面建成"，中国人民牢牢把命运掌握在自己手上，人民群众的生活越来越红火。"人民对美好生活的向往，就是我们的奋斗目标。"在习近平总书记坚强领导、亲自指挥下，我国脱贫攻坚取得重大历史性成就，现行标准下9899万农村贫困人口全部脱贫，建成世界上规模最大的社会保障体系，居民人均预期寿命提高到78.2岁，人民精神文化生活极大丰富，生态环境得到明显改善，公平正义的阳光普照大地。今天的中国人民，生活殷实、安居乐业，获得感、幸福感、安全感显著增强，道路自信、理论自信、制度自信、文化自信更加坚定，对创造更加美好的生活充满信心。

全面小康，让社会主义中国焕发出蓬勃生机活力。经过长期努力特别是党的十八大以来伟大实践，我国经济实力、科技实力、国防实力、综合国力跃上新的大台阶，成为世界第二大经济体、第一大工业国、第一大货物贸易国、第一大外汇储备国，国内生产总值从 1952 年的 679 亿元跃升至 2021 年的 114 万亿元，人均国内生产总值从 1952 年的几十美元跃升至 2021 年的超过 1.2 万美元。把握新发展阶段、贯彻新发展理念、构建新发展格局、推动高质量发展，全面建设社会主义现代化国家，我们的物质基础、制度基础更加坚实、更加牢靠。全面建成小康社会的伟大成就充分说明，在中华大地上生气勃勃的创造性的社会主义实践造福了人民、改变了中国、影响了时代，世界范围内社会主义和资本主义两种社会制度的历史演进及其较量发生了有利于社会主义的重大转变，社会主义制度优势得到极大彰显，中国特色社会主义道路越走越宽广。

全面小康，让中华民族自信自强屹立于世界民族之林。中华民族有五千多年的文明历史，创造了灿烂的中华文明，为人类文明进步作出了卓越贡献。近代以来，中华民族遭受的苦难之重、付出的牺牲之大，世所罕见。中国共产党带领中国人民从沉沦中觉醒、从灾难中奋起，前赴后继、百折不挠，战胜各种艰难险阻，取得一个个伟大胜利，创造一个个发展奇迹，用鲜血和汗水书写了中华民族几千年历史上最恢宏的史诗。全面建成小康社会，见证了中华民族强大的创造力、坚韧力、爆发力，见证了中华民族自信自强、守正创新精神气质的锻造与激扬，实现中华民族伟大复兴有了更为主动的精神力量，进入不可逆转的历史进程。今天，我们比历史上任何时期都更接近、更有信心和能力实现中华民族伟大复兴的目标，中国人民的志气、骨气、底气极大增强，奋进新征程、建功新时代有着前所未有的历史主动精神、历史创造精神。

全面小康，在人类社会发展史上写就了不可磨灭的光辉篇章。中华民族素有和合共生、兼济天下的价值追求，中国共产党立志于为人类谋进步、为世界谋大同。中国的发展，使世界五分之一的人口整体摆脱贫困，提前十年实现联合国2030年可持续发展议程确定的目标，谱写了彪炳世界发展史的减贫奇迹，创造了中国式现代化道路与人类文明新形态。这份光荣的胜利，属于中国，也属于世界。事实雄辩地证明，人类通往美好生活的道路不止一条，各国实现现代化的道路不止一条。全面建成小康社会的中国，始终站在历史正确的一边，站在人类进步的一边，国际影响力、感召力、塑造力显著提升，负责任大国形象充分彰显，以更加开放包容的姿态拥抱世界，必将为推动构建人类命运共同体、弘扬全人类共同价值、建设更加美好的世界作出新的更大贡献。

回望全面建成小康社会的历史，伟大历程何其艰苦卓绝，伟大胜利何其光辉炳耀，伟大精神何其气壮山河！

这是中华民族发展史上矗立起的又一座历史丰碑、精神丰碑！这座丰碑，凝结着中国共产党人矢志不渝的坚持坚守、博大深沉的情怀胸襟，辉映着科学理论的思想穿透力、时代引领力、实践推动力，镌刻着中国人民的奋发奋斗、牺牲奉献，彰显着中国特色社会主义制度的强大生命力、显著优越性。

因为感动，所以纪录；因为壮丽，所以丰厚。恢宏的历史伟业，必将留下深沉的历史印记，竖起闪耀的历史地标。

中央宣传部牵头，中央有关部门和宣传文化单位，省、市、县各级宣传部门共同参与组织实施"纪录小康工程"，以为民族复兴修史、为伟大时代立传为宗旨，以"存史资政、教化育人"为目的，形成了数据库、大事记、系列丛书和主题纪录片4方面主要成果。目前已建成内容全面、分类有序的4级数据库，编纂完成各级各类全面小康、脱贫攻坚大事记，出版"纪录小康工程"丛书，摄制完成纪录片《纪录小康》。

"纪录小康工程"丛书包括中央系列和地方系列。中央系列分为"擘画领航""经天纬地""航海梯山""踔厉奋发""彪炳史册"5个主题，由中央有关部门精选内容组织编撰；地方系列分为"全景录""大事记""变迁志""奋斗者""影像记"5个板块，由各省（区、市）和新疆生产建设兵团结合各地实际情况推出主题图书。丛书忠实纪录习近平总书记的小康情怀、扶贫足迹，反映党中央关于全面建成小康社会重大决策、重大部署的历史过程，展现通过不懈奋斗取得全面建成小康社会伟大胜利的光辉历程，讲述在决战脱贫攻坚、决胜全面小康进程中涌现的先进个人、先进集体和典型事迹，揭示辉煌成就和历史巨变背后的制度优势和经验启示。这是对全面建成小康社会伟大成就的历史巡礼，是对中国共产党和中国人民奋斗精神的深情礼赞。

历史昭示未来，明天更加美好。全面建成小康社会，带给中国人民的是温暖、是力量、是坚定、是信心。让我们时时回望小康历程，深入学习贯彻习近平新时代中国特色社会主义思想，深刻理解中国共产党为什么能、马克思主义为什么行、中国特色社会主义为什么好，深刻把握"两个确立"的决定性意义，增强"四个意识"、坚定"四个自信"、做到"两个维护"，以坚如磐石的定力、敢打必胜的信念，集中精力办好自己的事情，向着实现第二个百年奋斗目标、创造中国人民更加幸福美好生活勇毅前行。

目　录

一、历程："幸福都是奋斗出来的"

小康承载初心，小康属于人民。从 1949 年新中国成立到社会主义制度的建立，继而开启社会主义建设的艰辛探索，再到 1978 年党的十一届三中全会拉开中国改革开放大幕，直至阔步迈进新时代，勤劳智慧的齐鲁儿女通过自力更生、不懈奋斗，描绘了一幅绚丽多彩的山东壮美画卷。

小康源自奋斗，小康点亮生活。从小康目标的提出到全面建成小康社会，一亿多山东人民踏着时代节拍，加快追梦步伐，头拱地、往前冲，铆足劲、抓落实，深入贯彻落实习近平总书记重要指示精神，确保党中央决策部署在山东落地生根、开花结果，不断实现人民对美好生活的向往。

（一）1949—1978 年：敢教日月换新天

"你是灯塔，照耀着黎明前的海洋；你是舵手，掌握着航行的方向。伟大的中国共产党，你就是核心，你就是方向，我们永远跟着你走……"2021 年 1 月 1 日，沂南县孙祖镇东高庄村，歌声嘹亮。当天，该县文艺小分队来到《跟着共产党走》歌曲诞生地，以唱响一首首经典红歌的方式迎接新年，拉开了全县"唱红歌 颂党恩"——庆祝建党 100 周年系列活动的序幕。东高庄村村民纷纷被熟悉的旋律感染，与文艺小分队一起唱响《跟着共产党走》，歌声嘹亮，响彻云霄。

这首经典红歌创作于 1940 年 6 月，受到人民的喜爱，传唱至今。《跟着共产党走》唱出了百姓跟党走的心声和精气神，更唱出了山东人民全面打赢脱贫攻坚战和全面建成小康社会的信心和决心。

大道如虹踏歌行。今天，我们站在新的历史起点上，回望从新中国成立到实行改革开放的近 30 年时间，山东人民在党的领导下，医治战争创伤，当家做主人，把一个一穷二白的旧山东建设成为一个初步繁荣发展的新山东，在多个领域取得了重要成就，在新中国社会主义革命和建设伟大进程中书写了浓墨重彩的一笔，为小康社会建设积累了重要物质基础，并提供了强大精神支撑和安全保证。

1. 重整山河：齐鲁大地焕发新生

1949 年 10 月 1 日，毛泽东在北京天安门城楼上向全世界庄严宣告："中华人民共和国中央人民政府今天成立了！"当第一面五星红旗冉冉升起，近代以来历经苦难斗争的中国人民，终于迎来中华民族浴火重生的曙光。

中华人民共和国的诞生，是中华民族历史上翻天覆地的大变化，亿万中国人民成为国家、社会和自己命运的主人，举国上下一片欢腾。10 月 2 日，山东人民与全国人民一道，欢欣鼓舞，走上街头，热烈庆祝中华人民共和国成立。全省各地举行各种形式的庆祝活动，齐鲁大地焕发新生。

1949 年 10 月 2 日，包括省会济南在内，山东各地以多种形式庆祝中华人民共和国成立。图为临沂军民举行庆祝活动的场景

1949 年 10 月 3 日《大众日报》一版刊发《济南市昨日空前盛举 二十万人集会大游行 庆祝中央人民政府成立 庄严示威保卫世界和平》一文，其中写道："1949 年 10 月 2 日早晨，济南市响起了震天的锣鼓声，群众自发组织的秧歌队、高跷队涌向大街小巷；机关、商店、学校等到处挂起了五星红旗，各条街道都搭起了五彩牌坊，整个泉城顿时成了欢乐的海洋。山东省直各机关代表、济南市直各机关代表、各民主党派、爱国人士及各界群众代表 20 万人，在济南市西郊机场举行庆祝大会，热烈庆祝新中国成立。下午 3 时 30 分，礼炮齐鸣 28 响，庆祝大会正式开始……"

今天，报纸上的老照片已泛黄模糊，但是齐鲁儿女跟着共产党走，与时代同步、与共和国同行的步履，却无比清晰坚定。

新中国成立之初，山东历经抗日战争和解放战争十余年破坏，满目疮痍，一穷二白。为取得战争胜利，全省人民毁家纾难、倾其所有，大多数人都挣扎在温饱线上。从站起来的那一天起，面对极其困难的经济社会状况，在党中央的坚强领导下，山东党组织既保持清醒的头脑又充满必胜的信心，团结带领全省人民奋发图强、探索前行：巩固新生政权，医治战争创伤，革除社会积弊，完成土地改革，积极发展社会生产力，大力支援抗美援朝，仅用三年时间，就根本扭转了国民党反动统治留下的混乱局面，实现了国民经济的快速恢复和发展。1953年，按照党在过渡时期的总路线和总任务，开始实施第一个五年计划，并逐步对农业、手工业、资本主义工商业进行社会主义改造，胜利实现向社会主义过渡。到1956年，随着社会主义改造基本完成，山东搭建起社会主义大厦的"四梁八柱"，开始在探索中全面建设社会主义。

（1）恢复和发展生产，全面进行土地改革，解放了农村生产力

1950年10月20日，省政府颁布《山东省土地改革实施办法》，分别对老区、恢复区和新区的土地改革提出了不同的要求、方法和步骤，对完成和结束土地改革以及确权发证工作作出规定。到1951年9月，山东土地改革运动基本结束。1952年夏，全省最后一批土地房产证确权发证工作完成。至此，在全省范围内彻底废除了延续两千多年的封建土地剥削制度，胜利完成了土地改革的伟大历史任务。在历次土地改革中，全省累计没收地主土地3436万余亩，近3000万农民拥有了自己的土地，山东广大农民实现了"耕者有其田"的梦想。通过土地改革，极大地解放了农村生产力，农民生产积极性空前高涨。

（2）建立起较完整的国民经济体系，成为工业门类最齐全的省份之一

山东在全国较早建成了生产自行车、缝纫机、钟表的工厂和一批关乎民生的轻工纺织企业，彻底告别了洋车（自行车）、洋火（火柴）、洋布等基本生活必需品完全依靠"洋人"的时代。经过艰苦奋斗，济南钢铁厂、齐鲁石化、莱芜钢铁厂等一批大型骨干企业相继建成投产，电子、汽车、冶金、摩托车、化纤等一批新兴工业企业相继成立。山东逐步建立起比较完整的国民经济体系，成为全国工业门类最齐全的省份之一。

1950年3月，山东氧化铝厂（即山东冶炼总厂）经批准恢复建设，为新中国成立后山东省第一个国家重点工程项目。

随着国民经济恢复，且抗美援朝战争处于关键时期，中国急需先进的铁路运输设备，1952年7月，青岛四方机车车辆厂在修复组装"国庆号"蒸汽机车的基础上，成功试制出新中国第一台解放型蒸汽机车"八一号"，结束了中国不能生产蒸汽机车的历史。

1958年5月，济南钢铁厂建成山东省第一座高炉，结束了山东"手无寸铁"的历史。

1959年11月，中国第一台液力传动内燃机车——"卫星"型摩托机车在青岛四方机车车辆厂试制成功。

1960年4月，济南汽车制造厂第一批"黄河"重型汽车出厂，结束了我国不能生产重型汽车的历史。

1961年4月，石油工业部32120钻井队在广饶县辛店公社东营村附近打出第一口工业油流井——华八井，日产石油8.1吨。从此，华北石油会战拉开序幕。

1960 年 4 月,"黄河"重型汽车驶出工厂,结束了我国不能生产重型汽车的历史

1964 年 10 月,济南自行车零件厂生产的第一代"轻骑"轻便摩托车下线。该厂由此成为全国第一个生产轻便摩托车的专业厂。

1969 年 10 月,中国自行设计、制造的第一台 5000 马力液力传动内燃机车在青岛四方机车车辆厂诞生。

1971 年 7 月,济南第二机床厂研制出全国第一台 J2-035 气缸体平面拉床,是当时世界上最大的拉床之一,达到国际先进水平,荣获国家科学技术进步奖二等奖。

1972 年 9 月,鲁南化肥厂正式投产。

1973 年,青岛四方机车车辆厂生产的客运列车车厢销往国外。

(3)农田水利兴修运动蓬勃开展,农业生产条件得到改善

山东人民疏浚河道、修筑堤坝,建设水库、开挖沟渠,从黄河、小清河到徒骇河、沂河、潍河,对省内的河流进行了大规模治理。"虹吸引黄"灌溉工程、"导沭整沂"工程等大批农田水利工程相继建成,大大提高了防汛抗旱能力,有些工程至今仍然发挥着重

要作用。其中，"导沭整沂"工程极大地减少了鲁南、苏北 1450 万亩土地常年严重的洪涝灾害，对沂沭地区摆脱贫困、发展经济产生了深远影响。昌潍地区于 1960 年建成的峡山水库，库容 14.05 亿立方米，是迄今为止全省最大的人工水库，至今仍在防汛抗旱、农田灌溉、水力发电和城乡居民生活用水等方面发挥着巨大作用。

（4）恢复和建设基础设施，形成四通八达的公路运输网

新中国成立前夕，毛泽东在 1949 年 7 月 9 日接见全国铁路临时代表会议代表的讲话中指出：现在的铁路太少了，我们将来要修几十万公里的铁路。雄心壮志迅速变成实际行动，筑铁路，修公路，架桥梁，凿隧道……齐鲁大地上建成了四通八达的公路运输网，基本达到县县能通车、社社有公路；省内的河流架上了桥梁，实现了"天堑变通途"。

（5）发展科教文卫等各项事业，社会生活面貌有了全新变化

全省 122 个县（市、区）建起了广播站，基本形成农村广播网；开展大规模扫盲运动，大力普及小学教育，人民群众享有平等接受教育的权利；全省 92% 的生产大队办起了合作医疗。1958 年，省卫生厅向卫生部、省委、省人委报告，全省已基本消灭黑热病。

新中国成立后，山东体育选手多次打破世界纪录。1957 年 11 月 17 日，山东女子跳高运动员郑凤荣在北京田径比赛中成功跃过 1.77 米，成为我国第一位打破世界纪录的女运动员，也是我国第一位打破田径世界纪录的运动员，更是 1936 年以来亚洲第一位打破田径世界纪录的运动员。

1972 年 4 月，山东临沂银雀山汉墓发掘出土大批竹简，内容以兵书为主，其中包括《孙子兵法》和失传的《孙膑兵法》。这个

发现被誉为"新中国 30 年十大考古发现"之一。

1978 年 5 月，全省科学大会表彰了先进集体、先进科技工作者和 1000 多项优秀科技成果。

民生为大，枝叶关情；两个文明，齐抓共上。山东重视社会主义物质文明建设的同时，加强精神文明建设，厚培文明沃土，构筑精神高地。伴随着济南姑娘郑凤荣打破世界纪录的一跃，各条战线上涌现出大量可歌可泣的先进典型和模范人物。此后，全省掀起了学雷锋、学王杰、学焦裕禄的热潮，形成了昂扬向上、无私奉献的精神风貌，展现了山东人民建设社会主义的时代风采。

2. 峥嵘壮志：夯实小康进阶之基

自神州陆沉中奋起，在战争创伤中改造出齐鲁新天；于一穷二白中奋进，在满目疮痍中重整出锦绣山河。山东人民的奋斗历程与全国人民奋力推动中华民族站起来的伟大历史进程相生相融。一路走来，"看似寻常最奇崛，成如容易却艰辛"。"好例"厉家寨是其中的生动注解。

莒南县厉家寨地处沂蒙革命老区，厉家寨人治山治水，用可歌可泣、战天斗地的奋斗实践，在历史上留下了浓墨重彩的一笔。1957 年 10 月 9 日，毛泽东在《山东省莒南县厉家寨大山农业社千方百计争取丰收再丰收》材料上批示："愚公移山，改造中国，厉家寨是一个好例。"1957 年至 1965 年，全国各地四五十万人次到厉家寨参观学习。

风展红旗如画，百年沧海桑田。这一时期的沂蒙老区，不乏改天换地、重整山河的典型。1958 年至 1960 年，临沂地区 200 多万人顶风冒雪、风餐露宿，在极端困难的情况下，建成了跋山、岸

1960 年 5 月,被誉为"沂蒙母亲湖"的跋山水库建成蓄水。图为建成前的施工场景

堤、青峰岭等 11 座大型水库。在兴修水利期间,沂蒙妇女顶起了半边天。

山东人民自力更生、发愤图强,创造了许多展现社会主义建设伟大成就的时代"好例"和先进典型。不止厉家寨,胶东地区黄县下丁家大队在"农业战线艰苦创业、治山治水的杰出带头人"、党总支书记王永幸带领下劈山筑库、拦河打坝,从河滩到山顶修建了 10 多座水库,形成一个"三层楼式"的灌溉网,将 1400 多亩旱地变成水浇地,成为全国农业战线的一面旗帜。1965 年 10 月,下丁家改造自然的先进事迹在北京农展馆展出。1969 年 12 月 31 日,《人民日报》刊发介绍王永幸事迹的长篇人物特写,将其誉为"一心走社会主义道路的铁柱子"。

"民亦劳止，汔可小康。"千百年来，中国人民一直梦想实现小康。思想引领方向，实干托举梦想。在社会主义建设热潮中，齐鲁儿女的爱国热情和劳动激情被激发，在党的带领下大力弘扬劳动精神，脚踏实地，追求美好生活，为走向小康的进阶之路奠定了坚实基础。

通过 1952 年与 1978 年山东地区生产总值、城乡居民收入等几组数字的对比，我们可以窥见，在小康社会建设奠基阶段，山东人民为追求幸福生活而取得的发展成就。

地区生产总值：1952 年，全省生产总值仅有 43.81 亿元；1978 年，全省生产总值达到 225.45 亿元。

人均地区生产总值：1952 年，山东人均地区生产总值仅为 91 元；1978 年，山东人均地区生产总值达到 316 元。

一、二、三次产业比例：一、二、三次产业比例由 1952 年的 67.4：16.6：16.0 调整为 1978 年的 41.4：42.5：16.1。

一般公共预算收入：1952 年，一般公共预算收入为 7.63 亿元；1978 年，一般公共预算收入为 64.13 亿元。

城镇居民人均可支配收入：1952 年，城镇居民人均可支配收入只有 121 元；1978 年，城镇居民人均可支配收入达到 391 元。

农村居民人均可支配收入：1952 年，农村居民人均可支配收入为 78 元；1978 年，农村居民人均可支配收入为 115 元。

通过数字看变化，透过面貌看精神。需要强调的是，在大规模建设的同时，尽管人民群众的生活水平、富裕程度尚未从根本上得到理想的改观，但是当时的山东人民心中，"小康"是"一年一年走向更富更强"的生活追求，是每个人脸上绽放的幸福模样。

劳动创造幸福，奋斗成就梦想。那是一个艰苦奋斗的年代、一个乐于奉献的年代、一个理想闪光的年代、一个意气风发的年代，更是一个峥嵘岁月壮志酬的年代。

（二）1978—2012 年：我们走在大路上

"我们的家乡，在希望的田野上，炊烟在新建的住房上飘荡，小河在美丽的村庄旁流淌。一片冬麦，那个一片高粱，十里哟荷塘，十里果香……"

东风浩荡春潮涌。1978 年 12 月，党的十一届三中全会胜利召开，如同浩荡春风吹遍神州大地。农业、农村、农民再次迎来新机遇，齐鲁儿女在焕发勃勃生机的中华大地上，在希望的田野上唱响改革开放的激昂之声。

"《在希望的田野上》这首歌太懂当时的农村了，唱到百姓的心坎里了，让人听起来轻松，节奏欢快有力量感。"随子女定居在省城济南的退休职工李景兰说。如今 70 多岁的她，曾在鲁西南的金乡县农村生活多年，对于这首流行于 20 世纪 80 年代初至今传唱不衰的经典歌曲，有着深深的感触："歌词中的'希望'二字，准确把握了那个时代的脉搏，是世世代代生活在田野里的老百姓心中共同的感受。唱的是充满希望的农村田园景象，实际上是歌颂党的十一届三中全会定下了富民好政策。"

在庆祝改革开放 40 周年大会上，习近平总书记强调："1978 年 12 月 18 日，在中华民族历史上，在中国共产党历史上，在中华人民共和国历史上，都必将是载入史册的重要日子。这一天，我们党召开十一届三中全会，实现新中国成立以来党的历史上具有深远意义的伟大转折，开启了改革开放和社会主义现代化的伟大征程。"

改革开放富起来，翻天覆地谱华章。从党的十一届三中全会到党的十八大召开，中国社会春潮激荡，风云汇聚，活力迸发。融入时代大江大河的山东人民，在党中央坚强领导下，在山东党组织团结带领下，勇立时代潮头，坚持改革开放，艰苦创业、敢闯新路，艰苦奋斗、开拓创新，续写"闯关东"精神，谱写"沂蒙颂"新乐章。从"希望的田野"到"金色的田野"，从"四门大开"到"全面开放"，从"加快发展"到"科学发展"，山东人民一直走在改革开放的大路上，用勤劳的双手在各条战线上广开富裕之门。山东省在诸多领域走在全国前列，经济实力不断迈上新台阶，焕发出蓬勃向上的生机活力。这一时期的发展为全面建成小康社会打下了坚实基础。

1. 敢闯敢试开风气之先

时间是最忠实的记录者，也是最客观的见证者。

大型电视政论片《复兴之路》解说词中说道："1979 年，中国农民以特有的首创精神奏响了改革的序曲。"1979 年，确实就是这样一个决定中国未来的关键年份。

早于这个时间两年，山东的农村改革春潮，首先从鲁西南的黄河滩区冻土上破冰涌动。被称为"黄河入鲁第一县"的菏泽地区下辖东明县，便走在了改革前列。

东明县地处鲁西南地区的黄河南岸，全境系黄河冲积平原，是历次黄河南北改道的三角缓冲地带，地势西南高东北低。1977 年春天，乍暖还寒，天地萧瑟，"冬天白茫茫（盐碱），夏天水汪汪（涝洼）"的黄河滩庄稼地，看着让人发愁，村里撂地逃荒者外流严重。当时的东明县沙窝公社柳里村大队党支部书记看在眼里，急在心上，心想："不能眼看老百姓饿死。"他与大队的部分班子成员一起动脑筋，决定把村头那些盐碱、坑洼荒地偷着"借"给社员，悄然迈出了"大包干"的第一步。当年底，该县小井公社小井村、沙窝公社李沙窝村等另外几个悄悄"借地"搞"大包干"的村庄，也与柳里村一样，庄稼地里长出了老百姓眼里心中盼着的好收成。

在当时的农村基层管理体制下，土地政策尚如冬日黄河滩区的冻土一样坚硬，社员的生活就是"三靠"：吃饭靠统销，花钱靠贷款，看病靠救济。虽然这些人当时冒了很大的风险，悄悄"借地"搞"大包干"，但是这样"试着水往前蹚"的大胆举动，让村民看到了吃饱饭的希望。

1978年1月，刚上任不久的菏泽地委书记为解决农民温饱问题殚精竭虑。他在东明县调研时曾到乡下看望一位83岁的革命烈属，他问患病卧床的老人有什么要求，老人回答：想吃点猪肉，哪怕半碗也行。地委书记被深深触动，他相信"让农民吃饱饭绝不是罪过"。当天晚上他就召集东明县委班子开会，含泪讲述了这件事。他说："生重病的老人竟吃不上半碗肉，我还有脸当这个书记吗？"说着，突然抬手打了自己一个清脆的耳光。这次会议研究决定，把全县盐碱地"尽快分下去"，让群众自种自吃。

2018年12月，在山东省学习贯彻习近平总书记庆祝改革开放40周年重要讲话精神大会上，省委主要负责同志以不久前《人民日报》对"自打耳光书记"的报道为例，直言"这一记耳光，体现了一个共产党人的情怀，也在拷问每一个领导干部的党性"。

情怀里有民生，党性里有初心。1978年2月，菏泽地委召开常委扩大会议，从实际出发，作出贯彻落实党的农村经济政策的决定，制定了尊重生产队自主权、退回自留地、允许并鼓励社员经营家庭副业等农村急需的 8 个方面的政策。东明县带头把自留地退给社员，还把 10 万亩村头荒地、撂荒地分给农民自种自收。以此为发端，一些生产队开始实行农业生产"责任田"和"大包干"。同时，聊城、德州等地也出现花生、棉花生产"五定一奖"责任制。自此，菏泽地区东明县率先大胆尝试土地联产承包、包产到户的生产分配形式，拉开了山东农村土地承包的序幕。

1978 年 11 月 24 日，与山东南邻的安徽省凤阳县小岗村，18 名村民按下了著名的"手印"，开始分田到户。12 月 18 日，党的十一届三中全会胜利召开。而早在 1978 年 5 月，一篇名为《实践是检验真理的唯一标准》的文章发表，一场关于真理标准问题的大讨论迅速展开，成为中国改革开放的先声。

山东人民在党组织的带领下，创造性地执行党的方针政策，于改革开放前夕，以敢为人先的开拓之举，找到了执行政策的最佳结合点和落脚点——让老百姓填饱肚子。

民以食为天。解决贫困问题，首先就要解决"吃饭"问题，而发展是解决贫困问题的总钥匙。

改革开放初期，邓小平在 1979 年 12 月 6 日会见日本首相大平正芳时，第一次提出了"小康之家"这个说法："我们要实现的四个现代化，是中国式的四个现代化。我们的四个现代化的概念，不是像你们那样的现代化的概念，而是'小康之家'。"

"忽如一夜春风来，千树万树梨花开。"中国迎来"小康"历史演进中的第二个重要节点。自此，伴随农村率先开启改革大幕，"小康之家"成为中国式现代化的新表述。

从"小康之家"到"小康社会"，"小康"这一饱含中华文化深厚底蕴、富有鲜明中国特色、千百年来深深埋藏在中国人民心中的美好愿景，迅速成为全国上下的热门词语，成为中国现代化进程中的醒目路标。

"小康""总体上达到小康""全面建设小康社会""全面建成小康社会"，更成为党团结带领人民坚持以经济建设为中心，在不同时期，通过经济发展推动整个社会进步的阶段性奋斗目标。

为了实现这些奋斗目标，1982年，党的十二大报告首次对邓小平提出的"小康"设想作了科学阐述，确定到20世纪末，我国经济建设总的奋斗目标是，在不断提高经济效益的前提下，力争使全国工农业的年总产值翻两番，即由1980年的7100亿元增加到2000年的2.8万亿元左右，使人民的物质文化生活达到小康水平。1987年，党的十三大制定"三步走"现代化发展战略，把"到20世纪末，使国民生产总值再增长一倍，人民生活达到小康水平"作为第二步奋斗目标。

为此，1982年至1984年，中共中央连续下发三个"一号文件"，把以"包干到户"和"包产到户"为主要形式的家庭联产承包责任制在全国农村推广。

1978年至1985年，是山东改革的破冰起步阶段。这一时期，自菏泽地区东明县在全国率先实行土地新政策始，山东党组织带领山东人民，屹立时代潮头，充当发展领头羊，"闯"出一条解决百姓温饱问题的路子。在这一过程中，"闯"出来很多宝贵经验，经验背后的"基因密码"就是解放思想、敢闯敢试。

山东人自古不缺闯劲。"闯关东"是中国近代历史上宏大且悲壮的移民史诗。"闯入"伟大改革历史进程中的山东人民，锻造了"不甘落后、不惧风险、敢闯敢创、善作善成"的新时代"闯关东"

1981 年，沂水县农民丈量土地、分田到户

精神。过去"闯关东"闯荡出一片新天地，今日"沂蒙颂"传颂着守正创新的时代内涵。

20 世纪 90 年代，全国传颂的"九间棚精神"，是基层党组织带领群众"拔穷根""闯富路"的生动写照，更是传承弘扬沂蒙精神的现实典型。

自改革开放至 20 世纪 90 年代，敢闯敢试、务实肯干的山东人民，把握历史机遇，争做时代弄潮儿，以自己的创新实践，创造了生动鲜活的齐鲁样本，交出了一份优秀的山东答卷。

（1）农业生产丰产丰收

农村稳则天下安，农业兴则基础牢。得益于农村改革，1982年底，家庭联产承包责任制在山东全省基本普及，农业农村生机盎然。到 1984 年，山东人民基本解决温饱问题，开始从温饱迈向小康。1988 年，全省农业总产值跃居全国第一位，农民人均年纯收

1983 年，迎来丰收季的山东农民畅谈"舒心话"

入比 1979 年翻了近两番。1991 年，全省夏粮产量首次跃居全国第一位。

"吨粮县"和"万元户"，成为那个时期生产和致富的荣耀标签。1990 年 10 月，桓台县建成长江以北首个"吨粮县"。1992 年，该县亩产收入超千元，成为江北第一个"双千县"。1980 年，临清县八岔路公社赵塔头村农民赵汝兰种 30 亩"鲁棉一号"，收入 10239 元，是全省公开报道的第一个"万元户"。

（2）农村商品经济繁荣

1982 年，山东开启农村流通体制改革。1984 年，全省撤社建乡（镇）工作基本结束，农村人民公社退出了历史舞台，这是农

17

1986 年，农民进城买到了收录机

村经济体制的重大改革。自 1985 年起，取消农产品统购派购制度，农村商品流通市场日渐红火。至 1989 年底，山东全省农副产品市场交易数量与成交额均居全国之首，并创造了不少农业产业化改革发展典型。其中，闻名全国的寿光蔬菜批发市场在这个时期初步兴起。

（3）乡镇企业异军突起

自 1984 年起，全省乡镇企业蓬勃发展，由个体效益向规模效益转变，涌现出股份制改革的"周村试验"、乡镇企业的"胶东模式"、国有中小企业产权改革的"诸城模式"等生动典型。乡镇企业的异军突起，是山东农村第二步改革取得的最为显著的成果，大批农村劳动力从土地上解放出来。

1986 年，山东省委、省政府明确提出把发展乡镇企业作为振兴农村经济乃至山东经济的战略重点。当年，全省乡镇企业总产值首次超过农业总产值。1992 年，全省乡镇企业总产值连续实现三个翻番，达到 2300 亿元，占到全省工业总产值的"半壁江山"。

（4）城市改革全面铺开

自 1984 年起，山东经济体制改革重心由农村转向城市，科技教育、企业经营等改革全面展开。从承包经营、减税让利到深化企业经营机制改革，从国企改革到计划、财税、金融、价格、劳动工资、外贸、物资等配套体制改革，山东由单一高度集中的计划经济体制向有计划的商品经济体制转变。其间，进行城市经济体制改革的同时，其他领域的各项改革落地见效：

①教育发展迎来春天。自 1986 年起，山东开始实施九年制义务教育。

②向科技现代化进军。20 世纪 80 年代初，山东大学数学系教授潘承洞对哥德巴赫猜想的研究取得重大突破。高产稳产棉花新品种"鲁棉一号"获得国家技术发明奖一等奖，棉花产量平均亩产增长 25%。1987 年，山东提出"科教兴鲁"战略。农民科学家李登海一次次刷新世界夏玉米高产纪录，为我国粮食高产稳产作出巨大贡献。1992 年 7 月，山东省委、省政府重奖有突出贡献的科技人员。

③企业改革风生水起。自 1979 年起，山东实行扩大企业经营管理自主权和工业生产经济责任制试点工作。1984 年，开始试行厂长（经理）负责制。1986 年，开始推行企业股份制改革试点。1987 年，政府引导企业组建企业集团。截至 1988 年底，山东省已组建企业集团 89 个。

（5）重大项目落地生根

1981年12月，全国第一家中央与地方集资建设的坑口电厂——龙口发电厂开工建设。1982年7月，亚洲跨径最大、总长2023.44米的济南黄河大桥建成通车。1985年12月，日照石臼港建成，是当时国内吨位最大的煤炭专用自动化码头，也是省内第一座现代化煤炭专用码头。1987年9月，30万吨乙烯工程在齐鲁石化建成投产。

（6）抢抓机遇对外开放

随着改革不断深化，山东充分发挥沿海区位优势，抢抓机遇对外开放，开放的大门从东到西、从沿海到内陆渐次敞开。1984年5月，青岛、烟台跻身全国14个首批对外开放沿海港口城市。山东成为对外开放的前沿，山东半岛则成为全国最大的经济开放区。1988年3月，山东半岛经济开放区获得国务院批准设立，1990年成为全国规模最大的经济开放区。到1991年1月，全省133个县（市、区）除长岛县外全部对外开放，山东"四门大开"拥抱世界，全方位对外开放的格局逐步形成。

（7）文明之花竞相绽放

1982年，党的十二大首次提出把"两个文明"一起抓作为社会主义现代化建设的战略方针。山东在发展物质文明的同时，加快推进精神文明建设，文明之花开遍齐鲁大地。

全省广泛开展"五讲四美三热爱"、学习宣传张海迪等一系列群众性精神文明建设活动。在文艺创作方面，山东出品的电视剧《武松》《高山下的花环》《今夜有暴风雪》连续三年荣获全国优秀电视剧"飞天奖"一等奖、大众电视"金鹰奖"，在全国第一个实现"三连冠"。"鲁剧"品牌叫响全国，不断涌现精品力作。在"双城（文明城市和卫生城市）创建"方面，1990 年，威海市被授予全国第一个"国家级卫生城市"称号；1996 年，该市又被联合国评为"全球改善人类居住环境 100 佳范例"城市之一。"宜居城市"威海，成为山东乃至国内外具有广泛影响力的城市品牌。

改革开放开启了让中国人民富起来的壮阔征程。尤其在 1985 年至 1992 年的改革深入探索阶段，各行各业都投入改革大潮中，国民经济连续保持高速增长，传统的计划经济体制逐步转变为有计划的商品经济体制，山东在富民强省的征程上阔步前行，全省经济实力迈上新台阶，影响力显著提升。

相关统计资料显示，截至 1987 年底，山东提前三年实现工农业总产值翻一番的目标；1992 年，全省生产总值由 1979 年的 251

1989 年春节前，刚刚起步的寿光蔬菜市场呈现一片繁忙景象，摊贩站在汽车上用竹竿挑着豆角、苹果等高声叫卖

亿元增长到 2197 亿元，增长了近 8 倍；进出口总额由 1979 年的
13.6 亿美元增长到 77.8 亿美元，增长了近 5 倍。

与这一发展节奏并进，山东城乡居民收入逐年增长、持续走
高。其中，人均生产总值由 1980 年的 402 元，增加到 1990 年的
1815 元，基本解决人民温饱问题。

这一阶段，山东除了国内生产总值一度跃居全国榜首外，其他
数据亦格外亮眼。以交通基础设施建设为例，山东省交通部门公布
的数据显示，1990 年，全省公路已达 3.9 万公里，其中一、二级公
路 6000 公里，居全国前列，"全国公路看山东"美誉远播；山东建
成港口 25 处，各种泊位 141 个，港口密度居全国第一。

这一时期，为优化基础设施，提高服务保障和支撑能力，装备
制造企业不断引进先进技术，尽管当时"转型升级"概念还未被提
出，但是从国外引进的各种先进生产线频繁落地山东，山东各种基
础设施建设走在全国前列。

1989 年 11 月，新中国成立以来全省规模最大的一项水利建设
和市政建设工程——"引黄济青"调水工程建成通水。

1990 年 7 月，山东第一条高等级公路——济青高速破土开工。

这两项工程无论在当时还是现在，都是引起国内外关注的重点
工程。这两项基建工程皆为山东发展经济、改善民生提供助力，成
为引"活水"、开"富路"的典型案例。越来越多富民强省的战略
布局与政策规划引领山东经济发展，逐渐找到了与时代同频共振的
发展节奏。

"惟改革者进，惟创新者强，惟改革创新者胜。"衣食无忧、平
安幸福的生活，是千百年来中国人的期盼与向往。山东改革开放的
推动力和受益者是齐鲁大地上的每一个人。历史大潮汹涌澎湃，时

"引黄济青"工程建设现场

代洪流滚滚向前。每一个踩着社会发展节奏，敢于闯路创新，并努力奔跑的人，都将成为搏击市场经济浪潮的激流勇进者。

2. 市场大潮行变革之任

1992年，山东和全国各地一道，再次走到一个关键发展节点。

这一年的2月4日，中国迎来传统农历春节，恰逢立春。

东方风来满眼春。2月28日，以邓小平南方谈话为主要内容的1992年中央"二号文件"下发，并在全国广为传达。中国改革开放驶入快车道，齐鲁大地融入中国"春天的故事"，进入了跨时代的春天。

1992年，党的十四大召开，我国的改革开放和社会主义现代化建设进入新的发展阶段。在人民温饱问题基本得到解决的基础上，这次大会提出，到20世纪末，人民生活由温饱进入小康。

1997 年，党的十五大召开，大会提出我国改革开放和现代化建设跨世纪发展的宏伟目标，明确到 2010 年实现国民生产总值比 2000 年翻一番，使人民的小康生活更加宽裕。经过长期不懈努力，20 世纪末，人民生活总体上达到小康水平的目标如期实现。

"竹外桃花三两枝，春江水暖鸭先知。"

走过这些时间节点，融入时代发展进程中的山东，和着"春天的故事"的铿锵节拍，迎来 1992 年至 2002 年的改革重点突破阶段。

这一阶段，山东坚持市场化改革路径，深化农产品流通体制、现代企业制度、分税制、金融体制、住房、医疗卫生等各项改革，组建了一批核心竞争力强、发展前景好的国有大中型企业；初步形成了宏观调控体制的框架，以养老、医疗、失业保险、社会救济、住房制度改革为重点，基本形成了较为完善的养老、医疗、工伤、生育和社会保障体系，社会主义市场经济体制建设步伐加快。

而在此之前的 1990 年岁末，发展势头良好的山东，在全国第一次海洋工作会议上，首次提出"海上山东"的概念。1991 年，山东省委、省政府抓住时机，率先在全国提出了"开发半壁江山，建设海上山东"的战略工程。1992 年，"海上山东"与"黄河三角洲开发"，被列为振兴山东经济的两大跨世纪工程。

"为者常成，行者常至。"在推进实施这两大跨世纪工程的同时，山东围绕科教兴鲁、经济国际化、城市化和可持续发展四大战略持续发力作为，经济持续快速发展，人民生活总体达到小康水平。

山东不负时代厚望，不负人民重托：全省生产总值年均增长 13.5%；1999 年人均 GDP 突破 1000 美元大关，进入高速增长阶段；2002 年，全省生产总值首次突破万亿元大关。这个时期，山东在诸多领域中走出了新路子、创造了新成就。

（1）市场经济活力增强

以市场化为导向，加快建立现代企业制度，组建了一批核心竞争力强、发展前景好的国有大中型企业；进一步搞活中小企业，推进民营经济实现新突破。企业改革与财税、金融体制改革同步展开，与利用外资紧密结合，实现高起点嫁接，各类企业在市场经济大潮中快速成长、发展壮大。

1993年8月，青岛啤酒股份有限公司作为山东第一家上市公司在上海证券交易所上市。1993年底，山东股份制企业超过千家。1994年，全省首家跨地区、跨行业、跨国经营的大型钢铁联合企业济南钢铁集团总公司正式成立。

（2）创新引领农业发展

山东积极探索实践"高产优质高效农业"新思路，在全国率先提出实施农业产业化经营新模式、农业国际化战略等。1992年，潍坊在总结"商品经济大合唱""贸工农一体化"经验的基础上，在全国率先提出并组织实施农业产业化战略，形成了贸工农一体化"诸城模式"、农业产业化"潍坊模式"、蔬菜生产产业化"寿光模式"……广袤的齐鲁大地成为一片"金色的田野"。山东的农村改革发展经验，为全国农业发展提供了借鉴样本。"世界农业看中国，中国农业看山东"成为极具特色的地域标签。《人民日报》和《大众日报》都曾推广农业产业化发祥地潍坊的经验，这些经验在全国产生了很大影响。

同时，一大批龙头企业崛起，把千家万户的分散生产与千变万化的大市场连接起来，加快了山东由传统农业向现代化农业转变的步伐。

（3）对外开放纵深发展

山东大力实施经济国际化战略，加快实现由内向型为主向外向型为主、由"多层次开放"向"全方位开放"的转变，"三资"企业发展风生水起，保税区、经济技术开发区、高新技术产业开发区等迅速发展，全省开放型经济迈向更高层次。

（4）基础设施加快建设

山东加大交通基础设施建设力度，取得显著成效。1992 年 7 月，伴随着中国民航大型客机从济南机场腾空而起，济南遥墙机场建成通航，山东从此告别了没有民航专用机场的历史。济青高速公路、京九铁路山东段、最长海底电缆等重点工程相继建成，山东在全国率先实现市市通高速。截至 1994 年底，全省公路通车里程 5.02 万公里，其中高等级公路为 3.4 万公里，占全国的 1/3，初步形成了国、省、市（地）、县、乡道路网络化，显著提高了人货运输能力，方便了城乡群众。

（5）民生福祉大大提升

1995 年 7 月 20 日，全省扶贫开发工作会议在济南召开。会议提出以 4 年时间解决剩余 320 万贫困人口的温饱问题。这一年，沂蒙山区率先实现整体脱贫，成为全国 18 个连片贫困地区中第一个整体脱贫的地区。

1996 年 2 月 18 日（农历除夕），电力工人为费县方城镇只有 8 户人家的小山村西红峪通了电。这标志着全省 2194 万农户全部用上了电，山东成为全国第一个实现户户通电的省份。

这是一个在山东诸多重要节点推出的主题纪念活动中，被频繁提及的事件。它看似是农村基础设施建设中的一个小切点，但与上述关系国计民生的重点工程或其他重大项目相比，彰显了山东为民生谋利，解民生之忧，改善人民生活的初心。

电力工人在沂蒙山区忙架电

（6）精神文明硕果累累

山东广泛开展创建文明城市、文明村镇、文明单位、文明家庭等精神文明创建活动，涌现出严格执法、热情服务的济南交警支队，被誉为全国金融业文明服务一面旗帜的济南工行等一批在全国有影响力的典型。1999 年，山东鲁能足球队首夺"双冠王"。这个活力迸发的群体，将山东人不服输的拼搏精神展现在体育世界中，为齐鲁大地注入一股青春张扬的力量。

山东人民投入市场经济大潮，行变革之任，干事创业，担当奉献，涌现出大批先模人物。

"焦裕禄式的好干部"孔繁森两次援藏，把自己的青春、热血和生命都献给了雪域高原。1995 年 1 月 9 日，山东省委、省政府作出《关于开展向孔繁森同志学习活动的决定》，追授孔繁森同志"山东省优秀共产党员"称号，在全省广大党员、干部中广泛开展向孔繁森同志学习的活动。孔繁森留下的"一个共产党员爱的最高境界是爱人民"这句话，已成为党员领导干部共同的宝贵精神财富。

"新时期县委书记的榜样"王伯祥，在任寿光县委书记期间，创建了全国闻名、江北最大的蔬菜批发市场，将寿光蔬菜产业化模式推向全国。

他们，是行走在时代前沿用双脚丈量民生厚度的奉献者；他们，是立于时代巅峰谋求经济发展从量变到质变之路的探索者。

2002 年 11 月 8 日，江泽民在中国共产党第十六次全国代表大会上郑重宣告："经过全党和全国各族人民的共同努力，我们胜利实现了现代化建设'三步走'战略的第一步、第二步目标，人民生活总体上达到小康水平。"

3. 科学发展谋强省之变

进入 21 世纪，中国成功加入世界贸易组织，拥抱世界的国门越开越大；中国的小康步伐越来越坚实，"小康"概念也演进得越来越成熟。

中国共产党谋篇布局全面建设小康社会，作出一系列战略部署。

2002 年，党的十六大提出"全面建设小康社会"目标，明确在 21 世纪头 20 年，集中力量，全面建设惠及十几亿人口的更高水平的小康社会，使经济更加发展、民主更加健全、科教更加进步、文化更加繁荣、社会更加和谐、人民生活更加殷实。2007 年，党的十七大对实现全面建设小康社会的宏伟目标作出全面部署，在经济、政治、文化、社会、生态文明等方面提出新要求，全面建设小康社会的目标更全面、内涵更丰富、要求更具体。2012年，党的十八大提出"全面建成小康社会"。

2002年至2012年，是山东小康社会建设的加速阶段。在党的十六大、十七大精神指引下，山东坚持以科学发展观为统领，以创新精神破解发展难题，向深化改革要动力，先后实施"龙头带动"、"三个突破"、"双30工程"以及"蓝黄战略"等重大区域发展战略，国民经济实现较快发展，增长率逐年攀升。

10年间，全省生产总值快速跃上万亿元大关。2004年，全省生产总值一度跃居全国第二位，2006年、2008年、2011年、2012年，全省生产总值先后迈上2万亿元、3万亿元、4万亿元、5万亿元4个大台阶；人均生产总值年均增长10.3%，突破6000美元大关，达到发达国家中等以上水平。

2012年11月8日，胡锦涛在中国共产党第十八次全国代表大会上指出："综观国际国内大势，我国发展仍处于可以大有作为的重要战略机遇期。我们要准确判断重要战略机遇期内涵和条件的变化，全面把握机遇，沉着应对挑战，赢得主动，赢得优势，赢得未来，确保到二〇二〇年实现全面建成小康社会宏伟目标。"

2002年至2012年，山东改革发展进入纵深推进阶段。山东积极贯彻落实党中央以科学发展观为统领、全面建设小康社会的战略部署。围绕建设"大而强、富而美"的社会主义新山东，实现富民强省新跨越，推动经济文化强省建设，山东人民进一步解放思想、干事创业。省委、省政府统筹推进经济、政治、文化和社会体制改革向纵深发展，破解长期存在的结构性难题，培育区域互动发展优势，持续推进以改善民生为重点的社会建设，推动经济社会全面发展。这些举措，促进了山东生产力的发展和各项事业的全面进步，城乡面貌变化显著，居民生活水平、收入水平和社会保障水平明显提升，人民群众得到更多实惠。

2007年8月初，山东省委在原有区域经济发展基础上，提出构建"一体两翼"的经济发展新格局。"一体"，是指以胶济铁路为轴线形成的横贯东西的中脊隆起带；"两翼"，是指黄河三角洲高效生态经济区和鲁南经济带。"一体两翼"新格局标志着山东区域经济发展思路发生创新转变，有助于推动山东科学发展、和谐发展、率先发展，助力山东在新起点上实现富民强省的新跨越。

让我们循着这一实践路径，回望齐鲁大地的科学发展片段：

（1）党的建设得到全面加强

按照党中央统一部署，山东先后开展"三个代表"重要思想学习教育、保持共产党员先进性教育、深入学习实践科学发展观和创先争优等党内主题教育活动，解决了党员干部队伍在党性、党风方面存在的一些突出问题，促进了党的基层组织建设和党内基层民主建设。

（2）蓝海激荡交织黄河畅想

大海孕育梦想，黄河承载希望。2009年12月、2011年1月，国务院先后批复《黄河三角洲高效生态经济区发展规划》和《山东半岛蓝色经济区发展规划》，标志着"蓝黄两区"建设正式上升为国家战略，成为推动山东科学发展的两大主引擎。

（3）市场主体规模不断壮大

在山东改革向全面纵深推进的大环境下，国有企业加大重组力度，外经外贸、高新技术产业、民营经济成为三大亮点。一批行业排头兵企业在竞争中崛起，山东逐渐形成大企业"顶天立地"、小企业"铺天盖地"的局面。

在这一背景下，2006年10月20日，国内第一台具有自主知识产权的12升、功率480马力的WD2发动机在潍柴动力股份有限公司下线，扭转了中国大排量高速发动机长期依赖进口的局面。

（4）经济发展方式加快转变

通过调整优化经济结构，加大科技创新力度，推动绿色产业发展，全省经济发展质量显著提升，综合实力和整体竞争力明显增强。

2005年6月26日，海信集团推出我国音视频领域第一块具有自主知识产权、产业化的数字电视处理芯片——"信芯"，打破了中国生产彩电以来核心芯片一直被国外垄断的历史。

2007年3月21日，山东省人民政府在济南召开发展循环经济工作会议，全面启动循环经济试点工作。

2007年9月5日，山东打响了治污减排攻坚战，百余小火电退出历史舞台。

2008年7月23日，浪潮集团有限公司、烟台万华聚氨酯股份有限公司、山东登海种业股份有限公司、海尔集团公司、海信集团有限公司被科技部授予首批"国家创新型企业"称号。

2011年10月2日，经国务院同意，国家发展改革委发出《关于在山东省开展钢铁产业结构调整试点工作的通知》。山东是我国钢铁产业结构调整唯一的试点省份。

2012年1月10日，山东省委、省政府在济南召开生态山东建设大会，对做好生态山东建设工作作出具体部署。

（5）基础设施建设全面提升

山东着力提升能源、交通、水利、市政等基础设施网络化、现

代化水平，加快打造适度超前、功能完善、配套协调、高效安全的
基础设施支撑保障体系。

2002 年 12 月 27 日，南水北调东线一期工程开工兴建。2013
年 11 月，山东段正式通水。

2003 年 12 月 19 日，新中国成立以来，山东最大的省内水利
工程——胶东地区引黄调水工程开工仪式在招远举行。

2007 年 12 月 22 日，中国首列国产时速 300 公里"和谐号"
动车组列车（CRH2-300）在青岛竣工下线，中国成为世界上少数
几个能够自主研制时速 300 公里动车组的国家，中国铁路客运装备
技术水平达到世界水平。

2007 年 12 月 22 日，济青高速南线建成通车，对加速山东区
域经济发展起到巨大推动作用。至此，山东高速公路总里程突破

2007 年 4 月 18 日，济南至青岛首列时速 200 公里的"和谐号"动车组在济发车

4000 公里，建设密度基本达到发达国家水平。

2009 年 12 月 28 日，山东海阳核电一期工程举行开工仪式，标志着山东核电进入新的发展阶段。

2011 年 6 月 30 日，自 2008 年 4 月开工建设，历时 3 年多建成的京沪高铁山东段开通，山东迈入高铁时代。

2011 年 6 月 30 日，山东半岛蓝色经济区及青岛市发展战略重要交通枢纽——青岛胶州湾跨海大桥和青岛胶州湾隧道建成通车。

（6）文化体育事业异彩纷呈

山东文化体育事业蓬勃发展，公共文化服务和文化产品的供给能力大幅提升，文化软实力显著增强。

①推动文化体制改革。山东积极推进出版发行、影视制作等经营性文化单位转企改制。

②举办有影响力的节会活动。2006 年 6 月，山东成功举办首届山东（国际）文化产业博览会。2007 年 9 月，孔子文化节首次由原来的济宁市和省有关部门主办，改为由山东省人民政府和文化部、教育部、国家旅游局、全国侨联主办，名称由"曲阜国际孔子文化节"改为"中国（曲阜）国际孔子文化节"，主办和冠名均升格为"国家队"。这届文化节举办了祭孔大典和联合国教科文组织的"孔子教育奖"颁奖盛典等系列重大活动，进一步弘扬了中华优秀传统文化。

③鲁剧品牌叫响全国。涌现出《大染坊》《闯关东》《沂蒙》等影视精品力作。

④体育事业蓬勃发展。2008 年 8 月，山东青岛成功协办 2008 年北京奥运会帆船项目赛事。2009 年 10 月，山东省会济南成功举办第十一届全国运动会。在 2000 年悉尼奥运会上，林伟宁获得女

子举重 69 公斤级冠军，是山东首枚个人奥运金牌获得者。2004 年，女子 10 米气步枪运动员杜丽获得雅典奥运首金；2008 年，杜丽夺得北京奥运会女子 50 米步枪三姿决赛冠军。2008 年，女子射箭运动员张娟娟在北京奥运会上获得中国奥运史上第一枚射箭金牌。在 2012 年伦敦奥运会上，张继科获乒乓球男子单打、团体冠军。

⑤文明创建活动呈现新气象。2011 年，山东在全省范围内开展为期 5 年的"乡村文明行动"，此行动贯穿整个"十二五"时期，是山东精神文明建设的一项惠民工程。

（7）社会建设聚力改善民生

山东围绕构建社会主义和谐社会，推进教育、医疗等改革，创新社会管理，特别是新型农村合作医疗、国家基本药物制度等在全国率先实现全省覆盖。

（8）城乡面貌发生显著变化

山东坚持城乡统筹发展，积极稳妥推进城镇化，加快建设社会主义新农村，落实各项惠农政策，形成城乡互促共进、区域协调发展的城镇体系，城乡面貌焕然一新。

2006 年 1 月 1 日，山东全面取消农业税，延续了 2600 年的农业税从此退出历史舞台；2007 年 11 月，村村通自来水工程三年目标超额完成；城市建设更上一层楼……点滴变化，尽显齐鲁大地发展的魅力。

"中流击水，奋楫者进。"

2012 年 6 月 24 日，距离党的十八大召开不足半年，青岛国家深海基地传报喜讯："蛟龙号"载人潜水器，接续 2009 年至 2012 年取得的 1000 米级、3000 米级和 5000 米级海试成功佳绩，再次刷新"中国深度"，在马里亚纳海沟创造了下潜 7062 米的中国载

"蛟龙号"海试场景

人深潜纪录，这也是世界同类作业型潜水器最大下潜深度纪录。这标志着我国具备了载人到达全球 99% 以上海洋深处进行作业的能力，标志着我国载人潜水器集成技术的成熟，标志着我国深海潜水器成为海洋科学考察的前沿，也标志着中国海底载人科学研究和资源勘探能力达到国际领先水平。

创新无止境，居高声自远。以"蛟龙号"载人潜水器为代表的"国之重器"，铭刻着齐鲁大地科学发展逐梦深蓝的奋斗足印，书写着"中国智造"奇迹，彰显了时代创新力量。山东，以实质性、突破性的创新成就，向党的十八大交出一份满意的答卷。科学发展出实绩，砥砺奋进再出发。山东发展开启新时代，迈向新征程。

（三）2012 年至今：阔步放歌新时代

2012 年 11 月 29 日，习近平总书记在参观《复兴之路》展览时深情阐述了"中国梦"。习近平总书记指出，实现中华民族伟大复兴，就是中华民族近代以来最伟大的梦想。这个梦想，凝聚了几代中国人的夙愿，体现了中华民族和中国人民的整体利益，是每一个中华儿女的共同期盼。"中国梦"的提出，贯通了中华民族的昨天、今天和明天，传递出新一届中央领导集体勇担民族复兴使命的坚定决心和信心。

砥砺奋进强起来，惊天动地铸辉煌。党的十八大以来，山东坚持以习近平新时代中国特色社会主义思想为指导，统筹推进"五位一体"总体布局，协调推进"四个全面"战略布局，推动各项事业向着总书记要求的、全省人民期盼的方向前进，经济社会发展取得历史性成就，发生历史性变革。风清气正的政治生态、务实高效的政务生态、高质量发展的经济生态、富有活力的创新创业生态、山清水秀的自然生态、文明和谐的社会生态加速形成，人民群众的获得感、幸福感、安全感不断增强，山东正全面开创新时代社会主义现代化强省建设新局面，以实干实绩交出一份高质量决胜全面小康的"山东答卷"。

1. 厚望山海间，奋进正当时

2018 年，是山东发展史上具有里程碑意义的一年。

2018 年 3 月 8 日，习近平总书记在参加十三届全国人大一次会议山东代表团审议时发表重要讲话，就实施乡村振兴战略、更加注重经略海洋、加强企业自主创新、坚定传承红色基因、树立正确政绩观等作出重要指示，要求山东"在全面建成小康社会进程中、在社会主义现代化建设新征程中走在前列，全面开创新时代现代化强省建设新局面"。

党的十八大以来，习近平总书记多次亲临山东视察，为山东的发展把舵领航、指引方向。

让我们追随习近平总书记的脚步，回顾那一个个激动人心的难忘瞬间，重温那一次次真诚勉励、一句句深情嘱托。

（1）脚印串串，步步情牵，语重心长意蕴深

2013年11月24日至28日，习近平总书记来到青岛、临沂、济宁、菏泽、济南等地，深入革命老区、企业、科研院所、文化机构等，考察经济社会发展情况，推动党的十八届三中全会精神学习贯彻。

在临沂，习近平总书记指出："沂蒙精神与延安精神、井冈山精神、西柏坡精神一样，是党和国家的宝贵精神财富，要不断结合新的时代条件发扬光大。"他叮嘱当地干部："让老区人民过上好日子，是我们党的庄严承诺，各级党委和政府要继续加大对革命老区的支持，形成促进革命老区加快发展的强大合力。"

在历史文化名城曲阜，习近平总书记发表重要讲话强调："一个国家、一个民族的强盛，总是以文化兴盛为支撑的，中华民族伟大复兴需要以中华文化发展繁荣为条件。对历史文化特别是先人传承下来的道德规范，要坚持古为今用、推陈出新，有鉴别地加以对待，有扬弃地予以继承。"

在菏泽，习近平总书记指出："一个地方的发展，关键在于找准路子、突出特色。欠发达地区抓发展，更要立足资源禀赋和产业基础，做好特色文章，实现差异竞争、错位发展。"他强调："抓扶

贫开发，要紧紧扭住增加农民收入这个中心任务、健全农村基本公共服务体系这个基本保障、提高农村义务教育水平这个治本之策，突出重点，上下联动，综合施策。"

在济南，习近平总书记指出："保障粮食安全是一个永恒的课题，任何时候都不能放松。"他强调："要给农业插上科技的翅膀，按照增产增效并重、良种良法配套、农机农艺结合、生产生态协调的原则，促进农业技术集成化、劳动过程机械化、生产经营信息化、安全环保法治化，加快构建适应高产、优质、高效、生态、安全农业发展要求的技术体系。"

（2）情深似海，厚望如山，潮涌海岱天地阔

2018年6月12日至14日，习近平总书记在出席上海合作组织青岛峰会后，先后来到青岛、威海、烟台、济南等地，深入科研院所、社区、党性教育基地、企业、农村，考察党的十九大精神贯彻落实和经济社会发展情况，亿万齐鲁儿女备受鼓舞。

在青岛，习近平总书记强调："海洋经济发展前途无量。建设海洋强国，必须进一步关心海洋、认识海洋、经略海洋，加快海洋科技创新步伐。"在考察社区时，他强调："城市是人民的城市，要多打造市民休闲观光、健身活动的地点，让人民群众生活更方便、更丰富多彩。"

在威海，习近平总书记强调："良好生态环境是经济社会持续健康发展的重要基础，要把生态文明建设放在突出地位，把绿水青山就是金山银山的理念印在脑子里、落实在行动上，统筹山水林田湖草系统治理，让祖国大地不断绿起来、美起来。"

在烟台，习近平总书记指出："要坚持走自主创新之路，要有这么一股劲，要有这样的坚定信念和追求，不断在关键核心技术研

蓬勃发展的海滨城市青岛

发上取得新突破。"

在济南，习近平总书记强调："要坚持把发展基点放在创新上，发挥我国社会主义制度能够集中力量办大事的制度优势，大力培育创新优势企业，塑造更多依靠创新驱动、更多发挥先发优势的引领型发展。"

经山历海，海岱新生。党的十八大以来，一次次亲切关怀，一句句殷殷嘱托，一段段难忘场景，记录着习近平总书记对山东人民的似海深情，对山东发展的如山厚望。齐鲁儿女备受鼓舞，切实把深情厚望和殷殷嘱托，转化为推动山东高质量发展的强大动力。

2.齐鲁春潮起，起势谱新篇

春雷响，春潮生，春风扫退残寒；春雨润，万物长，春光初绽芳华。春天，一切蛰伏的美好正在复苏，给人们带来无限希冀。

春日胜黄金，实干开新局。2018年2月22日，山东省委、省政府召开全面展开新旧动能转换重大工程动员大会，吹响了向高质量发展的进军号，迈出经济文化强省建设的新步伐。大会提出，坚持新发展理念，坚持质量第一、效益优先，以供给侧结构性改革为主线，聚焦聚力高质量发展，着力抓住重大机遇，着力深化改革开放，着力培育现代优势产业集群，力争一年全面起势、三年初见成效、五年取得突破、十年塑成优势，逐步形成新动能主导经济发展的新格局。

2019年2月11日，山东省召开"担当作为、狠抓落实"工作动员大会，围绕2018年形成并确立的整体发展格局，强化担当作为、狠抓工作落实，在全省部署推进"工作落实年"：一是转变作风，扑下身子抓落实；二是鼓足干劲，振奋精神抓落实；三是加强学习，提高本领抓落实；四是创新方法，完善机制抓落实；五是严明纪律，步调一致抓落实。

2020年3月17日，山东省召开"重点工作攻坚年"动员大会，要求突破体制机制束缚，一切围绕高质量发展、一切服务高质量发展，全面发起公共卫生应急管理改革攻坚、流程再造攻坚、人才制度改革攻坚、科教改革攻坚、财税金融改革攻坚、资源环境领域改革攻坚、企业改革攻坚、开放倒逼改革攻坚、优化法治环境攻坚等九大改革攻坚行动。

2021年2月18日，山东省召开2021年工作动员大会。大会立足新发展阶段，深入贯彻新发展理念，服务构建新发展格局，聚焦高质量发展主题。大会指出，经过全省上下共同努力，近年来山东经受住了经济负重转型的阵痛、多重矛盾交织叠加的压力、各种重大风险的挑战、外部环境复杂多变的冲击，如期实现新旧动能转换"三年初见成效"，全省发展呈现由"量"到"质"、由"形"到"势"的根本性转变。

时代的轨迹见证发展。党的十八大以来，山东省委、省政府旗帜鲜明、立场坚定，始终坚持以习近平新时代中国特色社会主义思想为指导，做到一切发展思路以此来谋划，一切发展布局以此来展开，一切发展举措以此来制定，一切发展成效以此来检验，始终保持山东工作的正确方向。

历史的辙印不断延伸。继党的十六大提出"全面建设小康社会"目标，党的十八大首次提出"全面建成小康社会"，指出"我国进入全面建成小康社会决定性阶段"。从"总体小康"到"全面小康"，从"全面建设"到"全面建成"，小康的标准不断提升，内涵不断拓展，要求不断提高。

"人勤春来早，万事日相催。"回望近年来的奋进路，山东发展环环相扣、层层递进、逻辑清晰，确保将党中央的决策部署在山东落地生根、开花结果。

3. 奋力走在前，海岱满目新

2021年4月，国务院批复《济南新旧动能转换起步区建设实施方案》，充分体现了以习近平同志为核心的党中央的深切关怀和厚望重托。一年来，在省、市强力推动下，起步区生态环境不断优化，产业动能更加强劲，发展框架日趋完善，民生保障不断增强，一幅新时代的"鹊华秋色图"跃然于黄河沿岸。

2021年5月底，随着东明县12个滩区村的村民选房、领钥匙，山东黄河滩区28个新建村台社区全部实现分房到户，60万滩区群

济南新旧动能转换起步区鸟瞰

众圆了安居梦，标志着山东省黄河滩区居民迁建工程全面完成。

在此前的 2 月 25 日，全国脱贫攻坚总结表彰大会隆重举行，习近平总书记庄严宣告我国脱贫攻坚战取得了全面胜利。在随后的 6 月中旬，山东省脱贫攻坚表彰暨乡村振兴工作推进会议在济南召开。在脱贫攻坚的战场上，全国党员干部践行了初心使命，贫困群众依靠勤劳双手和顽强意志改变了命运，社会各界汇聚起排山倒海的磅礴力量，靠着上下同心、尽锐出战，创造出人类减贫史上的奇迹。齐鲁儿女同全国人民一道奏响新时代的奋斗乐章。

2021 年 7 月 1 日，习近平总书记在庆祝中国共产党成立 100 周年大会上发表重要讲话，庄严宣告："经过全党全国各族人民持续奋斗，我们实现了第一个百年奋斗目标，在中华大地上全面建成了小康社会，历史性地解决了绝对贫困问题，正在意气风发向着全面建成社会主义现代化强国的第二个百年奋斗目标迈进。这是中华民族的伟大光荣，这是中国人民的伟大光荣，这是中国共产党的伟大光荣。"

全面建成小康社会是社会生产力的巨大解放和进步，是发展方式的重大变革。在中华大地上，在漫长的岁月里，小康始终是人们眼中的"朦胧画"，贫困始终是人们挥之不去的梦魇。中国共产党带领人民群众与时间赛跑，与贫困角力，不负历史的选择，不负人民的期望，实现小康之梦。

岁月赓续，其命维新。2021 年，全面小康的阳光照亮中华大地 960 万平方公里的每个角落。泰山脚下、孔孟之乡，沂蒙山区、运河两旁、黄海之滨、黄河沿岸，鲁中腹地，齐长城畔……全面小康的光芒在广袤的齐鲁大地上更加耀眼。砥砺奋进走在前，活力迸发的新山东，书写出无愧于历史、无愧于人民的新时代社会主义现代化强省建设的辉煌答卷，让全面小康的一张张蓝图成为现实。

（1）开辟了发展新境界

山东明确强省建设的目标思路和新旧动能转换战略构想；贯彻新发展理念，构建新发展格局；担当作为，狠抓落实；发起改革攻坚行动；围绕重点领域谋篇布局"求突破"。可以说，山东已经在"由大变强"进程中跨上新台阶，在区域发展中前推了"起跑线"。

（2）蹚出了转型新路子

山东咬紧牙关，忍住阵痛，2018 年至 2020 年，治理散乱污企业 11 万多家，压减钢铁产能 1228 万吨、煤炭产能 2807 万吨，2020 年"四新"经济占比提高到 30.2%，新旧动能转换初见成效。

（3）拥有了三大新招牌

敢想敢试敢突破的山东，目前已经拥有新旧动能转换综合试验区、上合组织地方经贸合作示范区、中国（山东）自由贸易试验区等三大"国字号"新招牌。重大战略、重要平台在山东叠加发力，为山东深化改革开放提供了难得机遇。

（4）展现了奋进新气象

在新旧动能转换主战场，在乡村振兴第一线，在滩区群众的笑脸上……干起来，动起来，活起来，担当作为与开放奋进相互激荡、融合共振，奔腾出新时代山东对标先进、创新求变的壮阔景象，展现的尽是齐鲁儿女实干前行的奋斗姿态。

（5）增进了民生新福祉

山东从群众最期盼的事情做起，从群众最不满意的地方改起，持续加大民生投入，一个难题接着一个难题破解，一件事情接着一件事情办，一年接着一年干。建档立卡贫困人口全部脱贫，黄河滩区百年安居梦圆，中小学大班额动态"清零"，生态环境质量达到有监测记录以来历史最好水平……发展有温度，幸福有质感。

这一幅幅极富时代感的齐鲁"工笔画"，是山东深入贯彻落实习近平总书记重要指示要求，在决战决胜脱贫攻坚、全面建成小康社会中用汗水和泪水取得的成果。

2015年11月23日，中共中央政治局审议通过《关于打赢脱贫攻坚战的决定》。11月27日至28日，中央扶贫开发工作会议在北京召开，强调消除贫困、改善民生、逐步实现共同富裕，是社会主义的本质要求。2015年12月，山东省委、省政府印发《关于贯彻落实中央扶贫开发工作部署坚决打赢脱贫攻坚战的意见》，标志着在全省正式全面启动滩区脱贫攻坚工作。2016年底，全省实现现行标准下 151 万贫困人口顺利脱贫，超额完成全省 120 万人年度减贫任务，脱贫攻坚年度战役首战告捷。2017 年 1 月，全省扶贫开发工作会议在济南召开。2017 年 8 月，经国务院批准，国家发展改革委印发《山东省黄河滩区居民迁建规划》，指出通过滩区外迁、就地就近筑村台、旧村台改造提升、临时撤离道路改造提升、筑堤保护 5 种方式，用三年多时间，基本解决 60 万滩区群众的防洪安全和安居问题。2018 年 7 月，省委、省政府印发《关于打赢脱贫攻坚战三年行动的实施意见》，明确"2018 年基本完成、2019 年巩固提升、2020 年全面完成"的脱贫攻坚工作布局。

2018 年，山东加大资金投入，强化政策供给，采取超常规举措推进扶贫工作，基本完成脱贫攻坚任务。2019 年和 2020 年接连两个年度，山东把防止返贫和新致贫摆在重要位置，坚持精准扶贫精准脱贫，深入开展问题排查整改，狠抓各项扶贫政策落实，持续巩固脱贫攻坚成果，做到了帮扶对象更加精准，政策落实更加精准，资金使用更加精准，项目管理更加精准，措施到户更加精准，脱贫成效更加精准。2020 年 12 月底，全省黄河滩区居民迁建工程取得决定性成效，累计完成工程建设投资 350 亿元，占方案批复总投资的 95%，山东黄河滩区居民迁建任务基本完成。

2021 年 3 月 8 日，山东省人民政府新闻办公室举行"脱贫攻坚的生动实践"主题系列新闻发布会第一场。会上公布，山东经过 5 年的持续攻坚，全省建档立卡贫困人口全部脱贫，累计减少省标以下贫困人口 251.6 万人，8654 个省扶贫工作重点村全部退出，山东脱贫攻坚战取得全面胜利，决胜全面建成小康社会取得决定性成就。

不断跳动的数字、持续刷新的纪录，见证山东全面奋进小康之路，展现着群众生活质量的提升，带给人民满满的获得感、幸福感、安全感，彰显着党的十八大以来，山东高水平全面建成小康社会的成色足。

第一，经济增势感明显。

2012 年至 2020 年，是小康社会建设的关键阶段，也是山东经济由高速增长转向高质量发展的阶段。2019 年，全省生产总值达到 7.1 万亿元，提前一年实现比 2010 年翻一番的目标。2020 年，全省生产总值达到 73129 亿元，比 2012 年增加了 30171.7 亿元，年均增长 7.2%；人均生产总值达到 72151 元（10461 美元），年均增长 6.6%。其中，2018 年，人均生产总值突破 10000 美元，向着高收入国家水平迈进；2019 年，人均生产总值达到 10242 美元，达到中高收入国家水平。

山东综合实力显著增强、动能转换初见成效的同时，三次产业得到高质量协同发展，结构调整持续推进：农林牧渔业基础稳固，工业高端化步伐稳健，现代服务业加速发展，民营经济不断壮大，区域发展更趋协调，城乡统筹加快推进。

与经济高质量发展速度叠加呼应，山东改革开放实现纵深突破，生态环境得到明显改善，以交通为引领的基础设施建设水平全面跃升。2012 年至 2020 年，山东高速公路通车里程由 4975 公里提高至 7473 公里。截至 2020 年底，全省铁路运营里程达到 7061 公里，其中高速铁路运营里程达到 2110 公里。

第二，民生获得感提升。

2012 年至 2021 年，山东就业形势保持总体稳定。全省城镇新增就业 1159.86 万人，就业困难人员实现就业 102.98 万人，城镇登记失业率控制在 3.5% 以内；社会保险待遇水平持续增长，企业退休人员基本养老金连续提高。2020 年，企业退休人员月人均养老

山东实施"九纵五横一环七射多连"高速路网规划布局。图为济南绕城高速小许家枢纽立交桥在绿野上画出一幅精彩的图案

金 2984 元，较 2012 年增长 1095 元，增幅 58%。山东先后 7 次提高居民养老保险基础养老金最低标准，由 2012 年每人每月 60 元提高至 2021 年的 150 元。

社会保险覆盖面不断扩大。截至 2021 年 4 月底，全省城镇职工基本养老保险、失业保险、工伤保险、居民基本养老保险参保人数分别达到 3096.3 万人、1485.3 万人、1835 万人、4587.7 万人。

"十三五"期间，民生福祉持续增进。省标以下 251.6 万人全部脱贫，8654 个省扶贫工作重点村全部退出。民生支出占财政支出比重维持在 80% 左右。教育综合实力显著增强，高等教育毛入学率达到56.75%。妇女儿童、民族宗教、档案史志、外事侨务、地震气象、消防安全、残疾人工作等各项事业取得长足进步。

第三，生活幸福感提高。

全省全体居民人均可支配收入由2012年的17126.68元，增至2020年的32885.64元。其中，城镇居民人均可支配收入由24496.13元增至43726.33元，农村居民人均可支配收入由9506.02元增至18753.20元。人均预期寿命从2015年的78岁上升到2019年的78.94岁。其中，婴儿死亡率由2012年的6.27‰降至2019年的3.93‰。城镇人均住房建筑面积由2015年的36.4平方米增加到2019年的37.1平方米。截至2020年11月底，全省累计投入205亿元，实施老旧小区改造项目7698个，累计开工改造各类棚户区255万套（户），总量居全国第一。

第四，社会安全感增强。

平安山东、法治山东建设达到新水平，防范化解重大风险有力有效，社会保持和谐稳定，安全发展能力显著增强。

截至2020年底，国家级法治创建先进市、县（市、区）分别达到6个、78个。全国民主法治示范村（社区）322个，全省民主法治示范村（社区）835个。全省共有人民调解员26.7万名，建有各类人民调解委员会7.73万个，基本建成了上下贯通、左右衔接、全覆盖、无缝隙的人民调解网络体系。全省律师事务所由2012年的1283家增长到2020年的2290家，律师由2012年的15633人增长到2020年的31468人。2020年，全年现发命案100%全部侦破，全省群众安全感得分96.13分。

全面小康路，山东拾级而上。

二、变迁：“小康不小康，关键看老乡”

乘风破浪潮头立，奋楫争先逐浪高。改革开放以来，敢闯敢试、担当务实的山东人民，把握历史机遇，争做时代弄潮儿，应势借力、接续奋斗，用一往无前的进取精神和波澜壮阔的创新实践，实现从温饱不足到小康富裕的历史跨越。

牢记嘱托再出发，砥砺奋进新时代。党的十八大以来，山东省委、省政府深入贯彻落实习近平总书记对山东工作的重要指示要求，锚定“走在前列、全面开创”“三个走在前”总遵循、总定位、总航标，一步步展开谋篇布局，一步步推进落实攻坚。山东发展呈现出一系列趋势性、关键性变化，综合实力实现跨越式提升，产业结构发生历史性巨变，发展动能实现战略性转换，发展环境实现系统性重塑，基础设施获得突破式发展，人民生活水平得到大幅提升。

（一）经济增强：百姓腰包鼓起来

初春的鲁西南黄河两岸，风儿轻柔，草木初萌。

“青悠悠的那个岭，绿油油的那个山……历经坎坷路，笑迎春风暖，双脚踏上幸福的路，越走路越宽，越走路越宽……"菏泽市郓城县随官屯镇王官屯村的村民，对这首《双脚踏上幸福路》的曲调早已耳熟能详。时任王官屯村村委会主任的刘恒增喜欢用村里大喇叭为村民放声高歌。2018年，他将这首歌唱到了央视选秀节目舞台上。

这首《双脚踏上幸福路》是20世纪80年代初的电影《咱们的牛百岁》的主题曲。电影《咱们的牛百岁》以山东农村实行联产承包责任制为切入点，展现了改革开放后山东人民建设美好家园、追求幸福生活的生动实践。

歌声悠扬，思绪飞扬。

小康源自奋斗，小康点亮生活。党的十一届三中全会以来，山东人民同全国人民一道，沐浴着改革开放的阳光，在希望中看到新的希望，从希望走向新的希望。今天，齐鲁儿女通过接续接力奋斗，将翘首以盼的小康生活变成现实。鲁西南黄河两岸人家，也已开启美好新生活，不仅双脚踏上了"幸福路"，而且脚下有了"小康路"。

党的十八大以来，特别是"十三五"时期，全省广大干部群众牢记习近平总书记的殷殷嘱托，贯彻新发展理念，推进高质量发展，服务构建新发展格局。山东全面落实党中央各项决策部署，紧紧扭住改革开放"关键一招"不放松，更大力度向市场放权，更加充分激发市场主体活力，更高水平扩大开放，以更高起点的改革开放扛起全面建成小康社会的山东担当。在发展的过程中，山东朝着人民群众期盼的美好生活砥砺前行，攻克了很多新的老的发展难题，突破了很多有形无形的瓶颈制约，积累了很多点上面上的有益经验，塑造了很多显在潜在的比较优势，推动经济社会发展各项事业稳步向前，开创了更高质量的发展局面，创造了更高品质的生活水平。

"治国之道，富民为始。"

区域经济增强，才会让人民群众享受更多发展成果，生活才会变得更加富裕。这一时期，无论是锚定高质量发展、深化改革开放、打造乡村振兴齐鲁样板，还是推动黄河流域生态保护和高质量发展、经略海洋，山东省委、省政府始终坚持以人民为中心的发展思想，推动实现高质量可持续发展，做大经济总盘子，让百姓腰包鼓起来，不断满足人民日益增长的美好生活需要。

1. 锚定高质量发展

又是一年春来到，万物更新春花俏。济南东郊鲍山脚下，曾经有3200立方米高炉高高耸立，现在森林公园草木吐翠、芳华绽放。自2021年6月30日森林公园向市民免费试开园后，总占地面积超过10平方公里的济钢老工业片区迎来蝶变，昔日"钢城"已变身为今日城市"绿肺"。

始建于1958年的济钢，曾建成省内第一座高炉，结束了山东"手无寸铁"的历史，是新中国缔造的第一批地方骨干钢铁企业，承载了新中国成立后整个济南乃至山东的工业记忆。

钢铁工业是一个国家重要的工业基础，是城市工业的重要代表。但因高耗能、高污染给城市发展和环境保护带来巨大压力，为推动钢铁产业优化布局转型升级，适应省会城市功能定位，济钢在"十三五"时期关停钢铁主业。钢花飞舞、铁水奔流，成为济南工业史上值得铭记的工业图景，济钢由此"腾笼换鸟、凤凰涅槃"，迎来高质量发展的新春天。

"去产能不是去企业，加快新旧动能转换是关键。"济钢作为山钢集团促进结构调整、推动产业优化升级的个案，是山东推动高质量发展走深走实的一个生动实践。

2018 年 3 月 8 日，习近平总书记在参加十三届全国人大一次会议山东代表团审议时发表重要讲话，为山东擘画了"走在前列、全面开创"的美好蓝图。山东牢牢把握高质量发展这一根本要求，坚持新发展理念，坚定不移推进新旧动能转换，发展环境、经济结构、体制机制得到脱胎换骨的系统性重塑，初步蹚出一条符合山东实际的高质量发展新路径。

（1）抓住"牛鼻子"，新旧动能转换"三年初见成效"

再度回望山东全面建成小康社会的奋斗历程，仍旧令人心潮澎湃：1950 年，山东筹建中国第一个氧化铝厂；1961 年，32120 钻井队在广饶县辛店公社东营村附近打出第一口工业油流井——华八井，华北石油会战从此拉开序幕；1971 年，济南第二机床厂研制出全国第一台气缸体平面拉床；1994 年，全省首家跨地区、跨行业、跨国经营的大型钢铁联合企业济南钢铁集团总公司正式成立……历史的长镜头诉说着中国东部沿海经济大省的工业辉煌长卷。

江河奔流，万物生长。生生不息的华夏文明从大江大河出发，滋润着神州大地的每一寸土地。翻开中国地图，齐鲁大地背依广阔腹地，面向浩瀚海洋，酷似一只展翅欲飞的雄鹰，充满活力感和时代气息，寄托着山东飞跃发展的希望。

在经济由高速增长迈向高质量发展的新阶段，山东既有工业门类齐全的传统工业领先发展的优势和基础，也同全国一样面临着产业结构不优、新动能成长不快、发展活力不足、经济效益不高等转型发展的一系列难题和挑战。其中，经济结构偏重问题突出：传统产业占工业比重约 70%，重化工业占传统产业比重约 70%，能源消耗和污染物排放总量偏大。

如何驱动这只"雄鹰"冲向更为广阔的天空，使其再次腾飞的着力点又在哪里？

"新故相推，日生不滞。"一个国家，一个地区，总要在新与旧的更迭中寻找生机和突破。山东加快新旧动能转换，推进高质量发展的创新实践颇具典型性和代表性。

2018年1月，国务院批复《山东新旧动能转换综合试验区建设总体方案》。自此，党的十九大之后获批的首个区域性国家发展战略，与山东人民改变现状的迫切愿望相互激荡，在齐鲁大地上汇聚成动能转换的滚滚洪流。

因势而谋，应势而动。面对这一重大发展机遇，山东"抓住战略枢纽去部署战役"，坚定不移把新旧动能转换作为贯彻新发展理念和推动高质量发展的"牛鼻子"，按照"一年全面起势、三年初见成效、五年取得突破、十年塑成优势"的总体部署，加快建设新旧动能转换综合试验区。

"政者，口言之，身必行之。""腾笼换鸟、凤凰涅槃"不是一蹴而就的，要经历一个艰苦的过程，阵痛在所难免。对此，山东省委、省政府立场鲜明、态度明确：面对重重困难，坚定不移推动经济发展质量变革、效率变革、动力变革，宁可牺牲一些经济增长的速度，也要把发展方式转过来，把质量和效益提上去。

位于黄海之滨的山钢集团"新区"，红顶白墙的现代化厂房整齐划一，绿色植被铺满道路两旁，要不是远处耸立的高炉，很难让人相信，这里就是山钢集团日照钢铁精品基地的生产现场。然而，早前鲜有人知悉，2018年这个基地一期项目刚落地投产建设时，由于受钢铁工业污染环境这一传统认知的影响，日照市民并不"待见"它的存在。事实胜于雄辩，投产后的山钢集团日照钢铁精品基地，自主创新 1000 余项工艺技术成果，采用世界领先技术，全流程智能制造，投产后主要大气污染物综合达标率 100%，持续实现废水零排放，为打造高端产品提供"内核动力"。

破旧，更要立新。山钢集团日照钢铁精品基地壮阔嬗变历程的背后，是山东钢铁产业巨变的"分镜头"。分散在全省 12 个市的钢铁企业，逐步完成向日—临沿海先进钢铁制造产业基地和莱—泰内陆精品钢生产基地转移。诸多破旧立新的改革，在山东遍地开花，去痛点、疏堵点、破难点，实现了链条拓展、效益提升、产业突破。

2018 年至 2020 年，山东坚决淘汰落后产能，关停散乱污企业 11 万多家，压减钢铁产能占全国 1/10，化工园区由 199 家压减到 84 家；坚决改造提升传统动能，实施 500 万元以上工业技改项目 7 万多个；坚决培育壮大新动能，国家制造业单项冠军企业、"小巨人"企业培育数量均居全国第二位；境内外上市企业增加 55 家，总数达 334 家。

聚焦高质量瞄准新动能，从浴火重生到征途如虹，齐鲁大地实现华丽蜕变。2018 年 7 月，济南市高新区 339 米高的汉峪金谷大型综合体项目主楼建成，问鼎山东"第一高楼"。彼时，位于济南中央商务区，主塔楼拔高至 428 米的绿地山东国际金融中心尚在建设中。汉峪金谷大型综合体项目主楼，作为继济南绿地中心主体建筑后又一个新地标，不但占尽个儿高、体量大、颜值高的"高大帅"优势，而且注入绿色创新元素，高立雄踞在美丽泉城。

逆境突破走新高，追赶超越创新标。在极不平凡的 2020 年，山东深入贯彻落实党中央统筹推进新冠肺炎疫情防控和经济社会发展工作部署，坚决守住疫情防控底线，做好"六稳"工作，落实

"六保"任务，以坚如磐石的定力和奋勇攻坚的姿态，持续推进新旧动能转换，复元气、添动力、强活力，推动经济爬坡过坎，交出了一份不平凡的成绩单：2020年，全省生产总值比上年增长3.6%，规模以上工业增加值比上年增长5%，固定资产投资比上年增长3.6%……主要经济指标好于预期、高于全国平均水平，展现出经济全面向好、逆势上行的发展后劲。

2020年8月19日的《人民日报》，以《腾出新空间　跑出加速度》为题，点赞山东新旧动能转换初战告捷。2020年，山东"四新"经济增加值由2017年的21.7%，提高到2020年的30.2%，投资占比51.3%；三次产业调整为7.3：39.1：53.6；实际使用外资增长20.1%，高于全国15.6个百分点；高新技术产业产值占比达45.1%，比2017年提高10.1个百分点……"山东经受住了'促转换'和'稳增长'双重考验，熬过了最艰难的阶段，以新动能为主导的经济发展新格局正加快形成。"国家发展改革委产业经济与技术经济研究所所长通过省内媒体客观评价了山东取得的成绩。

"加快新旧动能转换和高质量发展，根本路径在于把创新作为第一动力，向创新要活力。"这是山东省各级党员干部的一致共识，也是全省上下扑下身子贯彻落实的行动指南。

天下之事，非新无以为进。列车疾驰，靠的是动能驱动车轮滚滚向前。创新是"高质量号"山东经济列车驶向前方的动力之源。作为市场的主体，企业在新技术、新模式、新产品等方面的突破，让这列列车跑出的高质量轨印变得越来越清晰。

2020年9月16日，潍柴集团在济南发布"WP13H"重型柴油发动机。经国内外权威机构检测认证，其热效率达到50.26%。"WP13H"重型柴油发动机成为全球首台本体热效率突破50%的

潍柴"WP13H"重型柴油发动机

商业化柴油机，并满足国六／欧Ⅵ排放要求。2020年，潍柴集团发动机年产销量突破100万台，比2017年翻了将近一番，潍柴成为全球柴油机行业销量第一、技术领先的企业。

在此后的2021年2月4日，半年时间不到，潍柴集团再传捷报：潍柴WP2.3NG非道路用发动机完成了所有测试项目，在全国率先通过了非道路移动机械国四排放认证，中国重型柴油机技术继续领跑世界。成绩的取得，关键在于潍柴集团对科技创新和人才的重视。潍柴集团10年研发累计投入超过300亿元，引进全球高端人才，不断在关键核心技术领域发起攻关，让一颗颗"动力心脏"，在智能化生产线上源源不断地诞生。

潍柴集团让"动力心脏"装上"智慧双翼"，在科技兴企路上提速赶超的现实案例，以及山钢集团日照钢铁精品基地自主创新

1000 余项工艺技术成果的实践，都是将科技创新作为发展主引擎，为新旧动能转换注入内生动力的生动体现，给山东更多企业提供了有益借鉴。

抓创新就是抓发展，谋创新就是谋未来。2018 年以来，从技术创新入手，抢占产业新风口，已成为山东企业的自省和自觉。2019 年，在工信部公布的第四批制造业单项冠军企业名单中，山东有 20 家企业上榜。

在新一轮科技革命和产业变革中，山东主动布局，动作不断。致力于深入实施创新驱动发展战略，省财政科技投入每年增长 10%。整合设立 120 亿元省级科技创新发展资金，重点支持大科学计划和大科学工程；组建机制更加灵活的山东产业技术研究院、高等技术研究院、能源研究院，与中科院共建海洋大科学研究中心，推进济南国家超算中心、康复大学等建设，整合组建新的齐鲁工业大学、山东第一医科大学；实行科技攻关“揭榜制”、首席专家“组阁制”、项目经费“包干制”，创新成果加速涌现。培育壮大创新主体：坚持把企业作为创新主体，促进各类创新要素向企业集聚。截至 2020 年底，山东高新技术企业超过 1.4 万家，三年翻了一番多，产值占比提高了 10.1 个百分点，达到 45.1%。

加快汇聚创新人才，激活人才“富矿”。山东始终把人才作为第一资源，制定《山东省人才发展促进条例》，出台“人才兴鲁 32 条”，成立省人才集团。截至 2020 年底，共遴选泰山学者 1529 人、泰山产业领军人才 970 人；拥有住鲁“两院”院士和海外学术机构院士 98 人，国家杰出青年科学基金获得者 118 人，国家级和省级领军人才 4145 名；全省技能人才达 1341 万人，其中高技能人才 330 万人，均位居全国前列；培育“齐鲁大工匠”30 名、“齐鲁工匠"120 名，带动各级培育各类工匠人才近 2.83 万名；来鲁"双一流"高校毕业生是 2019 年的 2.1 倍，人才净流入趋势持续扩大。

山东乘势而上求突破，发愤图强开新局。2021 年 4 月，"齐鲁一号"卫星和"齐鲁四号"卫星顺利升空进入预定轨道运行，标志着山东首次成功发射高分辨率商业遥感卫星。从此，浩瀚天穹，有了属于山东的星空之地。

这是山东产业技术研究院空天信息领域创新发展的重要成果。山东产业技术研究院成立于 2019 年 7 月 30 日，以服务新旧动能转换、促进高质量发展为使命，致力于产业技术创新与集成，实现技术产品化、商业化。截至 2020 年 8 月底，山东产业技术研究院洽谈引进高技术项目 100 余项，落地 50 余项，完成注册高技术产业化公司 19 家，引进省外投资总额超过 50 亿元，揭牌 41 个创新平台。截至 2021 年上半年，该机构已凝聚 91 个高水平创新团队，转化研究了 300 多项前沿产业技术成果，经济社会价值愈加凸显。

"齐鲁号"卫星的豪迈升空，绝非即兴偶得之举。据相关介绍："这只是开始，未来 3 年到 5 年，山东将完成部署 20 颗左右遥感卫星，组建齐鲁卫星星座，打造空天信息产业生态新高地。"

《人民日报》在报道中说："像这样的研发机构，山东已经有 10 个。他们重构产业界、学术界和政府间的协同创新、权益共享体制，吸纳大量新技术、新成果、新人才，为山东培育新动能不断注入新动力。"

按照习近平总书记"要坚持把发展基点放在创新上""塑造更多依靠创新驱动、更多发挥先发优势的引领型发展"的重要指示要求，山东坚持创新在现代化建设全局中的核心地位，以创新型省份建设为抓手，推动科教产深度融合，完善科技创新体系，全面提升区域创新能力。

这一切无不在昭示着，山东是一片饱含深情的沃土，是一个充满希望与活力的地方。如今的山东，拥有海尔、浪潮、潍柴等一批驰名中外的制造业品牌，还有量子通信、"蓝鲸1号"、"复兴号"列车等让国人自豪、世界赞叹的"国之重器"……科技创新正成为山东发展主引擎，推动经济产业变革性跃升。

在科技创新驱动下，快速崛起的经济新动能仅是一个横切面。自2018年1月获批全国首个新旧动能转换综合试验区以来，山东奋战三年，加速新旧动能转换，初战告捷。

创新永无止境，征途未有穷期。山东牢牢把握高质量发展这一根本要求，加快推进经济大省向经济强省战略性转变。

（2）聚焦"主战场"，"十强"现代优势产业集群加速崛起

深度融入伟大变革中的山东，需要在新一轮科技革命和产业变革大趋势中打造战略性新兴、优势产业，加快转变经济发展方式，重塑产业分工格局，积极抢占发展制高点，培育产业竞争新优势。

2020年10月24日，山东省举行重大项目集中开工活动，496个重大项目集中开工建设，总投资5447亿元。其中，引人瞩目的裕龙岛炼化一体化项目正式宣布开工，并进行了配套项目连线签约。2021年春节刚过，渤海龙口湾裕龙岛，塔吊林立，机器轰鸣，投资千亿元的炼化一体化项目进入紧张施工阶段。

"目前已完成投资114亿元，两年后这里将崛起一座现代化石化新城，年原油加工能力、乙烯生产能力分别达到2000万吨、300万吨。"2021年5月，山东省发展和改革委员会负责同志向人民日报社记者如此介绍。毋庸讳言，作为新旧动能转换、产业结构调整的典范，该项目建设将带动山东省地炼产业整合，对于推动行业结

构调整和转型升级、提高炼化一体化水平具有重要意义。

一滴水折射太阳，一片叶读懂秋天。

高质量发展的基础和制高点，均系于高素质的产业。山东将新一代信息技术、高端装备、新能源新材料、现代海洋、医养健康五大新兴产业和高端化工、现代高效农业、文化创意、精品旅游、现代金融服务五大优势产业作为提升产业层次、优化产业结构的突破点和发展方向。

"十强"现代优势产业是新旧动能转换的"主战场"，需要集中关键力量和优势资源。为此，山东创新推进办法，逐一构建"6个1"协调推进体系，即由1名省级领导牵头、1个专班推进、1个规划引领、1个智库支持、1个联盟（协会）助力、1只（或1只以上）基金保障。

在政策引导助推下，新动能强势增长，产业结构不断优化，"十强"现代优势产业加速壮大。2020年，山东"十强"现代优势产业增加值占GDP的比重达到52%左右，已成为全省新动能的主要载体和主导力量。

产业升级和发展的规律表明，塑强现代产业优势，重要的就是培育优良产业生态，营造既有参天大树又有森林，既有灌木又有小草的"热带雨林"。山东聚焦"十强"现代优势产业，以"减法"腾出发展空间，2020年全年压减焦化产能729万吨，退出地炼产能1176万吨，累计关停化工生产企业超过1500家；以"加法"培育新增长动力，累计完成技术改造投资超过4000亿元，同比增长17.6%；以"乘法"激生创新活力，深入推进"领航型"企业培育工程，甄选105家"十强"现代优势产业领军企业，遴选确定73个"雁阵形"产业集群，7个集群入选国家级战略性新兴产业集群，初步形成了"产业集群+领军企业+特色园区"的"十强"现代优势产业推进态势。同时,实施"现代优势产业集群+人工智能"和 5G 产业发展试点示范项目 492 个,高新技术企业突破 1.4 万家,新动能担纲挑梁的态势加快形成。

2021 年 4 月 12 日,万华化学发布一季度财报:实现营业收入 313.12 亿元,实现营业利润 78.40 亿元,归属于上市公司股东的净利润达 66.21 亿元。对于这则股市信息,尽管资本市场对万华始终保持较高的预期,但是这份利润增幅高达 380% 的一季度财报,还是让市场为之愕然,使万华关注度跻身 4000 多家上市公司前十名。

万华,"全球最大的 MDI 生产商""中国化工新材料企业的标杆""直面同质化竞争格局十几年稳居全球领先地位""山东首家市值突破 4000 亿元的上市公司"……外界高度关注这个拥有众多美

万华烟台工业园

誉的化工巨头，并追问：面对外国卡脖子技术封锁，万华为何能打破垄断，且始终保持不竭的进取心？

2018年6月13日，习近平总书记在万华烟台工业园考察。得知企业走出一条引进、消化、吸收、再创新直至自主创造的道路，技术创新能力从无到有、从弱到强，成为全球异氰酸酯行业的领军者，习近平总书记鼓励企业一鼓作气、一气呵成、一以贯之，朝着既定目标奋勇向前。习近平总书记强调："要坚持走自主创新之路，要有这么一股劲，要有这样的坚定信念和追求，不断在关键核心技术研发上取得新突破。"

牢记习近平总书记的嘱托，万华一直践行自主创新发展理念，产品从单一的MDI扩展至聚氨酯、石化、精细化学品三大产业领域。尼龙12完成全产业链中试，MDI成功研发出第六代制造技术，POCHP技术和PO/SM技术被认定为国际领先水平……万华通过持续不断的自主创新增强自身实力，一步步成长为行业领军的现代化大型企业，走出了一条令人瞩目的改革发展之路。

未来的万华，依然不会止步。万华董事长曾通过媒体表示："万华的目标是到2025年进入全球化工10强，2030年成为具有全球一流竞争力的世界500强企业。"这样的豪迈宣言并非虚妄之词，时下，在烟台经济技术开发区，以万华化学等企业为龙头的高端化工产业集群，正向千亿级产业集群的目标加速迈进。

创新势头良好，企业预期良好。2019年11月，山东省公布的"十强"产业集群领军企业库中，万华化学集团和东岳氟硅科技集团，是入库榜单中的两家化工新材料企业。后者的含氟氢燃料电池膜核心技术，达到国际一流水平。

"薄如蝉翼，贵比黄金，重于泰山。"曾有媒体用这样的比喻来形容东岳打造的高端膜。在东岳集团董事长看来，东岳人最为之骄傲的是自主研发的两张膜：一张是打破国外 30 年垄断的"争气膜"——氯碱离子膜；另一张就是对氢能汽车产业意义重大的"争光膜"——氢燃料电池膜，"每一张都倾注了东岳人的无数心血，是荣誉更是企业责任"。

"争气膜"的问世，可谓中国氯碱工业发展史上的里程碑，使中国氯碱工业不再被卡脖子，这在当下国际关系极其复杂的情况下显得特别重要。"争光膜"在业内同样大放异彩，已通过了奔驰汽车 6000 小时测试，东岳集团获得了为全球量产氢能汽车配套氢燃料电池膜的通行证。东岳燃料电池膜技术已达到国际先进水平，东岳集团走在了能源、动力转型的最前列。

不仅如此，借助行业内首个国家级重点实验室，东岳集团在氯碱离子膜、氢燃料电池膜取得突破性进展的基础上，已成功开发和正在开发太阳能封装膜、钒电池膜、锂电池膜、污水处理膜、海水淡化膜等系列膜产品。依托"中国膜谷"落户桓台的契机，东岳集团在新环保、新材料、新能源领域全面进行高端国产化替代。

与上述两家化工新材料企业在科技前沿潜心争一流的发展轨迹不同，以打造精品力作为内核的文旅业，是拉动经济发展、推动文化传承创新的重要原动力。

实施精品旅游战略是高质量发展的要求，而产品精品化是精品旅游发展的核心和关键。2018 年 11 月，《山东省精品旅游发展专项规划（2018—2022 年)》印发。《规划》提出，到 2022 年，力争文化旅游行业营业收入达到 400 亿元以上，在全省打造 300 个以上文化主题鲜明、设施配套完善的精品文化旅游景区；要扩大精品旅游有效供给，发展高端海洋旅游，提档升级乡村旅游，打造文化旅游精品，提升城市旅游品位，培育生态旅游产品，传承红色文化基因。

2019 年 4 月，烟台中集来福士研发建造的国内首座深远海智能化坐底式网箱"长鲸 1 号"交付，成为山东省深远海智能渔业养殖和海上休闲旅游的新"地标"。"长鲸 1 号"的设计和建造应用独创"两个世界第一"，是全球首个深水坐底式养殖大网箱和首个实现自动提网功能的大网箱，让海洋牧场真正从资源消耗走向绿色可持续发展，从近海走向深海。该网箱年产成鱼 800 吨，产值达到 4000 多万元，可带动休闲垂钓、旅游观光等产业发展，促进渔业

坐落于长岛大钦岛海域的智能网箱"长鲸 1 号"

三产融合，助力海洋经济高质量发展。

春潮澎湃，芳华如歌。如今的山东，"十强"现代优势产业集群已成加速崛起态势。2021年2月26日，全省2021年春季重大项目集中开工活动举行，812个重大项目中，产业项目超过半数，共有417个，总投资达3181亿元。

重大项目投资一端连着需求，一端连着供给，带动性强、关联度高，对稳定经济运行和激发内生动力具有重要意义。

2018年至2020年，山东在省级层面累计谋划推出556个省重大项目、1577个新旧动能转换优选项目、200个"双招双引"重点签约项目、796个补短板强弱项培育新经济增长点项目，其中新兴产业项目数量占比超过60%。以"2018香港山东周"重点主题活动——国际资本助推山东"十强"产业发展推介会为例，会上共推出256个山东重大项目，其中"十强"产业项目240个。

2021年，是"十四五"开局之年，山东率先探索服务构建新发展格局的有效路径，提升产业竞争力。为此，山东把优化产业生态作为塑强现代产业的基础性工程，加快推进产业基础高级化、产业链现代化，对装备制造等10个重点产业、35条关键产业链进行解剖梳理，每个产业链形成"1个图谱"和"N张清单"，全面推行"链长制"；加大对产业集群和领军企业支持力度，启动新一轮中小企业专业能力提升工程，引导中小企业加强与"领航型"企业的协同创新、配套合作，促进大中小企业共建产业链、互通供应链。

凡此种种，集其大成。加强项目要素保障和跟踪服务，源源不断的优质项目，正有力促进着山东新兴产业扩容倍增、传统产业蝶变升级。

（3）弹好"协奏曲"，高质量发展基础不断夯实

党的十九大报告提出，实施区域协调发展战略，建立更加有效的区域协调发展新机制。

2018 年 11 月，中共中央、国务院印发《关于建立更加有效的区域协调发展新机制的意见》，就相关问题作出具体部署，并要求各地制定相应落实方案。

"唱和如一，宫商协调。"从古代中国的传统智慧，到五大发展理念的提出，"协调"，被赋予了新的时代内涵。习近平总书记强调："统筹兼顾、综合平衡，突出重点、带动全局，有的时候要抓大放小、以大兼小，有的时候又要以小带大、小中见大，形象地说，就是要十个指头弹钢琴。"

"千钧将一羽，轻重在平衡。"如果说以"创新、协调、绿色、开放、共享"五个维度为主要内容的发展理念，是实现宏观经济高质量发展的基本遵循，那么坚持统筹协调发展，则是促进经济社会发展行稳致远的"法宝"。

近年来，山东坚持系统观念、底线思维，注重加强前瞻性思考、全局性谋划、战略性布局、整体性推进，高质量发展基础不断夯实。

"没想到在莱芜就能拿到企业注册地在新泰的许可证！"2021年 5 月 18 日，得知自己拿到了济泰行政审批服务一体化启动后的首张人力资源服务许可证，泰安安恒人力资源有限公司负责人安先生一脸兴奋地告诉媒体记者。当时，他正在莱芜洽谈业务，在当地直接领证，避免来回往返，为他腾出了更多时间和精力来拓展业务。

高质量发展必定是协调的发展。山东统筹区域协同发展，加快

建立区域协调发展新机制，构建了"一群两心三圈"的区域发展新格局。以中心城市引领都市圈、以都市圈带动经济圈发展，2020年，济青烟"三核"引领作用突出，济南、青岛、烟台三市实现生产总值30357.9亿元，占全省生产总值比重为41.5%，比上年提高0.6个百分点，对全省经济增长的贡献率达到43.7%。以人为核心的新型城镇化建设取得积极进展，农业转移人口市民化稳步推进。

山东优化空间资源融合，使省会、胶东、鲁南三大经济圈一体发展，完成济南、莱芜行政区划调整，持续推进突破菏泽、鲁西崛起，区域发展更加协调。

2020年1月，山东省人民政府正式批复《济南新旧动能转换先行区发展规划（2020—2035年)》，支持济南高水平规划建设新旧动能转换先行区。2021年4月，《国务院办公厅关于同意济南新旧动能转换起步区建设实施方案的函》发布，标志着济南新旧动能转换起步区正式获国务院批复设立。山东在新旧动能转换综合试验区重要棋局上，连落两粒重子，省会济南被赋予重任。

紧扣"一体化""高质量"发展，省会经济圈发展大招频出。实施"强省会"战略，省市一体推进济南加快发展，高起点建设济南新旧动能转换起步区。

2020年12月，以"融入新发展格局，打造新的增长极"为主题，胶东经济圈青岛、烟台、潍坊、威海、日照5市到北京组团推介，搭建资源对接新平台。在推介大会现场，5市就大数据一体化发展合作进行签约。

2021年2月6日，省会经济圈"一圈同城共建共享"推进会暨第二次联席会议召开，启用"京沪会客厅"。会议确定了一体化发展"369"行动方案，加强交通互联互通、省会高端科技创新平台共享、社会保障联动提升、自贸试验区联动创新等。

一圈同城，共建共享；一体发展，交通先行；政务服务，全省通办……百姓得到更多实惠。随着高水平建设现代化省会经济圈全面破题起势，济南、淄博、泰安、聊城、德州、滨州、东营7市一体化发展，不断深入推进，越来越多的人正像泰安的安先生一样，享受到一体化带来的便利。

统筹城乡融合发展。山东坚决扛起"打造乡村振兴齐鲁样板"的重大政治责任，率先出台战略规划，探索重塑城乡关系、推动城乡融合的新路子。坚决维护粮食安全，粮食产量连年稳定在千亿斤以上，成为首个农业总产值过万亿元的省份。

统筹陆海联动发展。"海洋兴则山东兴，海洋强则山东强"，山东更加注重经略海洋，坚持把海洋作为高质量发展的战略要地，统筹陆海产业、资源配置、基础设施、生态环保布局，建立海陆协作发展利益共同体，带动内陆腹地开发开放，着力构建陆海联动新格局。2020年，全省海洋生产总值达到1.32万亿元。集中打造青岛船舶、烟台海工、潍坊动力装备等产业集群，国家级海洋牧场示范区占全国40%。深化港口一体化改革，整合后的山东省港口集团年货物吞吐量跃居全球第一位。实行陆岸海生态环境综合治理，坚决守好海洋可持续发展"生命线"，加快建设长岛海洋生态文明综合试验区。

高质量发展必然是绿色的发展。山东牢固树立"绿水青山就是金山银山"理念，坚定不移走生态优先、绿色发展之路，全面开展生态环保"四减四增"三年行动，生态环境明显改善，主要污染物排放大幅减少。2020年，济南市生态环境系统聚焦大气、水、土壤环境质量改善，泉城济南的"气质"发生根本性变化，持续刷新

"泉城蓝"。2021 年，山东启动新一轮"四减四增"三年行动计划，在持续改善生态环境上有突破见实效。

"善弈者谋势，善谋者致远。"一个地方一个行业，只有下压风险"底线"、上冲发展"高线"，才能赢得更大发展空间。山东坚持底线思维，打好打赢防范化解重大风险攻坚战，实施"金安工程"，构建金融风险监测防控全省"一张网"，守住不发生系统性区域性金融风险的底线。深入贯彻落实习近平总书记关于安全生产的重要论述，树牢抓安全就是抓大局、抓安全就是抓发展、抓安全就是抓民生的理念，以零容忍态度坚决惩治安全生产违法行为。

弹好"协奏曲"，下活"一盘棋"。山东着眼全省一盘棋，坚持统筹兼顾，实现协调联动，让各个领域、各个区域、各项政策之间相互协调，汇聚成推动协调发展的综合优势。

"切实把新发展理念落到实处，不断取得高质量发展新成就。"牢记习近平总书记嘱托，山东咬定青山不放松，风雨无阻勇攀登，铆足劲、抓落实、求突破，向着新旧动能转换"五年取得突破"的目标笃定前行，在高质量发展上已奋力蹚出一条新路子。

"千里之行，始于足下。"筑基夯实好行路，跑出高质量发展"加速度"的山东经济列车动能澎湃，在"高质量号"上行稳致远。

2. 深化改革开放

习近平总书记在庆祝改革开放 40 周年大会上指出，改革开放是决定当代中国命运的关键一招，也是决定实现"两个一百年"奋斗目标、实现中华民族伟大复兴的关键一招。

进入新时代，山东紧紧扭住改革开放"关键一招"不放松，更大力度向市场放权，更加充分激发市场主体活力，更高水平扩大开放，以更高起点推进改革开放，扛起山东担当。

"知难不畏，绝壁可攀。"山东改革跋山涉水，269 项改革任务全面启动，国企改革按下"快进键"；制度创新迭出，529 项重点改革举措推出，"一次办好"金招牌更亮；9 项制度全国首创，山东自贸区加速"破圈"；进出口总额跃上 2 万亿元人民币，对外开放大门越开越大……尤其是 2020 年，山东顶住疫情冲击和经济下行压力，努力"把失去的时间抢回来"，撸起袖子加油干，开拓创新再争先，经济增速跑赢全国平均水平。山东发生如此变化，根本因素是扭住改革开放"关键一招"不放松。

时序更替，逐梦前行。在新征程上，山东贯彻新发展理念、构建新发展格局，做好发展"必答题"、耕好改革"试验田"、用好开放"金钥匙"，扭住改革开放"关键一招"。

（1）改革争先再出发，"走在前列"再突破

"针对去年述职问询和公开承诺事项，我们成立专班、压实责任、挂图作战，改革成效逐渐显现。"2020 年 11 月 28 日，随着鲁华能源集团总经理上台述职，山东省国企改革领导小组组织 10 家省属企业"掌门人"，在济南开展的第二批国企改革述职问询正式拉开帷幕。

中国改革进入攻坚期和深水区，国企改革一直是市场关注的热点话题。而作为被人熟知的国资大省，有关山东国企的一举一动都会引人注意。

为全面落实国企"倒计时"改革攻坚任务，2019 年以来，山东首创的国企改革述职问询模式已成为社会镜头聚焦的改革"现场"。问询现场即"考场"，省国企改革领导小组针对发现的问题

一再抛出"呛人"问题，不留情面、"辣味"十足。企业"掌门人"从初次面对述职问询的不适，到直面问题、解决问题的果敢，在与国企改革领导小组对答间，表明山东根除痼疾动"大手术"、涉深水区啃"硬骨头"的清晰维度与攻坚力度。这只是点滴呈现的一个缩影，改革争先再出发，"走在前列"再突破，一幅国企改革攻坚"加速"的山东实践画卷已徐徐展开。

这幅长轴画卷铺展开来，开卷处书写着一句时代拷问：新一轮改革大潮奔涌，山东如何延续昨日辉煌，争当击楫中流的改革先锋？

坚持"破"字当头，敢于迎难而上，是山东改革的鲜明特点。潍柴集团是山东国企改革创新发展的典型样本。自2020年5月起，潍柴二级部门干部岗位精简了11%，潍柴通过自我革命选拔真正能干事、会干事的人才，为企业高质量可持续发展夯实基础。2020年，潍柴产销各类发动机突破100万台，同比增长33%，成为全球最大的柴油机产业集群。潍柴集团迈向产业集群之路创造的"潍柴速度"，是由一个个极其有突破性的成就组成的。从1998年营收5.8亿元至2017年营收破2000亿元，达到2207亿元，营收增长380倍，累计实现利润总额650亿元，再到2020年营收和利润分别首次突破5000亿元和200亿元，潍柴打造了持续成长的千亿级集团，走出了创新驱动发展之路，发展成为中国汽车与装备制造产业的龙头企业，创造了发展奇迹。

"深化国企改革，必须要抓住人这一关键因素。"得益于此，潍柴持续"瘦身健体"，心无旁骛做大做强装备制造主业，实现了从小到大、由弱变强的历史性跨越。潍柴集团正以国企改革三年行动为契机，加快实现从设备创造价值向人才创造价值转型，从人力资

专攻主业，潍柴集团打造国企改革样本

本低贡献率向高贡献率转型，进一步为国企改革探索新路径、贡献新经验。

以潍柴为代表的国有企业，既是山东经济发展的支柱，也是坚持深化改革的先头军。其改革实践一再证明：唯有改革领先，才能发展领跑。

2020 年 9 月 18 日，山东省人民政府新闻办公室召开发布会，介绍全省重点领域和关键环节改革有关情况，其中就涉及国企改革施行霹雳手段的相关内容："到 2019 年底省属企业各级权属企业混改比例达到 68%、82 户企业清理退出非主业板块、500 余名国企中层被降职或免职⋯⋯"

有关山东国企改革攻坚的动向，远不止这些。2020 年 9 月 30 日，山东产权交易中心官网显示，山东钢铁将转让其持有的山钢地产 63.8452% 的股权。而山东国企改革"重头戏"，更远不止坚守主业阵地、"瘦身"去地产化。

2018 年以来，山东国有资产组建、重组、整合的"大手笔"频现。组建机场集团、港口集团；重组山东重工和中国重汽；整合山东铁投公司、济青高铁公司、鲁南高铁公司、铁路基金公司等 4 个公司，组建山东铁路投资控股集团有限公司；培育了一批引领型支柱型企业集团。2020 年 7 月 13 日，山东省人民政府在济南召开有关省属企业改革工作推进大会，会上宣布了山东能源与兖矿集团联合重组方案、山东高速与齐鲁交通集团联合重组方案。7 月 15 日下午，省国资委在济南召开部分省属一级企业整合工作部署会议，对齐鲁股权交易中心、国泰租赁等 5 户省属一级企业下一步重组整合工作进行安排部署。8 月 25 日，山东省属企业文化旅游、医养健康资产重组整合工作推进会议在济南召开，会议正式宣布山东省国欣文化旅游发展集团有限公司、山东国欣颐养健康产业发展集团有限公司成立。通过市场化重组，山东既实现了有关省属企业的非主业退出，又有利于解决资源配置不合理问题，推动省属企业做强做优做大主业，在与国内外先进企业的竞争中赢得优势。这一系列改革大事件表明，山东国有企业改革加速之势已现。当然，其间也曾出现非议之声：省属企业"合并同类项"，导致企业"块头"加大、资源集中。

"对省属企业之间的重组联合，山东省委非常审慎，明确要求不能'堆大堆'，必须实现'1+1>2'的协同效应。"省国资委负责人对此作出解释，重组不仅带来"量"的变化，更带动"质"的提升。山东重工与中国重汽重组后，主要经济指标均创历史最好水平，使山东重卡产销量跃居国内第一、全球第三；山东机场集团组建后，2019 年完成旅客吞吐量 3667 万人次、货邮吞吐量 21.7 万吨，同比分别增长 13.3%、17.8%；山东省港口集团组建后，2019 年完成货物吞吐量 13.2 亿吨、集装箱吞吐量 2956 万标准箱，同比分别增长 10.9%、9.7%，其表现在全国港口中一枝独秀。

经济列车跑得快，需要激发市场主体的生机活力。2020 年 3 月 17 日，在全省"重点工作攻坚年"动员大会上，山东就提到要以更大力度推进国资国企改革，"一盘棋"优化国资国企布局，"一企一策"抓改革举措落地见效，"一把手"扛起改革责任。2020 年 4 月 28 日，省国资委官网发布《省属国资国企"倒计时"改革重点工作攻坚方案》以及 37 家企业重点改革方案，列出 20 项重点攻坚任务。其中提到，为了提升国有资本配置效率，将优化国有资本布局结构，实施省属企业间战略性横向重组，完成 8 户左右企业重组整合任务。

远山近岑，切换的只是视角，不变的是山东主动求变、以改革"利器"破题解题的决心。国有资本的重组改革是山东国企改革的重点，但远非改革的全部。近两年的山东省人民政府工作报告显示，从 2019 年开始，山东实施省属企业混合所有制改革三年工作计划，加快实现从管企业向管资本转变，健全完善国有资本投资公司、国有资本运营公司管理运营方式。深化国有资本授权经营体制改革，推进符合条件的省属上市公司实施股权激励、非上市公司开展中长期激励试点，抓好职业经理人制度试点工作，开展国企境外投资专项检查。

瞄准重点领域，则牵一发而动全身；抓住关键环节，则落一子而满盘活。山东深化体制机制改革，着力破解开发区发展制度性障碍。山东各地各类开发区，已成为改革开放的主力军、排头兵，示范引领作用巨大。2019 年 7 月，山东省委十一届九次全体会议审议通过《关于推动开发区体制机制改革创新促进高质量发展的意见》,将这项改革放在一个前所未有的高度来谋划和推动,全省各地全面推行"党工委(管委会)+"管理新体制,开发区由"政府运营型"向"企业服务型"转变。首批试点的 54 家开发区,改革正呈现出风生水起之势,压减内设机构 58.7%、工作人员 56.2%、实际管辖面积 48%,改革后实际使用外资占比提高 7 个百分点。

下好破局开路的先手棋。从财政资金"拨改投"改革,建立产业、教育、科技等领域"大专项+任务清单"机制,到持续推进"亩产效益"评价改革、开发区体制机制改革、国企改革等,山东找准切入点和突破口,集中优势力量,在重点领域和关键环节提速加力,每一项重点改革,其核心无一不是解决"动力"和"活力"这两个关键问题,而最终的目的就是实现高质量发展。

(2)立足制度创新,用改革办法增创优势

"产业结构不优,发展活力不足,经济效益不高,山东再不能躺在历史的功劳簿上沾沾自喜了",省委、省政府坦陈山东发展相对落后的"病灶",主要是有效制度供给不足,"没有有效的制度体系作保障,山东创新发展、持续发展、领先发展就无从谈起"。对这一现实情况的深刻判断,成为全省上下的共识。

2018 年至 2020 年,山东牢牢把握住制度创新这一最根本、最关键、最核心的问题,补短板、固底板,以制度创新推动改革发展。推出重点改革举措 529 项,探索形成了 110 项制度成果;先后出台《山东省新旧动能转换促进条例》《山东省优化营商环境条例》等地方性法规 44 个,以法治保护制度创新的积极性。

今天,回过头来梳理这些年山东推进制度创新的诸多举措,可见两条鲜明的主线：一条线是前文所述的深化国资国企改革，加快由"管企业"向"管资本"转变，释放和激活各类市场主体的活力；另一条线就是市场运行机制改革，着力构建与高质量发展相适应的制度体系，更好地发挥市场在资源配置中的决定性作用，将新时代山东改革开放不断引向深入。

如巨石入水，这些聚焦关键环节的改革举措，在各关键领域激起层层波澜，不断刷新"山东速度""山东效率"，重塑着山东的政务环境和营商环境，不断地释放政策红利，激发各类市场主体的活力。

"高效的办事效率、责任、速度和担当，使我们这些企业更加有信心。"2019 年 3 月，聊城当地政府派专人蹲点服务，推行不见面审批，20 分钟就办取营业执照，让来自广东江门的客商王国清心生感慨："想当初，我来这里蹲守了 98 天，本来是想'三顾茅庐'请'诸葛亮'出山的，最后却让'诸葛亮'劝说着留下来创业了。"此前，王国清了解到东昌府区一家造纸机企业面临破产，本来想"偷菜"挖走技术骨干，结果一番交道打下来，他发现当地营商环境更适合企业发展，于是一改初衷，决定合作成立新公司，扎根山东"种菜"。

王国清并非最早受益于山东营商环境优化的人。2018 年 8 月 30 日，山东省政务服务中心正式启用。2018 年底，全省各地行政审批服务局正式挂牌运行，全面实行"一枚印章管审批"，实现业务"一次办好"。

作为山东打造的一块改革金字招牌，"一次办好"改革之所以广受瞩目，不仅在于其切实提高审批效率，产生便民效应，更在于其牵引出经济体制、公共服务体制、权力运行机制等诸多领域改革的同频共振，成为山东新一轮全面深化改革制度创新的生动

山东省政务服务中心

写照。2019年1月，山东出台《关于进一步深化改革开放加快制度创新的决定》和《关于深化扩权强县改革促进县域经济高质量发展的十条措施》，明确围绕重点领域关键环节加快制度创新12个方面51项任务。2019年8月，山东发布《关于实施流程再造推进"一窗受理·一次办好"改革的十条意见》，从强化流程再造制度保障、突出流程再造关键环节、聚焦流程再造重点领域三大方面提出10条具体举措，使得流程再造跑出政务服务"加速度"，让群众和企业更加切身体会到快捷和便利。

2018年12月14日，占地500亩的费斯托济南全球生产中心二期项目正式开工。12日土地摘牌成交，14日凌晨2点核发"四证"，并于当日上午9点半正式开工，这不但刷新了济南市建设项目快速审批的新纪录，也创造了建设领域规模以上外资项目快速审批的全国第一。

济南高新区"拿地即开工"模式在全国被复制推广。图为费斯托济南全球生产中心项目"四证"展示

"政府既要当好'店小二',又要当好'急郎中'。"这一现实案例诠释了全省上下共同服务企业的深刻共识。"刀刃向内"的山东，以深化"一次办好"改革为统领，推进"放管服"改革，加快政府职能转变，努力做到"企业需要时，政府无处不在；企业不需要时，政府无故不扰"，帮助企业"守主业、谋创新"。

制度供给的破旧立新，为山东迈向高质量发展清扫障碍。

2018年以来，山东围绕深化机构改革、资源要素市场化配置等重点领域，出台了"实体经济45条""民营经济35条"等富含"真金白银"的政策，源源不断地为企业逢山开路、遇水搭桥。这些改革举措，改出"国企资源＋民企机制"的新优势、新活力，更让民营企业迎来高质量发展新的春天。

"线上申领项目立项电子证明，省去了我们准备纸质材料、上门跑审批等环节，省去了我们拿着一张证明跑多个窗口的麻烦。"东营市的李泮林打心眼里对这样的改革创新表示欢迎。

2020年4月，东营市胜利第四十六中学教学楼改造工程负责人李泮林，收到了一份由东营市行政审批局核发的政府投资项目可行性研究报告批复电子证明，这是山东省核发的首份立项批复电子证明。它的核发，标志着东营市项目立项实现了"网上申请、网上审批、限时办结、网上校验、系统共享"的全程电子化审批。

将企业开办时间压缩到了1个工作日内，推出政府"免单服务"，促进企业开办"零成本"；借鉴创新"拿地即开工"审批模式，工业建设项目审批时间不超过20个工作日；按照"依法放权、应放尽放、放无可放"原则，下放165个市级行政许可事项……东营市以"放、减、通、优"为重点，推进"一窗受理·一次办好"改革，为好企业、好项目选择东营、落户东营创造最优环境。

东营的改革是山东深化制度创新、加快流程再造"放"和"创"的两字缩影，是坚定做优生态系统、营造动能转换"阳光雨露"的生动写照。2018年以来，山东坚持"政府负责阳光雨露，企业负责苗壮成长"，聚力建设"1+4"五大生态系统，就是在共同营造风清气正的政治生态基础上，精心打造精简高效的政务生态、富有活力的创新创业生态、彰显魅力的自然生态和诚信法治的社会生态，逐步培育形成政策、环境、服务"三位一体"的集成优势。其中，一大重点就是坚持"放管服"一体推进，开展"一窗受理·一次办好"改革，打造审批事项少、办事效率高、服务质量优、群众企业获得感强的一流营商环境。

坚持"放"就"放到位"，做到"减无可减、放无可放"。持续推进"六个减"：减部门、减项目、减环节、减材料、减时限、减费用。坚持"管"要"管出实效"，做到公平公正监管。全面推行部门联合"双随机、一公开"监管，强化"互联网＋监管"、信用监管、包容审慎监管，对诚信守法企业实行"非请勿扰"，除法律规定和国家要求的安全生产检查等，每年只进行一次随机性联合检查，不再安排其他检查。坚持"服"要"富有温度"，做到换位思考、主动服务、有求必应、无事无需不扰、结果评价。大力推行"保姆"式、"店小二"式服务，核心做到两条：一条是放下身段、平等服务；再一条是精细化、个性化，提供"一对一"、能够解决问题的服务。

从点到面，从局部到整体，增加有效制度供给正在山东省各个层面渐次展开。截至2019年底，全省"一云一网一平台"体系初步建立，"政务服务一网通办"总门户上线运行，省级1209项事项全程网办，1797项"最多跑一次"，流程再造让办事手续更简、环节更少、成本更低、效率更高。

2020年7月，在山东海特数控机床有限公司的车间里，9位工人正熟练地操作着终端电脑和手机，对机床产品进行运维、诊断及应用服务。公司负责人介绍，借助工业互联网平台，公司告别了以往烦琐低效的统计和调度，转而通过生产自动化和数据智能分析管理，实现优化运营，大大提高了公司产值。

海特数控机床是加入滕州机床云的上百家受益企业之一。这一案例，不但彰显了全省"一云一网一平台""政务服务一网通办"数字流程再造的效力，更生动诠释了山东积极拥抱工业互联网、培育发展"新引擎"，为新经济发展提供坚实"数字底座"，助力中小企业加快转型升级实现高质量发展，而释放出的制度创新魅力。

山东依托本省雄厚的产业基础和丰富的应用场景，在全国率先建立"现代优势产业集群+人工智能"推进机制,出台"互联网+先进制造业""5G产业发展"等多个指导性文件;深入开展平台培育行动,已培育省级平台70家,"海尔卡奥斯""浪潮云洲"入选国家首批十大"双跨"工业互联网平台;先后实施150个"现代优势产业集群+人工智能"、122个5G产业试点示范项目;组建山东省工业互联网协会,发起设立5亿元规模的工业互联网创投基金,设立2亿元5G产业创新发展财政资金。

春风化雨润无声。山东加大有效制度供给的改革成效,更集中体现在经济发展活力上。"率先""首创""第一"等高频词语,成为齐鲁大地上政务环境改善的"度量表",制度创新的红利不断释放着市场活力的"晴雨表",让更多的市场主体受惠政策"及时雨":2018年至2020年,山东累计为企业新增减税降费5800多亿元,市场主体增长47%、达1186万户,日新增6000多户。据全国工商联"万家民企评营商环境"调查,山东被评为全国营商环境最好的十个省份之一。

岁月永流转,革新不落幕。回望改革来路,近年来山东出现的趋势性、关键性变化,靠的是制度创新,而尽快蹚出一条高质量发展的路子,仍然要靠制度创新率先突破;远瞻攻坚前路,制度创新没有完成时,山东仍在大胆闯、大胆试、大胆改,坚决破除无效制度,改造烦冗流程,提高制度体系的系统性、整体性、协同性,构建充满活力的有效制度体系,充分释放改革红利。

"历史从不眷顾因循守旧、满足现状者,机遇属于勇于创新、永不自满者。"这是新时代中国最激昂的创新发展强音!

(3)畅通经济循环,服务和融入新发展格局

"改革不停顿,开放不止步。"习近平总书记多次强调,中国开

放的大门不会关闭，只会越开越大。2018年6月，习近平总书记在山东考察时强调，推动深化改革开放，推动高质量发展取得有效进展。

深入贯彻落实习近平总书记重要指示精神，山东牢固树立开放强省的鲜明导向，实行更加积极主动的开放战略，主动把自身发展放到全国、全球的大格局中谋划推进，高标准制定相关措施，统筹对内对外开放，积极重塑开放型经济发展新优势，开放的大门越开越大。

"5月20日，临沂市兰山区的山东金兰物流基地室内，信息交易中心大屏幕上实时滚动运输价格、实时货量、运营线路和订单信息。室外，一辆辆满载货物的车辆正依次驶出园区，奔向全国各地。"这是2021年新华社在一篇通讯稿中描述的场景。革命老区临沂，历史上曾被称为"四塞之崮，舟车不通"之地。几经更迭，这个昔日"内货不出，外货不入"的相对封闭的商业重镇，如今已被打造成大型商品交易批发中心，成为"买全球、卖全球"的物流名城和北方商都。130多个专业批发市场，每天流动人口超过36万，商品远销60多个国家和地区。

2013年11月25日，习近平总书记来到金兰物流基地，在视察物流信息中心、考察物流运输企业时指出："物流业一头连着生产、一头连着消费，在市场经济中的地位越来越凸显。要加快物流标准化信息化建设，提高流通效率，推动物流业健康发展。""运用之妙，存乎一心。"8年来，不负总书记殷殷嘱托，临沂建成覆盖全国2000多个城市的信息平台，现已拥有物流经营业户2300多家，物流园区23个，国内配载线路2000多条，通达全国所有港口和口岸。临沂还跨出国门，建立海外商城、海外仓，开通中欧班列、欧亚班列。

临沂物流全国、货通天下的现实案例，只是山东以开放姿态融入"大循环、双循环"新发展格局，主动对接国家战略的一个缩影。

"不谋全局者，不足以谋一域。"对内改革和对外开放，从来都是互为促进的整体。打造对外开放新高地，就要主动对接国家战略，把山东发展放到全国、全球大格局中优化配置资源。

"北有京津冀协同发展，更有河北雄安新区横空出世，南有长江经济带……但山东均处在这些重大战略的边缘位置。"在此前的2019年，山东省宏观经济研究院有关专家在接受媒体采访时就直陈，"换个角度看，山东又被这些战略环绕，积极主动融入国家重大战略布局，可赢得更加广阔发展空间。"

在"大循环、双循环"的新发展格局中，山东首先直面自身发展局限，冲破观念围墙，廓清思想障碍，要求各地聚焦聚力高质量精准化，在吃透自己的产业基础、比较优势、整体产业方向设计，"双招双引"方式不断创新的同时，处理好省内东中西、南北中的关系，以推进"省会＋胶东＋鲁南"三大经济圈一体化等区域发展战略为抓手，畅通省内循环；其次，发挥比较优势拓展省外发展空间，积极融入京津冀协同发展、中原经济区发展，主动对接长江经济带发展、长三角区域一体化发展等重大国家战略，发挥山东人文优势、产业优势、区位优势，加强区域协作，拓展合作路径，探索融入模式，共同推动全国大循环的进一步完善。

省会济南充分发挥独特优势，连续举办了跨国公司高层对话会议、国际智能制造大会等一系列高层次论坛和峰会，以高层次、专业化的人才集聚，带动信息流、技术流、资金流的集聚。青岛是山东对外开放的龙头，瞄准"世界一流"，制定了《青岛市落实开放发展理念推进国际城市战略实施纲要》和建设对标手册，先后两轮

奔驰在齐鲁大地的中欧班列

形成了300项具体工作计划。德州作为山东"西北门户",在建设京津冀产业承接、科技成果转化、优质农产品供应、劳动力输送基地和京津冀南部重要生态功能区等方面,深度融入京津冀协同发展。奋力突破"边缘心态",在主动对接国家战略中抢抓机遇,已成为山东各地和各界的广泛共识。而共建"一带一路",你来我往,"买""卖"双赢,搭建中外合作平台,打造对外开放新高地,既要"山东观世界"更要"世界看山东",更成为齐鲁大地推动经济循环畅通的清晰路径。

"在欢庆佳节、阖家团聚的幸福氛围中,中欧班列一如既往地在华夏大地上飞驰。作为中欧班列中的重要一员,一列'齐鲁号'欧亚班列由济南南站驶出，奔赴芬兰的赫尔辛基……"这是2021年3月山东省交通运输厅发布的一个新闻片段。新冠肺炎疫情暴发以来，"齐鲁号"欧亚班列载运货物品类在不断变化的同时，开行轨道也在调整，首次将运营范围延展至北欧国家，为班列版图再添一线。

千百年前，我们的祖先在大漠戈壁上"驰命走驿，不绝于时月"，在汪洋大海中"云帆高张，昼夜星驰"。当下，"一带一路"又将沿线各国人民的美好梦想相互连接在一起。连接点上的"齐鲁号"欧亚班列，鼓荡起动能激昂的活力，融进中国对外开放大格局，串联起欧亚海陆万里繁华。

2018年10月31日10点18分，随着X9008次列车一声长鸣，山东省首趟"齐鲁号"欧亚班列驶离济南南站。与此同时，其他几列悬挂同样标识的班列，也分别从青岛、临沂、淄博的铁路场站开出，标志着省内中欧、中亚铁路货运班列跨入以"齐鲁号"统一命名的全新发展时代。从首发这一天起，至2020年底，"齐鲁号"欧亚班列在通达国际口岸和港口的往返中，谱写丝路新传奇，累计开行2635列，累计进出口货值超过130亿元，为进一步响应国家"一带一路"倡议，打造对外开放新高地，建设国际物流大通道，构建全方位开放新格局提供了强力支撑，更成为助力山东服务和融入新发展格局的实力担当。

开放是当代中国的鲜明标识，站立在中国东西两大"朋友圈"交汇点的山东，在新旧动能转换的艰难跋涉中迎来了曙光和外来助力。开放是山东的壮丽气象，从总体布局的"大写意"阶段转向精雕细琢的"工笔画"阶段，山东正逐渐形成高水平对外开放新格局，打造对外开放新高地。

而对此感受最为深刻的，莫过于亲身体验者和参与者。

"山东省是希杰集团在中国的核心事业地区，是希杰集团在中国投资最多的省份，今后我们也将在山东持续扩大投资，目前正在生物、物流等领域积极探讨新的事业机会。"在 2020 年 10 月 22 日举行的"山东与世界 500 强连线"韩国专场暨山东省一韩国经贸合作交流会上，韩国希杰集团负责人在连线中表达了他在山东继续发展的信心。中国侨商会监事长、美国华人企业家联合会会长、德迈国际产业集团有限公司董事长也对山东日益改变的营商环境赞誉有加："疫情中，中国政府部门、企业和民众都很在'状态'，每个人都在自己的战线上努力战斗。这也坚定了我们继续在山东投资创业的信心。"

始自 2020 年 8 月 27 日，不到三个月时间，山东接连举办"山东与世界 500 强连线"欧洲、东盟、美国、韩国、日本 5 个专场活动，吸引来自全球 14 个国家和地区的 59 名高层次嘉宾，活动现场签约 64 个项目，投资额 37 亿美元，合同外资 11.9 亿美元。这一系列专题活动成为观察中国开放度的一个新窗口，向世人传递出比黄金还宝贵的信心。联合国贸易和发展会议投资和企业司司长表示，这次活动向全世界展示了一个开放、繁荣的山东，在全球产业链、供应链受到疫情和单边主义冲击的背景下，这一活动的举办具有特别重要的意义。

毋庸讳言，能获得来自全球各地企业家的信任，最重要的原因就是山东擦亮了"高效便捷的政务环境""诚信规范的市场环境""互利共赢的开放环境"等一块块金字招牌。

信心满满，硕果累累。以山东与日韩的双向合作为例，作为承接日韩投资最密集的地区之一，山东放大区位优势，创新机制合作，不断拓展双向交流合作平台，通过与日韩合作提升产业发展层级，日韩也借道山东对接中国广阔市场，地方经贸合作更加深入。2020年，山东吸收韩国投资增长34%，吸收日本投资增长106.7%，后者增幅在前十位外资来源地中位居第一。

成绩的获得，与山东近年来推出的让外商投资"放心"、发展"安心"的政策举措直接相关。特别是2020年，山东把"开放倒逼改革"作为九大改革攻坚行动的重要内容之一，全力纾困解难保企业，推动内外贸并进，坚决稳住外贸外资基本盘。疫情期间，在全国率先出台外资企业复工复产的19条措施，建立外经贸企业复工复产日调度制度，并在全国率先设立"山东省稳外贸稳外资服务平台"，"一企一策"解决企业问题诉求。企业遇到困难，政府跑在前面。先后制定"稳外贸15条""稳外贸稳外资32条""高水平利用外资20条"等近70条"清单化""目录化"的"硬核"政策措施，建立专门服务平台，组建549支服务队开展定向为企业送政策上门服务，开展各种线上投资贸易促进活动，帮助企业复工复产，解决企业"急难愁盼"问题。

2020年8月，日照市跨境电商零售进口（1210）首单业务在日照综合保税区顺利通关，标志着山东跨境电商"1210"模式落地实施。在多项落地措施的推动下，2020年，全省跨境电商进出口增长366.2%，其中跨境电商B2B出口62.3亿元。同时，山东出台了出口转内销16条措施，开展"出口产品进商超"和"电商直播进外贸企业"活动，支持企业开拓国内市场。山东还抢抓医疗物资出口新机遇，建立医疗物资出口部门协同机制，253家企业获批商务部"白名单"。

在迈向高质量发展的进程中，畅通经济循环是一项重要任务。

2021 年春节过后，位于上合示范区的中国传化（上合）国际物流港好消息不断：一是作为财税突出贡献企业，受到当地政府奖励；二是申请的海关监管作业场所初步建成，已吸引来自俄罗斯、哈萨克斯坦、土耳其等地的数十家国际客商进驻园区。

"以国际物流中心建设为例，2020 年上合多式联运中心集装箱作业量 76.5 万标箱、增长 14%，开行欧亚班列 401 列、增长 15.9%，依托区位优势和资源禀赋，上合示范区综合地理枢纽和发展支点的功能愈发凸显，全年引进 28 个总投资 1288 亿元的示范性、引领性项目。"上合示范区管委会副主任曾向媒体表示，依托上合示范区的开放平台，现代物流产业在此快速聚集，与"一带一路"沿线国家的合作持续增强。

开放之门越开越大，活力汩汩而来。借助这些国家战略开放平台，山东已成为服务构建新发展格局的重要节点。其中，山东

2019 年 7 月 24 日，中央全面深化改革委员会第九次会议审议通过了《中国—上海合作组织地方经贸合作示范区建设总体方案》，进一步明确了上合示范区的建设定位：打造"一带一路"国际合作新平台。图为上合示范区鸟瞰

自贸试验区坚持首创式改革、差异化探索、集成性创新，依靠改革应对变局、开拓新局。截至 2021 年 2 月底，112 项试点任务已实施 104 项，形成 60 项制度创新成果，其中 9 项具有全国首创性，36 项已在省内复制推广，累计引进企业 4.58 万家。全力打造对外开放新高地的山东，正加快形成与国际投资、贸易通行规则相衔接的制度创新体系。

"志合者，不以山海为远。"上合青岛峰会作为中国的主场外交，让山东抓住这次提升对外开放水平的历史性机遇，进一步深化与上合国家的经贸合作，并持续放大"峰会效应"，深度融入共建"一带一路"，强化与世界各国的经贸和人文往来。外交部在蓝厅首次对东部沿海省份进行推介，有着深厚历史文化底蕴的沿海开放大省，站上世界舞台中央，向全球敞开胸怀，让云集此处的国际人士，共同倾听山东与世界共赢的决心。通过一场场触摸历史脉动、看尽时代光彩的活动，让摆上外交部"博古架"的"山东好品"吸引世人，让不断出新的山东"智"造"国之重器"惊艳全球，更将深沉厚重的齐鲁文化、强劲有力的创新潜力、面向未来的发展前景传向世界。青年企业家创新发展国际峰会、儒商大会、跨国公司领导人青岛峰会、博鳌亚洲论坛全球健康论坛大会、尼山世界文明论坛……聚八方宾客，汇四海英豪，山东以海纳百川的胸怀拥抱世界。

三年来，山东进出口总额跃上 2 万亿元台阶，累计增长 22.8%。新设外商投资企业 7733 家，世界 500 强企业已有 219 家落户山东，增加 21%，打造对外开放新高地迈出坚实步伐。

"泰山不让土壤，故能成其大。"加快构建新发展格局，是我国把握未来发展主动权的战略举措，是一场需要保持顽强斗志和战略定力的攻坚战、持久战。山东坚决克服"小富即满、小进则安"的观念，拓展全面开放"大市场"、开辟互联互惠"大通道"。站在"两个一百年"奋斗目标的历史交汇点上奋勇前行，一个对外开放新高地将在海岱齐鲁强势隆起。

3. 打造乡村振兴齐鲁样板

2020年12月的最后两天，济南本年度的最后一场雪飘落。章丘百脉泉景区冷冽而清新，灵性隐现在泉水叮咚间，灵气氤氲在动静交叠处。在这里，"小泉城"豪迈喷涌大希望，又似在婉约唱响乡村振兴的时代赞歌。

这个时节，距离百脉泉约6公里处的济南市章丘区双山街道三涧溪村美食街，飘出的"章丘味道"正浓，这是该村近年打造的又一张亮丽名片。以基层党建为引领，以人居环境改善为突破，用苦干与实干全力打造乡村振兴齐鲁样板，一幅产业兴旺、生态宜居、乡风文明、治理有效、生活富裕的乡村振兴画卷，正在这座乡村徐徐展开。

2018年3月8日，习近平总书记在参加十三届全国人大一次会议山东代表团审议时强调："农业强不强、农村美不美、农民富不富，决定着全面小康社会的成色和社会主义现代化的质量。要深刻认识实施乡村振兴战略的重要性和必要性，扎扎实实把乡村振兴战略实施好。"习近平总书记还就实施乡村振兴战略特别是推动产业振兴、人才振兴、文化振兴、生态振兴、组织振兴和乡村振兴健康有序进行提出明确要求。

民族要复兴，乡村必振兴。山东省委、省政府坚决贯彻落实习近平总书记重要指示要求，牢牢扛起"打造乡村振兴的齐鲁样板"重要政治任务。从 2018 年强化顶层设计，到 2019 年狠抓工作落实，再到 2020 年聚力攻坚克难，2021 年乘势而上求突破，三年多来，聚焦聚力推动产业、人才、文化、生态、组织振兴，始终把打造乡村振兴齐鲁样板摆在重中之重的位置，坚定扛牢农业大省责任，把实施乡村振兴战略作为新时代"三农"工作总抓手，系统谋划、精准施策、狠抓落实，一步一个脚印扎实推进。集聚各类资源、要素流向乡村，润泽乡村，凝聚起强大合力，推动乡村振兴全面起势，齐鲁大地奏响"五大振兴"协奏曲，打造乡村振兴齐鲁样板取得重要阶段性成效；擦亮全面小康幸福色，为推进巩固拓展脱贫攻坚成果同乡村振兴有效衔接，在新起点上推动打造乡村振兴齐鲁样板取得新进展新成效，奠定了坚实基础。

（1）产业引领，助推"加速跑"

"燕子来时新社，梨花落后清明。"

仲春时节，齐鲁大地展示出一幅幅"浸种耕田莫迟延"的"春耕图"。菏泽市巨野县柳林镇，脚沾泥土的当地农技专家，又如约巡回在麦田里"把脉问诊开良方"；枣庄市驿城区古邵镇，小麦田间管理再次用上新式植保机，除草、病虫害防治、施肥等全部利用机械一体化完成；济南市平阴县孝直镇，在马铃薯集约化规模种植村，工作效率比人工提高 10 倍以上的播种机又派上了用场……

山东以产业振兴为引领，力促农业搭上产业化快车，助推乡村振兴"加速跑"。在新时代的齐鲁大地上，更多的乡村已悄然发生着日新月异的美好变化。

增加农民收入是关键。尊重农民的主体地位和首创精神，因地制宜、突出特色、创新独辟，才会探索出极具自身发展特点的发展路径，打开产业振兴新局面。

2018 年 6 月 14 日，习近平总书记来到济南市章丘区双山街道三涧溪村，同村民赵顺利一家拉家常。"这些年老百姓的生活可好了，致富路越走越宽，日子越过越红火，全靠党的政策好。"听完赵顺利的话，总书记十分高兴，叮嘱随行的山东领导："农业农村工作，说一千、道一万，增加农民收入是关键。要加快构建促进农民持续较快增收的长效政策机制，让广大农民都尽快富裕起来。"

习近平总书记来村考察后的三年间，围绕带动农民增收致富，乡村振兴学校、乡村振兴展馆、公寓、农业创业园、美食街、游客集散中心等一个个新产业项目在三涧溪村相继建成落地。2019 年，只用了三个月时间，三涧溪村农业创业园就建起来了，30 个大棚整整齐齐。2020 年春节期间，大棚里 10 块钱一斤，质量、口感俱佳的西红柿被抢购一空，不用出村就都消化完了。2020 年建成开放的三涧溪村美食街，沿街两侧的数十间商铺统一采用古朴典雅的建筑风格，别有韵味。"赵顺利特色小吃铺"，就是美食街上引人注目的存在。三涧溪村村民们不仅生产生活方式变了，思想观念也变了。特别值得一提的是，该村通过系统设计，利用家家户户都有的流转土地和宅基地，推出"三变改革"，让资源变资产、资金变股金、农民变股东。推出这项改革之前，村里首先成立村集体经济股份合作社，下设置业、旅游、劳务、土地 4 个股份合作社，动员大家入股，拓展村民增收渠道。依托村里 140 多套老房子，盘活沉睡的资产，引入专业机构合作，已经落地的美丽乡村康养项目，就是"三变改革"推新的又一例实践成果。

很多地方的改革与三涧溪村的"三变改革"有着异曲同工之妙：济南市长清区马套村通过强村"溢出效应"，带动周边村庄一体发展的"村村共生型"；济宁市兖州区太阳纸业集团发挥龙头企业优势，带动周边村庄发展的"村企共建型"；潍坊市临朐县九山镇以薰衣草产业为载体，20个村、近2万人联动的"小镇共生型"；泰安市九女峰19个村庄集群式发展的"区域共融型"……多种多样的"乡村共同体"建设，已成为山东打造乡村产业振兴的典型经验。

为全力打造乡村振兴齐鲁样板，山东制定《关于贯彻落实中央决策部署实施乡村振兴战略的意见》，出台《山东省乡村振兴战略规划（2018—2022年)》，同步制定"五个振兴"工作方案，出台系列政策，在省级形成"1+1+5+N"规划体系，市、县规划体系也全面建立，搭建起乡村振兴的"四梁八柱"。建立健全省负总责、市抓落实、县为主体、乡（镇）村为基础的工作体系，形成"五级书记"齐抓乡村振兴工作局面，成立"五大专班"，高位推动相关工作有序运转、有效落实；制定贯彻落实《中国共产党农村工作条例》实施意见，出台加快推动乡村振兴和巩固提升脱贫攻坚成果24条支持政策，明确标准体系和监测指标，把乡村振兴纳入市、县综合考核和省直部门绩效考核，形成"政策保障、标准引领、动态监测、考核评价"的制度体系；搭建一批乡村振兴典型示范平台，建设一批典型县、镇、村及片区，带动整体工作提升。

乡村振兴，产业振兴是基础。打造乡村振兴齐鲁样板村的实践证明，找准产业振兴的路径至关重要。牢牢把握"人民对美好生活的向往"这个奋斗目标，尊重农民的主体地位和首创精神，因地制宜、突出特色、创新独辟，才会探索出极具自身发展特点的发展路径。就像三涧溪村"三变改革"，以及前述更多村子的"乡村共同体"建设，他们正是着眼于"增加农民收入"这个关键要点，让广大村民成为乡村产业振兴的主人，让产业赋能乡村振兴，才能让百姓共享高品质生活，在改革过程中不断受惠发展成果和产业效益释放的红利。

这样的成果和红利，早已在山东这片希望的田野上不断显现。

2018年9月6日，临沂市沂南县玉山中药材种植专业合作社员工忙着晾晒酸枣的场景，定格了山东乡村产业振兴的光影一瞬。小酸枣变身脱贫致富大产业，沂南县依汶镇是全国有名的酸枣集散地，每年从这里输出的酸枣有500吨，为山区农民带来200万元的收入。

这一年秋染田园时节，忙"晒秋"亮产业的远不止沂蒙老区晒酸枣的农户，全省各地处处五谷丰登、瓜果飘香，齐鲁大地变成一块色彩斑斓的调色板。广大农民置身于田间地头、兴农产业园区忙秋的身姿，以及写满丰收喜悦的脸庞，成为秋天里的一帧帧独特影像，为即将到来的首个中国农民丰收节，渲染出"稻花香里说丰年"的壮丽田园图景。

时代车轮滚滚向前，发展潮流浩浩荡荡。2018年以来，伴随着农村改革持续展开，农业现代化加快推进，山东乡村振兴全面起势，农村生产形态、农业结构发生了翻天覆地的变化，农村产业结构调整更是取得了明显成效。

"道承齐鲁，襟连海岱"的山东潍坊，在中国改革开放伟大进程中，创造了农业农村改革发展的"诸城模式""潍坊模式""寿光模式"，是全国农业产业化的发源地。2018年8月31日，国务院批复同意建设潍坊国家农业开放发展综合试验区。该试验区由农业农村部等20个部委与山东省人民政府共建，意在将其打造成农业农村现代化的"先行样板"。

创造过"三个模式"的潍坊，在农业产业化创新发展之路上始终保持着强烈的争先意识。寿光蔬菜产业 30 多年来的发展变迁史，更是一再生动地印证了"争先才能领先"的发展逻辑。从倾力种好"一棵菜"抓起，寿光一路奋进、一路争先，书写出农业产业化和县域经济协调发展的"密码"，"长出"了全国有名的"寿光模式"：蔬菜大棚技术发展到第 7 代，瓜菜种植面积发展到 60 万亩；建设粤港澳大湾区"菜篮子"产品潍坊配送中心；成为 2022 年北京冬奥会蔬菜直供基地；创办的蔬菜科技博览会成为全国 3 家 AAAAA 级专业展会之一……寿光全方位推动理念创新、技术革新、模式更新，创新提升"寿光模式"，深化"寿光模式"内涵。

2020 年 4 月 20 日，第二十一届中国（寿光）国际蔬菜科技博览会暨 2020 中国（寿光）国际蔬菜种业博览会"搬到"网上举办。在疫情袭扰下的那个特殊春天里，一望无垠的蔬菜大棚就是寿光的

寿光国际蔬菜科技博览会展馆里的立体种植场景

主战场，寿光蔬菜不动如山稳产保供，依然展现出产业转型升级的"强劲脉动"。从第一座冬暖式蔬菜大棚落户，到成为"买全国、卖全国"的蔬菜集散地，再到三产融合、城乡一体发展……光影幻化呈现的菜乡发展变迁史，就是一幅律动演进的田园风情画。时下的寿光乡土大地上，科技赋予了农业新形态，一个蔬菜大棚就是一个智能化工厂车间，手机成为农民的"新农具"。可以说，创新迭出的现代农业科技，不仅是链接菜博会20年发展脉搏的内生动力，也是寿光主动融入世界、强化产业交流的见证。

近年来，寿光全力打造蔬菜产业的"中国芯"和"全国蔬菜种业硅谷"，进一步强化组织化经营、标准化生产、品牌化销售、智慧化管理、融合化发展，实现了蔬菜产业由增量向提质的加速转变，已形成14大类蔬菜182个品类的蔬菜标准体系，向全国20多个省（自治区、直辖市）提供农业问题集成解决方案。

时间属于奋进者，历史属于奋进者。在这片希望的热土上诞生了"农圣"贾思勰及他的皇皇农学巨著《齐民要术》，寿光人民没有辜负他们这位伟大先民的丰厚历史馈赠。从一棵菜到一个产业，从一个产业到一种生态，完成了从单纯蔬菜种植向全产业链的转型，既满了全国的"菜篮子"，又富了百姓的"钱袋子"，还活了菜农的"脑瓜子"。

一花独放不是春，万紫千红春满园。

山东创新提升并深化"寿光模式"内涵的实践业已深刻表明，产业振兴，重点是要振兴现代农业，以及立足现代农业进一步延伸产业链、拓展产业价值空间。山东省委、省政府用好农村改革关键一招，聚焦构建农民分享产业链增值收益的长效机制，激活农村的资源资产，助推农村产业升级和农民增收。2020年1月6日，山东省人民政府印发《山东省促进乡村产业振兴行动计划》,确定推动实施乡村产业平台构筑、融合推进、绿色发展、创新驱动、主体培育、支持保障"六大行动",大力发展终端型、体验型、循环型、智慧型新产业新业态,着力打造农业产业化升级版,全面提升发展质量和效益。

值得注意的是,这"六大行动"被细化为 17 个工程,有计划地逐一推进实施。其中,乡村产业平台构筑行动,实施"百园千镇万村"工程,利用 3—5 年时间,创建 100 个以上省级现代农业产业园、1000 个以上省级农业产业强镇、10000 个以上省级乡土产业名品村;乡村产业融合推进行动,实施农村一、二、三产业融合培育工程、休闲农业和乡村旅游精品工程、信息进村入户工程和乡村服务业提升工程,致力于打造省级农产品加工强县、示范企业,培育国家级、省级农村产业融合发展示范园。这些举动,意味着山东乡村振兴迎来高质量发展新嬗变。

"这可是老天爷对沾化下洼人的恩赐,咱得好好研究、好好发展,争取让沾化下洼独有的冬枣树越长越大、越长越多,成为群众发家致富的摇钱树。"每到初冬时节,在滨州市沾化区下洼镇冬枣研究所智慧大棚里,看着一颗颗挂在枝繁叶茂冬枣树上黄中透红的小冬枣,向参观者发出感慨的于洪长所长,就像在看自己的孩子,满眼是爱。作为沾化冬枣产业进化路上的见证人,于洪长参与并见证了当地打造冬枣一、二、三产业融合发展的新路径。下洼镇是沾化冬枣的原产地、主产区。经过 30 多年的发展,下洼镇冬枣种植面积达到 9.8 万亩。在于洪长及众多枣农的眼里,冬枣衍生的价值远不止枣芽茶、枣花蜜,老枣树长寿木衍生的枣木镇纸、枣木马扎、枣木擀面杖"三件宝",早已成为下洼镇的地域文化产品。与此同时，每年冬季枣农修剪的枣树枝，还可以生产出清洁取暖所需的生物质颗粒。在冬枣成熟之前，枣农的钱包就先鼓了起来。冬枣成熟时节，游园采摘活动吸引各地游客到来，枣农不仅变身景区管理者，还办起了农家乐。从"单一卖枣"升级到"全身变宝"，沾化冬枣产业链条不断拉长，拓展出更广泛的产业价值空间。

"沂河源田园综合体，处在蒙山深处的沂水之源，来之前，光听这名字就感觉很美好，让人向往。来到这里后，看尽浓浓乡愁。"2021年6月，位于淄博市沂源县鲁村镇的沂河源田园综合体内，天蓝、水碧、山翠、树绿……亮丽的风景吸引着周边城区游客的到来。"在自己村里就能打工拿工资，这样的好日子以前想都不敢想。"沂河源田园综合体覆盖鲁村镇南部7个村，正不断用产业激活乡村发展的澎湃动力。时下，不少村民在生态循环种植养殖标准化基地、农产品深加工企业、旅游景区实现就业，从各个产业链环节上获取多重收益。"我每天给中百大厨房供应新鲜蔬菜，价格高不说，销售渠道还稳定，一年少说收入10多万元。"2019年的早春时节，潍坊大地乍暖还寒，寒亭区开元街道一处蔬菜大棚里，已然绿意盎然。菜农庄全海所说的"中百大厨房"，就是农村一、二、三产业融合发展的典型代表。中百大厨房从三产零售业向二产加工业、一产种植业延伸，深度融合后成为农业"新六产"，每年产值达40亿元，能带动15万农民人均年增收上万元。

"让农民的腰包鼓起来"，是新时代丰收的新内涵。近年来，山东加快推动农村一、二、三产业融合发展，努力实现农村生产、生活、生态"三生同步"，千方百计增加农民收入。冬枣进化路上打造三产融合文旅区的下洼镇，农业、文化、旅游"三位一体"的鲁村镇，将传统农业改造升级成与二、三产业相融合的"新六产"的开元街道和代村，正在齐鲁大地上高质量推进乡村产业振兴。

没有繁荣的农村农业产业，不可能有三产融合的基础，更不可能有繁荣的乡村。山东农业历史悠久，独特的区位优势、丰富多样的气候条件和地形地貌，为生产优质农产品提供了有利条件，水果、蔬菜、花卉、茶叶、经济林等特色农业遍地开花。日照绿茶、烟台苹果、威海刺参，以及寿光蔬菜、金乡大蒜、鱼台大米、莱芜生姜、章丘大葱、平阴玫瑰等优质农产品在国内外享有盛誉，被摆上越来越多家庭的餐桌。山东围绕特色农业拓宽产业链，做好三产融合大文章，更让16个市地方优质农产品的品牌，在国家地理标志产品榜单上越擦越亮。

产业振兴是乡村振兴的基础，是关键所在，更是重中之重。中国社会科学院农村发展研究所相关专家在专题受访时说："以农村电商为代表的新兴产业在山东快速崛起，带动传统产业转型升级，促进产业数字化和数字产业化良性互动，培育出区域新增长极，为城乡融合发展赋能。像'网红'曹县，探索出一条县城、中心镇多点城镇化的新路径，为数字经济赋能城乡融合发展提供了山东经验。"

曹县作为全国知名的"超大型淘宝村集群"，近年来已形成演出服、木制品和农副产品三大产业集群，辐射带动全县域及周边县发展。对此，该专家评价道："当地政府尊重农民首创精神，顺势而为，大力完善数字化硬件基础设施，与电商巨头合作培育本土电商人才，投资50亿元打造六大电商产业园区，制定优惠政策引资入园，引导金融机构推出30余种贷款产品支持基层创新创业。"

如果说三产融合打通的是产业振兴的痛点，那么用好大数据则让山东农业"潮"起来。统计数据显示，在农产品电商销售 50 强中山东占了 10 席。济南平阴玫瑰、青岛大泽山葡萄、临沂临沭柳编等山东部分代表性较强的电商产品，均已形成规模化产业集群发展之势。此外，不断跳跃的统计数据显示，网商银行向山东省经营性农户授信人数全国第一；全国首个数字农业农村示范城市（盒马市）项目落户淄博；山东是全国首个整体启动村播计划的省份……从田间生产到终端销售直至产品溯源，山东数字农业的发展居于全国前列，已成为山东实施乡村振兴战略过程中又一重要推动力。

在打造乡村振兴齐鲁样板的实践过程中，山东不但探索出机制和模式极具普适性的三产融合发展路径，还在更高层次上进一步推动乡村产业功能拓展融合，培育壮大三产融合发展组织载体，实现工业与农业、城镇与乡村联动发展，新产业、新业态裂变倍增、层出不穷，农民增收渠道进一步拓宽，分享着产业化全链条上的更多收益，腰包更鼓、日子更好。

粮食安全是"国之大者"，始终是关系国计民生的一个重大问题。山东坚持把确保重要农产品特别是粮食供给，作为实施乡村振兴战略的首要任务，坚持藏粮于地，划定粮食生产功能区和棉花生产保护区 5650 万亩，累计建成高标准农田 6113 万亩。坚持藏粮于技，力拓粮田增收。山东围绕"增产、提质、高效、绿色"，瞄准关键环节和"卡脖子"技术强化科技攻关。2013 年以来，山东选育推广了"济麦"系列、"山农"系列、"烟农"系列、"登海"系列等一大批小麦、玉米高产稳产的自主产权品种 22 个，良种对粮食生产的贡献率达到 47%。其中，"济麦 22""鲁原 502"等品种，在 2019 年夏收，十天三破全国冬小麦高产纪录；"烟农 1212"是

山东省农科院作物研究所将小麦博士工作站建到了东明县马头镇的田间地头，农户有了坚强的科技"后盾"

目前我国冬小麦高产和旱地小麦高产"双纪录"保持品种；"登海"系列玉米播种面积占全国的 1/3 以上；蛋白质脂肪双高品种"齐黄34"是黄淮海大豆主导品种，以 1100 万元创全国夏大豆品种转让金额之最；希森马铃薯在国内累计推广种植 3150 万亩，并输出到"一带一路"沿线国家……全省农业科技进步贡献率逐年攀高递增。同时，以粮食绿色高质高效创建为抓手，普及推广了小麦宽幅精播、"一喷三防"、氮肥后移以及玉米"一增四改""一防双减"等关键增产技术，助力实现粮食增产增收。持续推动农业标准体系建设，农业地方标准和技术规程达 2600 多项，省级农业标准化生产基地达 1309 个，全国畜禽屠宰质量标准创新中心落户潍坊。农产品生产有"标"可依，保证了品质优良，主要农产品监测合格率常年稳定在 97% 以上。同时，注重向品牌要效益，省知名农产品区域公用品牌和企业产品品牌分别达到 70 个和 600 个。

在全国农业大盘子中，山东用仅占全国约 6% 的耕地和约 1% 的淡水，生产了占全国约 8% 的粮食、11% 的水果、12% 的蔬菜、13% 的水产品。而这些，靠的是"给农业插上科技的翅膀"，并持续推动科技创新促进农业转型升级，让产业发展动能更足，乡村振兴后劲更强。

风吹麦浪遍地黄，颗粒归仓丰收忙。2021 年 6 月 8 日，一场粮食机收减损技能大比武在临沂市郯城县泉源镇开赛。为充分发挥机械化促进粮食增收减损作用，全国粮食机收减损技能人比武山东省赛区的比赛，于 6 月 4 日在枣庄滕州市率先拉开帷幕，包括郯城县泉源镇在内的全省多地陆续开展大比武活动，引导广大农机手在生产实践中精操作、比技能，确保颗粒归仓。

时下，从打造乡村产业振兴的齐鲁样板村，到做大农业农村现代化先行先试的全国试验区，从"乡土产业名品村"三产融合玩转数字农业"特色产业 +"，到"扛牢农业大省责任"壮大现代化农业大产业，山东推动农业全产业链发展，农业高质量发展步伐加快，让齐鲁大地更丰饶、海天更宽广。

（2）人才支撑，做强"软实力"

"要推动乡村人才振兴，把人力资本开发放在首要位置，强化乡村振兴人才支撑。"2018 年 3 月 8 日，习近平总书记在参加十三届全国人大一次会议山东代表团审议时强调，加快培育新型农业经营主体，让愿意留在乡村、建设家乡的人留得安心，让愿意上山下乡、回报乡村的人更有信心，激励各类人才在农村广阔天地大施所能、大展才华、大显身手，打造一支强大的乡村振兴人才队伍，在乡村形成人才、土地、资金、产业汇聚的良性循环。

牢记习近平总书记嘱托，山东聚焦乡村人才振兴，下好人才振兴"这盘棋"：坚持冲破条条框框"创"，广开门路"引"，多措并举"育"，优质高效"用"。山东加快构建乡村人才引得进、育得强、留得住、用得好的良好生态，让人才活力在广袤乡土竞相涌流。

①深化乡村人才制度创新，农民也能评职称

2018年8月14日，淄博市沂源县历山街道历山社区，一名"土专家"在向居民传授刺绣加工技术。沂蒙"新织女"用双手织绣出"美丽产业"，是当地依托基层人才引领发展脱贫增收产业的一个缩影。近年来，沂源县充分发挥农村实用人才、致富能手的引领带动作用，组织县内种植、加工、养殖等方面的"土专家"，与致富能力不强的农户和贫困群众开展技术结对帮扶。乡村振兴不仅要关注高精尖的农技、管理人才，也要重视一村一庄的"土专家""田秀才"等乡土人才群体；既要"筑巢引凤"引进外来人才，也要就地孵化本土人才，推动资本、技术等资源流向乡村建设，真正让乡村成为乡土人才干事创业的乐土。

"真没想到，咱没学历也能评上职称。"2020年，青岛胶州市洋河镇朱季村村民杜高古，添了件很值得自豪的"喜事"，已近70岁的他在这一年获评新型职业农民"农民农艺师"中级职称。2018年8月23日，山东省人力资源和社会保障厅印发《推进乡村人才振兴若干措施》，拿出了很多"政策干货"，其中就有创新乡土人才评价机制、建立职业农民职称制度一项。就在这一年，山东打破学历、论文、科研成果等条框限制，重点考察技术水平、经济效益、社会效益和示范带动作用，种植多少粮食、饲养多少畜禽等都可作为评定依据，率先探索建立新型职业农民职称评定

日照市莒县果庄镇正在田间忙碌的新型职业农民

制度，并在东营开展试点。2019 年，试点范围扩大到 14 个市。2020 年，全省全面推开新型职业农民职称评定制度。截至 2021 年 5 月底，一批"田秀才""土专家"脱颖而出，共有 3329 人获评新型职业农民职称。

2020 年 6 月 1 日起施行的《山东省人才发展促进条例》，把推动乡村人才振兴作为重要内容，明确了向乡村人才倾斜的政策措施。实行向基层人才倾斜的岗位设置制度，分步提高乡村基层的高级岗位设置比例，规划到 2022 年，高级岗位设置比例从 5% 提高到 10%，到 2028 年提至 15%，2035 年提至 20%，为基层人才发展拓宽发展空间。通过兴办"田间大学"等举措提升乡土人才素质，山东不仅分批次组织取得职称的农民进入大专院校和培训机构学习，而且在申报涉农项目、涉农资金、平台建设、人才奖励评定中予以倾斜。截至 2021 年上半年，山东向新型职业农民开通获评职称通道，有 3.1 万余人获得基层高级职称，6.2 万余名乡镇专业技术人员通过"直评"获得中高级职称。2018 年至 2020 年，三年来山东遴选农业农村领域泰山学者 46 名、泰山产业领军人才 71 名，不断提升"三农"科技含金量。

山东省农业专家顾问团有关专家评价说，这份乡村人才制度改革的成绩单，是山东以城带乡促进人才资源下沉基层的结果，极大破解了"谁来种地"的人才之困。作为全省首批获评高级职称的新型职业农民，利津县北宋镇佟家村的佟福兴，在引领当地百姓将小蘑菇做成大产业的致富路上，以自己更高的干劲，回答了这一时代之问。1972 年出生的佟福兴，从小就饱尝贫穷之苦，一直想要凭借自己的努力带领群众致富。1990 年佟福兴初中毕业，他被报纸上的一则食用菌技术培训信息所吸引，于是便报名参加培训班，从此他就与蘑菇结下了不解之缘。慢慢地他凭借勤奋好学、吃苦耐劳成了当地有名的蘑菇种植能手。为了能研制出更多适合当地栽培的优质蘑菇菌种，佟福兴在成立了利津县绿康食用菌农民专业合作社后，又成立了利津县兴昌食用菌研究所。近 10 年来，经佟福兴之手研发选育的食用菌、药用菌新品种多达 120 余种。2020 年，佟福兴创建的合作社改造了 9 个钢结构温室大棚，建了 2 个菌种培养车间，佟福兴希望带领更多乡亲走上致富路。

②加大乡村人才引进力度，精准招引"领头雁"

2020 年 8 月，正是山东各地蔬菜大棚的歇棚期，可兰陵县向城镇徐皇路村党支部书记却一刻也没闲着。趁着这个间隙，他引进一家蔬菜垃圾处理企业。就在几年前，徐皇路村还面临着劳动力流失、集体经济不强的困境。而那时从徐皇路村走出去的他已在上海蔬菜行业经商十几年，做得也不错，小有名气。在家乡政府的邀请以及政策感召下，从小在乡村长大的他"带着一种情怀"返乡创业。

兰陵县是典型的农业大县，耕地面积超过 160 万亩，其中蔬菜种植面积过百万亩，有"山东南菜园"美誉，常年有 30 多万人在外从事蔬菜运销等相关工作。兰陵县既面临"农村空心化、农民老龄化"难题，也拥有在外人才和蔬菜产业人才优势。如何适应发展需要，打造乡村振兴的人才高地，引领兰陵乡村全面振兴？

"群雁高飞头雁领，乡村振兴靠人才。"自 2018 年起，兰陵县牢牢抓住人才振兴这一关键，启动推进以"头雁、归雁、鸿雁、雁阵"为主要内容的"四雁工程"，着力构建"物质激励＋台阶激励＋精神激励"正向激励机制和长效引导体系，激励各类人才在乡村振兴中大展才华、大显身手。其中，"归雁工程"就是向走出去的外地能人发出邀请，吸引他们回乡带动乡亲们致富。徐振东就是"归雁"群中的一员。

在"四雁工程"的引领下，"头雁"领航"群雁"飞，兰陵乡村渐成"众雁成林"发展态势，并带动各类资本、技术、管理、信息等资源要素下乡，带领众多乡村找到了切实可行的振兴路径。徐皇路村也从一个贫困村变成了蔬菜种植示范村。截至 2020 年 8 月底，兰陵已累计投入 4560 多万元，选拔和培养"头雁""归雁"各类人才近千名，带动社会资本投资 10 多亿元，帮助农民人均增收 1500 多元。

潍坊、泰安、济宁、德州等地竞相启动"人才回引"计划，1577 名在外能人返乡创业、任职；枣庄、威海、日照等地面向社会公开招聘村党组织书记，济南招聘 1536 名年轻大学生回乡担任

"乡村振兴工作专员"……围绕打造乡村振兴人才高地,全省各地举措不断、实招频出。

"李书记回来后,不仅改善了村里的环境,还教我们做电商。"在多方动员和政策感召下,在北京经营连锁餐饮的李方勇回到老家德州乐陵市恭敬李村,担任村干部。凭借多年经商积累的经验和人脉,他用不到一年时间就让村里大变样。村民们逢人来村,就念叨这位"领头雁"领得好。

2018年之前的济宁市泗水县东仲都村,还是远近闻名的贫困村。自干过建筑工程和室内设计的田彬返乡后,以合伙人招项目,用项目招合伙人,投资3000余万元,把这个村打造成了远近闻名的"网红"村。近三年来,泗水县已招募173位合伙人,促成项目146个,落地资金6亿多元。

在高端乡村人才的"引"流方面,山东通过聘请乡村振兴"首席专家"等举措,吸引全国甚至是海外人才来齐鲁大地创业就业。例如,2017年山东省人民政府和北京大学在潍坊签订共建北京大学现代农业研究院协议,开展基础研究—应用研究—成果转化—产业扶持的全链式现代农业科技创新工作。时下,研究院在小麦杂交育种等方面取得突破性进展。

"近20个特色村吸引社会资本2亿多元,改造流转了400多栋房屋,发展文创、特色民宿、康养等产业,既优化了村庄环境,又带动了集体和农民增收。"因为创新实施"首席专家制度",引来"金凤凰"的威海市文登区大水泊镇短短几年间发生了翻天覆地的变化,废弃厂房摇身一变成为"威海设计谷""漫画村""康养村"。这种变化的原动力,就是该镇走上了"人才驱动乡村振兴"的路子。大水泊镇面向全国广纳不同领域高端人才,通过双方协商和调研，深度介入每个村的发展方向，给各类人才搭建大施所能、大显身手的舞台。

人才兴则乡村兴，人气旺则乡村旺。无论是威海市文登区大水泊镇依托"首席专家制度"，招引带动乡村振兴的"金凤凰"，还是兰陵县推出"四雁工程"，从乡村内部培育发展"领头雁"，都是实施"领头雁"培育工程的典型案例。近年来，山东争取1.1亿元中央资金，培训新型农业经营主体带头人、农业经理人等高素质农民4.2万人，支持经营成果、致富经验就地转化和推广普及。

2020年12月8日，滨州市沾化区下河乡刁家村党支部书记正在村北大棚基地里忙着采摘西红柿，她高兴地告诉当地媒体记者："俺们村妇女们的致富能力越来越强了。区妇联多次举办'家政培训乡村行''巾帼冬枣电商培训班''冬枣培训在田间'等技能培训班，我们都积极参加，想更快融入农业发展的大潮中。以后，俺村生产的果蔬，除了走农超对接，还可以走电商。"

自2020年9月27日山东省妇联启动"乡村振兴巾帼行动"齐鲁行活动以来，像刁家村党支部书记这样参加电商培训的农村致富带头人，在全省还有6000多人。全省各级妇联以活动为契机，凝聚巾帼力量，重点聚焦人才集聚、示范培育、精准服务，实施"女致富带头人培训工程"，邀请农业、电商专家，赴聊城、德州、滨州、淄博等地举办培训活动。2020年11月16日，山东"女致富带头人培训工程"暨"巾帼好品"公益服务行动走进淄博。电商专家在活动现场对直播带货进行指导培训。

博兴无公害西芹、济宁仙人掌盆栽、阳谷紫小麦面条、青岛西海岸干刀鱼、济南玫瑰花精油……这些各市妇联筛选的"巾帼好品"，在带货直播中热卖。这得益于各市妇联整合资源，联合电商平台，举办大型网络公益直播课堂、巾帼电商培训班、训练营。在培训电商知识的基础上，各级妇联着力为农村创业妇女提供电商创业培训、项目孵化、跟踪服务等全链条服务，拓展产品销售渠道。省妇联还组织巾帼乡村旅游女致富带头人培训，邀请专家团队深入巾帼乡村旅游重点村，为经营管理者出思路、想办法、找路径。

花馍、鲁绣、麦秆扇制作技艺培训在威海、烟台、泰安、菏泽等地广受妇女群众好评；在青岛、烟台等地，种植技能培训让农村妇女掌握苗木修剪、嫁接、管理等技术。各级妇联争取农业、人力资源和社会保障、科技等部门支持，让农村妇女平等享有普惠性培训。活动启动以来，省妇联组建由高校、科研院所涉农专家以及"土专家""田秀才"组成的女农技专家联谊会，各市成立市、县、乡三级讲师团，送课到基层，为农村妇女传经送宝，为企业"把脉问诊"，提供"点单式"培训服务和技术指导。

产业发展，需打通金融"血脉"。各级妇联主动争取当地银行业金融机构支持，联合创新推出"乡村振兴巾帼贷""巾帼复工复产贷""巾帼居家创业贷"等特色金融产品。截至 2020 年 12 月上旬，"巾帼信用贷""鲁担巾帼贷"等巾帼贷款业务已累计办理 1.5 万余笔，发放贷款 34.03 亿元，为创业妇女和"妇字号"企业节约成本 1.7 亿元。仅"乡村振兴巾帼行动"齐鲁行活动启动以来，全省办理"巾帼信用贷""鲁担巾帼贷"2361 笔，发放贷款 5.3 亿元。

③强化服务保障，优化人才培养"软环境"

人才聚集，乡村振兴才有底气。人才再多也不嫌多，关键是如何把人才的心留在乡村。为此，山东通过大力推进制度创新、流程再造破解体制机制障碍，出台有效激励政策并提供优质高效服务以引导更多的优秀人才到乡村贡献才智、建功立业。

完善高层次人才服务绿色通道和服务专员制度，为乡村高层次人才提供交通出行、住房保障、配偶就业等 43 项服务，为基层专家发放"山东惠才卡" 2000 余张。建立人才特聘、岗位特设等基层引才制度，允许基层事业单位突破岗位总量、最高等级和结构比例限制，开辟基层引才绿色通道，引进急需紧缺人才。创新基层人才激励机制，提高基层事业单位人员待遇，提高乡镇工作补贴。

说起山东近年来乡村振兴的成功典范，一定绕不开济南市章丘区双山街道三涧溪村。而提起这个村的返乡创业青年，"猪倌"王元虎回乡创业的故事值得关注。王元虎是济南源虎食品有限公司总经理，三涧溪村党总支青年创业党支部书记，2009 年回乡创业。在各级组织的关心、关爱和支持下，经过十多年的发展，源虎公司从最初的生态养殖场，发展成为总占地 2000 余亩，分别在双山街道三涧溪村、文祖街道黑峪村和湖南泸溪县建成三个生态养殖基地，集生态养殖、种植、产品直销于一体的济南市农业龙头企业。

在三涧溪村创业群体中，除了"80 后"创业青年王元虎，还有很多年轻有为的创业青年："90 后"复退军人李其晓成为多肉种植"网红"，"90 后"大学生刘亚楠成为农创园的宣传员、接待员，36 岁的高燕在村西头打造起一座"动物乐园"……直至王元虎组织 121 位返乡青年及家属成立绿涧生态农业专业合作社，越来越多的返乡创业青年正为乡村发展带来新思维、新观念，也注入了新活力。

抓住青年，抓住未来。乡村振兴的未来，要靠青年们一起创造。

"轰隆轰隆轰隆……" 2020 年 8 月的一天，在菏泽市曹县大集镇的一家服装加工厂，操作员按下绣花机的按钮，几十个针头立刻整齐划一地开工。不一会儿，一块块布料上就"长"出了古色古香的花纹。一位身穿蓝色汉服的女士拿起布料仔细检查，面露微笑地表示认可。这位女士叫孟晓霞，她和丈夫胡春青搭上农村电商的快车，在曹县大集做服装电商已有6年。虽然在全国第二大淘宝镇大集，靠电商致富的例子并不少见，但很大一部分是本地村民迫于生计下的放手一搏。这对原本已经走出乡村的夫妻，当初带着"博士""外省人"等标签返回农村，让很多人不理解，甚至有"博士干了初中生能干的事"的议论。但仅用半年时间，博士胡春青及他的妻子孟晓霞就用真金白银回应了质疑，新开的店铺半年内销售额就达到了500万元，到2020年已实现年销售额近1000万元，还带动了周边十几家工厂发展，为四五百人提供了工作机会，为乡村振兴注入了内生动力。

在乡村振兴的大背景下，农村的天地更加广阔。越来越多昔日"跳龙门"而出的青年人又"入农门"，在家乡的热土上"做给群众看，带着群众干"，为乡村振兴增势赋能。这些返乡青年不仅成为乡村振兴的生力军和突击队，更成为带领群众致富奔小康的重要力量。2018年，共青团山东省委联合省委组织部等单位印发通知，在全省开展实施"村村都有好青年"选培计划，通过技能培训、政策支持，帮助返乡在乡青年创新创业，并优先推荐符合条件的乡村"好青年"入党重点培养。目前，共选出"好青年"12万余名，7000余名青年成长为村（社区）后备干部。此举激发了优秀青年扎根农村发展的热情，发挥了典型带动作用，吸引了更多青年返乡创业就业、服务农村。

2020年5月14日，全国人大代表、聊城市茌平区贾寨镇耿店村党支部书记在"棚二代"示范园玻璃温室里，向村里的"棚二代"传授水肥一体化栽培技术。为激发产业发展内生动力，吸引优秀青年人才返乡创业，耿店村党支部书记带领支部一班人，充分利用麦收、秋收及过年等机会，向回村的年轻人实事求是地宣传大棚种植的收益。同时，制定优惠政策，凡是回村种大棚的青年，支部负责统一流转土地，配套完善水、电、路等基础设施，并在新村社区内建"棚二代"公寓，真正帮他们解决后顾之忧。

2020年，耿店村整合资金5000万元建立了聊城市乡村实用人才培训学院，着力提高村民素质和科学文化水平，加快培养农业生产经营人才，突出抓好家庭农场经营者、农民合作社带头人培育，吸引更多更高学历的年轻人回村创业，培育新时代农业农村发展急需的特色乡土人才，夯实乡村振兴的人才基础。为强化农产品质量理念，村里还申请了辣椒、黄瓜、番茄、芸豆、茄子绿色食品证书，促进了蔬菜"农超对接"，实现了蔬菜销往全国各地的目标。

不仅如此，2021年，耿店村在上级党委、政府的支持下，整合包括耿店村在内共11个村的资源成立了耿店新村。紧紧围绕老百姓注重的"菜篮子、米袋子、树林子"等民生问题，整合11个村庄的合作社成立供销联合社，实现集中连片发展特色优势主导产业，吸引了很多外县、外乡镇的农民来村创业，每天来村的务工人员有400余人。村内现有大棚700余座，群众收入越来越高。

返乡创业的年轻人带来了许多新思想、新技术、新业态，推动蔬菜大棚不断改造升级。如今，蔬菜大棚智能控制水平不断提高，生态有机、无公害品牌不断发展，电商平台不断完善，棚菜生产的规模化水平进一步提升。"棚二代"成了乡村振兴、脱贫攻坚的生力军。

政策给力，社会各界出力，乡村人才努力，耿店村"棚二代"们的故事，正是山东乡村人才振兴的又一个缩影。时下，山东打造乡村振兴新篇章，正以其独有的发展机遇汇聚着磅礴青春力量，越来越多的青年已走在返乡创业的路上，他们更多的故事还在续写。

（3）文化铸魂，提振"精气神"

乡村振兴，既要塑形，也要铸魂。2018年3月8日，习近平总书记在参加十三届全国人大一次会议山东代表团审议时指出，要推动乡村文化振兴，加强农村思想道德建设和公共文化建设，以社会主义核心价值观为引领，深入挖掘优秀传统农耕文化蕴含的思想观念、人文精神、道德规范，培育挖掘乡土文化人才，弘扬主旋律和社会正气，培育文明乡风、良好家风、淳朴民风，改善农民精神风貌，提高乡村社会文明程度，焕发乡村文明新气象。

山东牢记习近平总书记嘱托，以社会主义核心价值观为引领，用好齐鲁文化优势和资源，塑形铸魂同步推进，奋力推进农村精神文明建设。全省县、乡两级新时代文明实践中心基本实现全覆盖，村级实践站建成率达到79.6%。2019年、2020年全省送戏下乡演出总场次均达9万余场，行政村覆盖率达90%以上；在全国率先启动省、市、县三级联合购买文化惠民演出，让农民群众在家门口看大戏、赶文化大集、享文明新风。2020年，全省共开展线下文艺志愿和文艺惠民活动2500余场次，参与艺术家1.5万余人，现场受众约30万人。

①朵朵"蒲公英"，播撒文明新风进乡村入万家

在山东，新时代文明实践中心有个统一的标识——蒲公英。2018年6月，山东成为全国新时代文明实践中心建设首批试点省份。三年来，以全省县、乡两级新时代文明实践中心为载体，千万朵蕴

含着希望、活力、正能量的"蒲公英",把党的创新理论、文明的"种子"播撒在齐鲁农村大地,在广大村民心中生根发芽长大。

"我们要为乡村孩子播撒下梦想的种子,让文化在贫困山村扎下自我发展的根。"早在2016年4月,日照市文化馆文化志愿服务队就开展了"我为山村种文化"活动,让文化和艺术的种子在孩子的心里扎根。此后的5年时间里,文化志愿服务队的志愿者们脚步遍布了五莲县松柏镇店子小学、五莲县松柏镇中心小学、岚山区黄墩镇粮山小学、岚山区黄墩镇中心小学等十几所省、市贫困山村的中小学校园,组织开展了舞蹈、合唱、声乐、葫芦丝、二胡、打击乐等多门艺术课程。

2019年11月,烟台龙口市"习语润心"理论轻骑兵走进泉水疃村,不仅有新时代百姓宣讲团成员带来接地气的宣讲,爱心奶奶们还为村民们表演了精彩的节目,现场十分热闹。目前,山东有40支"习语润心"理论轻骑兵队伍常态化走进基层村居一线宣讲政策;20支"习语润心"文艺轻骑兵队伍重点走进文化薄弱村、边远山区村开展文化演出;各级志愿服务队伍组建"小马扎工作队",开设新思想讲坛,举办农民运动会。在山东,各文明实践中心、实践站聚焦群众需求,广泛开展文明实践主题活动,推动党的创新理论"飞入寻常百姓家",为乡村振兴提供源源不断的精神动能。

"前不久,党中央发出号召,开展党史学习教育。咱们今天来说说'学党史、知党恩、跟党走'。"2021年3月3日上午8点30分,淄博市淄川区寨里镇一个"明理胡同"里,72岁的宣讲员柳景谭竖起小黑板,他一边写板书,一边用家乡话讲党史故事,乡亲们坐在小马扎上听得津津有味。浇树要浇根,育人要育心。像这样

龙口市董家洼村"小马扎工作队"在大槐树下宣讲

的"明理胡同"，在淄川区有 447 个；像这样的基层百姓宣讲品牌，遍布齐鲁乡村。

面对时代之需、使命所系、群众所盼，如何走好新时代群众路线？经过两年探索实践，以新时代文明实践中心为主阵地，山东稳步推进乡村塑形铸魂工程，逐步探索完善"输血＋造血"的双向机制、"点单＋配送"的服务机制、"甄选＋培训"的管理机制、"激励＋考核"的保障机制，加强农村公共文化和生态环境建设，软硬兼修补齐乡村文化"精神短板"，有力促进了城乡融合发展。

目前，县、乡两级新时代文明实践中心基本实现全覆盖，党群服务中心、村史民俗馆、广场礼堂、书屋大院等"沉睡"的场所、资源被盘活唤醒，成为新时代文明实践活动的活跃阵地。在荣成，

400多支"巧厨娘"妇女志愿服务队解决了1.2万名80岁以上农村老人的午餐问题,使"暖心食堂"得以低成本常态运行。这背后是荣成探索建立的"志愿服务+信用建设"机制。将志愿服务纳入个人信用加分目录,让志愿者既有面子,又得实惠。目前,全市志愿者达到15.5万人,每月开展活动3000场次,参与10万人次。农村不文明行为由10%下降到不足1%,社会矛盾纠纷减少22.8%。

2020年以来,山东结合疫情防控在全省广泛开展"讲文明讲卫生 改陋习树新风"活动,通过实施全民健康普及、人居环境改善、文明行为养成、公筷公勺推行、心理健康促进、移风易俗深化六个专项行动,动员广大群众自觉培养文明健康、绿色环保的生活方式;积极推行喜事新办、丧事简办、厚养薄葬改革,农村大操大办现象得到遏制。

深化移风易俗,建设文明乡风。图为威海荣成市王连街道东岛刘家村"暖心食堂"开展主题志愿服务活动

②健健康康地“乐”，欢快热烈地“庆”

群众是主体，“内涵化”塑造美丽心灵，是新时代之需，是乡村文化振兴题中应有之义。

欢快的节奏、炫目的追光、劲爆的气氛、活力四射的音乐……2020年8月23日晚，“我眼中的胶州·与时尚同行”2020年胶州市“广场文艺周周演”流行音乐家协会专场演出，在胶州市三里河文化广场精彩上演。本次演出活动，毫不放松抓紧抓实抓细各项疫情防控工作。演出现场，胶州市音乐家协会的演员们带来了《爱的使命》等战“疫”歌曲联唱，以歌声向抗疫一线的医护工作者致敬，将演出推向高潮。青岛胶州市常年坚持开展“广场文艺周周演”“群星耀胶州”等一系列群众性文化活动，活跃群众文化生活。通过文化志愿者队伍和村庄文化活动带头人，带动搞活了全市大多数乡村的群众文艺活动，形成了欢乐祥和的社会氛围。潍坊寿光市圣城街道北关村以孝德建设为重点，形成80岁以上老人生日庆典制度。每逢80岁以上老人过生日，村里都组织饺子宴为老人祝寿，促进了家庭和谐，愉悦了老年人身心，培育了孝老敬老的社会风尚。

山东人具有崇礼尚德、乐仁向善的优良传统。从传统文化中汲取向善力量，加强道德建设、培育时代新人，齐鲁大地擦亮了“厚德齐鲁地·美德山东人”的道德名片。用“文化大餐”丰富乡村精神文化生活，成为助力乡村文化振兴的有力举措。2020年11月6日，在山东省人民政府新闻办公室举行的新闻发布会上，据山东省文联介绍，乡村振兴工作开展以来，省文联探索打造了“群众点单、文联派单、文艺家接单、受众评单”的服务机制，为农村社区搭建起“永不落幕的文艺大舞台”，变“送文化”为“种文化”，形成了新时代文明实践文艺志愿服务助推乡村文化振兴的山东特色。经过探索实践，省文联在乡村文化振兴工作中取得了一定的成效，摸索了一些经验，形成了"到人民中去——山东文艺志愿服务主题活动""百县千村书法惠民""农民戏剧展演月""舞动千万家""蒲公英音乐合唱""百姓春晚""蒲公英培训计划"等特色品牌。

由点到面，"村歌""村晚"成为富有乡村韵味的文化品牌，遍布齐鲁大地的文化礼堂成为老百姓的精神乐园。济南市莱芜区发起"百姓春晚"文艺活动，农民群众"自家编、自家演"，两年时间累计举办"百姓春晚"1100余场，现场惠及群众30余万人，网络辐射带动200余万人次。山东省"农民戏剧展演月"已经连续举办三届，每年从全省4000余家"庄户剧团"中选拔150余家进行重点培训、巡回展演，目前已累计演出1000余场，惠及农民群众470余万人，真正做到了"还戏于民"。"百县千村书法惠民"活动已累计开展5800余场次，发动书法家23000余人次，为基层群众书写作品近90万件；开设"王羲之书法大讲堂"900余场，培养基层书法骨干2.5万人次，惠及群众400余万人。随着美丽乡村建设的深入推进，越来越多的人意识到：乡村不仅是"物的新农村"，更是"人的新农村"，"物的美丽"必须与"人的美丽"相结合。

促进文化兴盛，提振农村精气神，山东正加快形成齐鲁乡村文明新风尚。以培育时代新农民为着力点，山东大力实施"铸魂强农"工程，力争到2022年，县级及以上文明村镇达标率超过80%，同时推进乡村文化产业精品工程，培育一批特色文化品牌，为百姓送去更多精神食粮。

③"行走的书箱""记得住乡愁"，激活农耕文明

山东省委、省政府高度重视农家书屋建设，为推进全省农家书

屋工程建设提供了有力保障。2011 年 8 月 24 日,山东省农家书屋建设观摩交流会议在东营市召开。作为本次参会单位,山东新华书店集团反哺书屋发展,为了保持书屋的生命力,集团提出了书屋发展"三步走"战略,即以店养屋、以书养屋、以屋养屋。送书下乡惠群众,全民阅读溢书香。各地新华书店系统积极组建新时代文明实践乡村阅读推广志愿服务队,在元旦、春节期间依托农家书屋等平台,广泛开展新时代文明实践乡村阅读推广活动,让党的创新理论"飞入寻常百姓家",积极组织爱心图书捐赠、送书下乡和流动售书等活动,大力营造乡村阅读氛围,用实际行动助力乡村文化振兴,丰富农村文化生活。

2020 年 6 月 6 日,济南市莱芜区茶业口镇上王庄村党支部书记范玉祥一连接待了六批慕名而来参观的团体。范玉祥是村里孟姜女民俗博物馆唯一的讲解员,慕名参观的群众对这位"文化书记"纷纷点赞。

范玉祥是土生土长的上王庄人,从记事那天起,就听老人们讲孟姜女哭倒长城的故事。2003 年 10 月,范玉祥舍去了他十分熟悉的建筑经理的工作,回老家挑起了上王庄村党支部书记的担子。在带领村民逐步改善生活的同时,他开始在村里推动文化建设。2004 年,范玉祥开始为申报孟姜女传说进入非物质文化遗产名录忙活起来。功夫不负有心人,2014 年 11 月,孟姜女民间传说成功入选国家非物质文化遗产名录。从此,范玉祥有了"文化书记"的雅号。

威海市临港经济开发区草庙子镇西李家疃村是个经济薄弱的山村。近年来,该村发挥民风淳朴、文化资源丰富、自然风光优美的优势,熔铸乡村文化软实力,引领村庄全面发展,让乡村文化综合软实力成为村庄全面发展的"硬引擎"。针对农耕文化特色和农民接受习惯，草庙子镇帮助西李家夼村进行系统文化建设项目，塑造"李家夼文化综合体"。将乡土美德文化和廉政文化元素植入村庄布局，培育村民向上向善的思想品德；挖掘整理文化遗产，建立村史馆、乡村大舞台、现代农民生活体验馆，活跃村民文化生活，增强村民向心力；整理修缮原中共胶东区委第一任书记办公旧址、纪念馆等红色印迹；引进养蜂专业户，建成集生产、销售、体验、研学、旅游于一体的蜂蜜文化综合区。经过一系列文化项目开发，西李家夼村形成了融传统村落文化、乡土道德文化、红色文化、传统手工业文化于一体的乡村文化综合体，铸造发展新优势。在此基础上，镇党委着力解决村民关心的养老问题，帮助村子建起暖心食堂。几年内，西李家夼村从内到外发生巨大变化，2020年被评为全国文明村。

乡村是传统文化的"源头"，是农耕文明的"载体"。传统文化、农耕文明浸透着乡村生活的规则、意义和价值，引领着村落成员的心理、行为和关系，模塑着社会治理的理念、方式和秩序。保护好、利用好优秀传统文化资源，通过乡村文化的延续，让人们"记得住乡愁"，是乡村文化振兴的重要内容。近年来，山东持续推动乡村记忆博物馆建设，实施地方戏保护工程，开展乡村非物质文化遗产保护利用，优秀传统文化引导群众、淳化民风的作用日益凸显。目前，全省已建成乡村记忆博物馆210多个；渔鼓戏、大弦子戏等古老的山东地方戏曲焕发出蓬勃生机，乡村文旅产业越来越兴旺。

既要"富口袋"，也要"富脑袋"。以文化人，汇聚乡村振兴的文明力量。从黄海之滨到泰山脚下，从鲁西平原到沂蒙山区，文化之花开遍希望的田野，农民群众精神文化生活越来越丰富。

（4）生态涵养，注入"绿能量"

乡村生态振兴，落点何在？山东坚持乡村绿色发展，以美丽宜居乡村建设为导向，以农村垃圾、污水治理和村容村貌提升为主攻方向，累计完成改厕1090多万户，完成生活污水治理的行政村占比达到30%以上，农村生活垃圾无害化处理的行政村稳定在95%以上。加强农村突出环境问题综合治理，全面完成农村人居环境整治三年行动任务，农村人居环境面貌大幅提升，群众幸福感持续增强。

①乡村振兴的质量和成色，要靠美丽乡村打底色，要以良好村居生态环境为支撑

"化粪池一满，打个电话，镇里就有人开车来抽。"2019年岁末的一天，在泰安新泰市羊流镇东张庄村，76岁的村民何玉英老人指着自家厕所说。不仅如此，她家的厕所墙面四白落地，地上铺着简洁的瓷砖，空间干净明亮。这是当年新泰市12.11万个农户完成农村厕所无害化改造的缩影。

近年来，新泰市将百姓改厕、改水、户户通列入市委、市政府的"一号工程"，通过不断排查整改，推动改厕工作重心由重建设向强管护迈进，逐步建立起"管收用并重、责权利一致"的长效管护机制，确保"厕具坏了有人修、粪污满了有人抽、抽走之后有效用"，实现了农村厕所建好一个、管好一个、用好一个。全市提前一年通过山东省农村无害化卫生厕所全覆盖认定，被农业农村部、生态环境部、住房和城乡建设部确定为山东省唯一的全国农村"厕所革命"十大典型范例。

小厕所，大民生。如今，山东越来越多的农民家里用上了无害化卫生厕所。急民之所"急"，"厕所革命"的核心标准是以人为

本。在山东乡村，"小角落"里的厕所，不仅是"方便"的地方，更被赋予了为乡村环境改变提供诸多方便的可能。

"我们用老百姓通俗易懂的方式将垃圾分为可沤和不可沤两种，辨识度高，也能充分回收。"菏泽市单县综合行政执法局相关负责人介绍，作为全省农村垃圾分类试点县，如今在单县，垃圾分类已深入百姓心中，各村产生的可沤垃圾，每天由保洁员收集运至沤肥池，经过发酵变成肥料集中还田，每年收集可沤垃圾 6 万余吨，减少垃圾处理费用 400 多万元。目前，全县农村垃圾分类推广率已达到 100%，覆盖 491 个行政村，30 余万户。

春日的沂蒙山区腹地杏山子村，4000 亩桃花竞相开放，昔日穷山村蝶变"桃花源"。近年来，临沂市蒙阴县杏山子村把改善村容村貌和村民居住环境作为基础性工作，采取"减法＋加法"双管齐下的方法，不断提升生态文明建设水平。一方面结合农村人居环境整治，对村庄环境卫生进行彻底整治，解决脏乱差问题；率先实施农村清洁取暖改造、生活污水治理、农药化肥双减等工程，探索实施生活垃圾分类收集处理，为下一步美丽乡村建设腾出了场子。另一方面，不断完善基础设施和公共服务设施。近年来共硬化道路 2 万平方米，立面改造 2 万余平方米，建设休闲景观节点 18 处、生态汪塘 3 处；改造办公场所和休闲小广场，建立爱心超市，成立庄户剧团，积极开展"美在农家、美在庭院"创建活动，生态文明建设水平不断提升。2019 年，杏山子村被农业农村部评为"中国美丽休闲乡村"。

近年来，山东接续开展村庄清洁行动"春季战役""夏季战役""秋冬战役"，实施"攻坚清零"行动……截至 2020 年底，山东累计创建省级美丽乡村示范村 2000 个，市、县级美丽乡村 1.88 万个。

"从前村里这条沟渠淤泥深积、污水横流，如今清澈见底，小鱼小虾也越来越多，天暖和的时候来周边散步心情很好。"滨州市沾化区富国街道丁家村村民薛岩青眉宇间洋溢着幸福。而这一改变源于富国街道坚持特色片区发展的乡村生态振兴实践。"我们将城区周边 20 个村沿徒骇河划分为西北、城西、城北、城南 4 个片区，因地制宜发展生态林场及生态旅游，西北片区建成 1200 亩高标准绿化苗木场，城西片区建成集旅游采摘、观光休闲于一体的百亩精品冬枣示范园。"据富国街道党工委相关负责人介绍，丁家村所在的城北片区通过实施美丽乡村示范村创建工作，先后开展水域清淤、道路硬化、休闲文化广场建设、幸福院及孝善食堂建设等多项改造工程，如今这里已变成绿意水韵、生态宜居的秀美村庄，还带动周边村居环境面貌明显改善。

和煦的春风里，人们走在齐鲁大地广袤的田野上，目之所及，天更蓝了，水更碧了，土更净了，村居更美了。

②从田间到舌尖，在乡村绿色生态农业里探索"致富经"

近年来，山东各地积极发展高效生态农业，实施绿色农业、循环农业工程，做大做强生态经济，把"绿水青山"变成"金山银山"。

"书记你看，咱们的龙虾池引来了五六只白天鹅。"2016 年冬日的一天，德州市庆云县尚堂镇龙诚社区党支部书记兴奋地向市派该社区的"第一书记"汇报。龙诚社区利用村里闲置的坑塘，建设了 52 亩小龙虾养殖基地。小小龙虾不仅帮助村民致富，还引来了美丽的大天鹅在此停留。

农村越来越美了，农民也跟着富了。枣庄市山亭区岩马湖畔的李庄村发扬种植月季的传统，在街巷两旁种满了丰花月季，成为远近闻名的"活力月季村"。当地还探索实施了"闲置小院复活工程"，通过征收、租赁、共享、股份四种模式，把农民闲置小院整合到合作社，发展主题民宿、民俗体验等乡村新业态。自 2020 年 5 月运营以来，该村高峰期日接待游客超过 3000 人。

2020 年 8 月 30 日，郭里核桃文化节在济宁邹城市五康轩庄园开幕。一株株壮硕的核桃树翠绿欲滴，浓密的枝叶间缀满了诱人的青皮果子，游客们徜徉在核桃树下，呼吸着清新的空气，品尝着亲手采摘的核桃，不仅可以放松身心，还可以感受大自然的美景，尽情享受采摘之乐、山水之乐。自脱贫攻坚战打响以来，郭里镇持续发展核桃种植 1 万余亩，王屈核桃乐园被评为国家级核桃种植示范基地，专门从事核桃深加工的企业有两家，产品包括鲜食核桃仁、核桃油、多种口味的休闲食品等，并注册了商标。每年进片区的两个庄园就可直接销售核桃产品 1000 余万斤，实现销售收入 1300 多万元，人均增收 1 万元。如今，"小核桃"带动生态农业兴旺发展，已敲开乡村振兴的"致富门"。

滨州市高新区万亩"扶贫稻"种植基地，稻秧碧绿，一畦畦稻田犹如美妙的五线谱，唱响乡村振兴"交响曲"。该园区占地 1.1 万亩，位于北纬 37 度至 38 度之间，属于世界水稻种植黄金纬度。种植基地环境优美、空气清新，田间有多种水鸟栖息生活。站在稻田边远远望去，一阵微风吹来，碧波荡漾，如同一片绿色的海洋。

"一粒米，一滴汗，粒粒粮食汗珠换。"许多市民到这里体验插秧活动，与当地稻农"面对面躬身挥汗插秧，心连心体验艰辛劳作"，用实际行动感受"谁知盘中餐，粒粒皆辛苦"。

③依托"绿色发展"之美，美丽乡村端起"绿饭碗"，吃上"生态饭"

全省多地将当地的绿色资源、生态资源等串联起来，为乡村发展绿色生态游、乡村旅游注入了"绿能量"。

淄博市淄川区太河镇东东峪村有着"百泉村"的美誉，村里自然风景美，生态环境好。但以前村集体经济几乎为零，产业更无从谈起。近年来，在村党支部书记带领下，村民开始对村中闲置的房子进行特色装修，投资建设乡村民宿，并由合作社统一管理，使村子焕发了新生机。绿水青山就是金山银山，良好生态环境是农村的最大优势和宝贵财富。在山东，像东东峪村这样吃"生态饭"的村子还有很多。

走进淄博市沂源县燕崖镇双马山，现代文明与田园风光相得益彰。这里群山绵延、果木繁茂、空气清新，因其所依托的沂蒙七十二崮中的马头崮和尹家崮形似两匹骏马而得名"双马山"，被誉为"休闲佳境，生态高地"。这里有山东省海拔最高的水库——

大山深处的世外桃源——淄博市沂源县燕崖镇双马山

红旗水库，这里还是纪录片《乡村里的中国》拍摄地。近年来，依托自然资源禀赋，双马山通过发展乡村旅游，不仅带动了周边贫困群众实现增收，而且实现了美丽乡村的嬗变。

在泰安市岱岳区东西门村，一间云朵状的书房"浮"在山顶，许多游客慕名而来，寂静的山村变得热闹起来。不止东西门村，泰山西麓九女峰山区 19 个行政村串珠成链，乡村旅游项目"一村一品""一村一韵"正在如火如荼地展开。大山里昔日的贫困村，成功变身"网红打卡地"。绿水青山变成金山银山，建设的钱从哪里来？鲁商九女峰（泰安）乡村振兴有限公司负责人说："政府资金投入基础设施建设，国有资本导入产业，民营资本竞逐项目。"泰安九女峰片区引入扶贫资金、国家农村综合性试点试验改革资金等各类项目资金，做到"多个渠道进水、一个龙头出水"。

为解决涉农资金多头管理、使用分散等问题，创新性地把涉农资金全部纳入乡村振兴"资金池"，进行集中统一管理、统筹安排使用。健全涉农资金整合长效机制，不断出台政策举措。山东省财政厅公布的数据显示，2020 年，山东省级安排乡村振兴战略资金 655 亿元，纳入统筹整合范围 460 亿元。2020 年度全省第一产业固定资产投资同比增长 43.6%，高于全国平均水平。

财政扶助只是一个切面。自 2017 年以来，山东坚持"示范引领、以点带面，连片打造、全域推进"，每年创建美丽乡村省级示范村 500 个，推动美丽乡村建设和农村人居环境整治相互促进、融合发展，让美丽乡村壮大美丽经济。如今，一批批生产美、生态美、生活美的美丽乡村正在齐鲁大地兴起。

（5）组织筑基，锻造"主心骨"

根本固者，华实必茂；源流深者，光澜必章。

乡村振兴,组织振兴是根本和保障。习近平总书记指出:"要推动乡村组织振兴,打造千千万万个坚强的农村基层党组织,培养千千万万名优秀的农村基层党组织书记,深化村民自治实践,发展农民合作经济组织,建立健全党委领导、政府负责、社会协同、公众参与、法治保障的现代乡村社会治理体制,确保乡村社会充满活力、安定有序。"山东着力推动党建引领基层治理新格局,以党组织建设带动其他组织建设,以组织振兴促进乡村振兴。

①强化组织领导,压实五级书记"抓乡促村"责任

火车跑得快,全靠车头带。建立健全省负总责、市抓落实、县为主体、乡(镇)村为基础的工作体系,形成五级书记抓乡村振兴的工作格局。坚持发挥党建引领作用,打破就村抓村的路径依赖,积极推进党组织联建,通过资源整合、产业联合、治理融合,有效推动了优势互补、发展共进。

为落实好各级"抓乡促村"责任,制定落实五级书记抓乡村振兴的实施细则以及市、县党政领导班子和领导干部推进乡村振兴战略的实绩考核意见,把乡村振兴纳入市、县综合考核和省直部门绩效考核,在全国率先出台战略规划及5个工作方案,以"1+1+5+N"的规划体系,搭建起推进乡村振兴的"四梁八柱"。围绕舞活乡镇党委这个"龙头",坚持压实责任与提升能力"两手抓",常态化实施党委书记抓基层党建述职评议考核和创新突破项目,出台乡镇政府工作条例,拿出扩权赋能减负实招硬招,明确激励干部担当作为各项措施,让乡镇有精力、有资源、有能力抓基层治理、抓乡村振兴。

"激励与约束并重,让干好干坏不一样",淄博市建立奖罚分明的"抓乡促村"责任制;"首关不过、余关莫论",泰安市考核评

价乡镇领导班子和党委书记首先看抓村级党组织建设成效；"党建不过关，书记被约谈"，东营市约谈基层党建工作考核末位的乡镇党委书记成为常态……"一系列政策措施的出台，让我们挺起了腰杆、放开了手脚，能够集中精力抓党建、抓治理、抓服务。"泰安肥城市的一位乡镇党委书记如此感慨。

乡村振兴，治理有效是基础。在健全五级书记"抓乡促村"机制，引导聚焦"主责主业"的同时，山东激活基层党组织先锋作用，优化乡村善治路径。围绕打造共建共治共享的乡村治理新格局，坚持自治、法治、德治"三治融合"，充分发挥农村党组织和党员在乡村治理中的引领作用，建立村党组织评星定级、党员量化积分管理等制度，指导各级创新路径、务实推动，让每个党组织、每名党员在引领乡村善治中当先锋、作表率。

在潍坊，组织建在网格上，党员融入网格中，一网兜尽民生事；在淄博，党性教育体检中心让党员在自我审视中知不足、明方向；在滨州，"淬火工程"以精准化、小班化、特色化的培训，让党员在集中轮训中锤炼党性；在临沂，党支部领办志愿服务队，树起党员形象，暖了群众心窝；在德州，阳光村务报告会变"一贴了之"为互动交流，打通"隔心墙"，晒出新气象；在威海，"党建引领、信用支撑"，以信用分记录党员群众日常言行，凝聚起齐心共促乡村善治的合力；在聊城，党代表工作室面对面传递党的声音，心贴心服务群众，零距离解决问题。

关键时刻显本色，紧要关头看担当。在疫情防控、防汛救灾中，全省6.9万个农村基层党组织、247万名农村党员挺身而出，党旗始终在乡村一线高高飘扬。

②筑牢堡垒根基,激活乡村引领发展"头雁效应"

"只要党组织发挥了战斗堡垒作用,就没有解决不了的难题。"这是济南市章丘区双山街道三涧溪村党总支书记常说的一句话。近年来,三涧溪村遵循"产业增长点在哪里,合作社就建在哪里,党的基层组织就延伸到哪里"的发展思路,以土地、资金等形式入股,先后组建绿涧生态农业、巾帼商贸、古村旅游等5个合作社,成立青年创业党支部、返乡创业党支部和综合党支部,选好配强党组织带头人,为乡村振兴提供组织保障。三涧溪村的党建实践,创造性发挥党的基层组织战斗堡垒作用,是创新组织设置方式、以联建促发展融合的一个鲜明案例。

产业延到哪里,人员聚在哪里,党组织就覆盖到哪里。近年来,山东在以行政村为主体设置党组织的基础上,在农村各类组织、产业链条等建立党组织1.83万个,有效扩大了党在农村的组织覆盖和工作覆盖。

淄博市沂源县燕崖镇地处沂蒙山区,镇里的不少村子曾经面临选人难、产业小而散、发展空间窄等问题。对此,燕崖镇从村庄地缘相邻、产业相连、资源相融等现状出发,将全镇划片成立4个联村党委,由镇班子成员、中层干部任书记,优秀村干部任委员,通过区域组织联建,统筹整合各联建村干部、人才、资源等要素。4个联村党委握指成拳,把各方面资源充分调动起来,组织各村石匠、木匠、铁匠以及种植和营销能手等,近两年累计发动2万人次村民义务参与乡村建设,仅垒建石头景观墙就达1.2万米,吸引100多名优秀人才反哺乡村创业。

燕崖镇的变化,是山东乡村党组织联建的一个缩影,是山东基层组织振兴的有效探索。按照地缘相近、文化相通、产业相连、资源互补的原则，推动强村与弱村、历史上有渊源或现实中有融合发展需要的村、产业相近或关联度高的村，共同组建联合党组织，构建起农村"大党委"工作新格局。

强村带动、产业拉动、项目牵引、特色发展……党组织联建模式各有不同，但都打破了"就村抓村"的路径依赖，推动了资源整合、发展融合。截至 2020 年底，全省共建立联合党组织 2011 个，覆盖 1.28 万个行政村，形成横向到边、纵向到底的基层组织体系。

群雁高飞头雁领，过硬的农村基层党组织为乡村振兴、农民增收撑起了"主心骨"。为提升基层党组织的战斗堡垒作用，山东全面实施村党组织带头人队伍整体优化提升行动、过硬支部建设"百千万计划"，整顿软弱涣散村党组织，回引近万名人才到村任职。

围绕强化日常管理，定期以县为单位分析研判农村班子，第一时间调整不合格、不胜任、不作为的村党组织书记。临沂市为破解村党组织书记"难选、难当、难管、难留"问题，探索推行专业化管理，通过提升标准选人、提升要求管人、提升待遇留人，构建起"权、责、利"相统一的选人用人机制。启动实施"乡村振兴育英计划"，省级每年集中组织 2000 名村党组织书记到省内外先进地区培训，带动市、县将所有村党组织书记轮训一遍。

③强化组织引领，变"单打独斗"为"抱团取暖"

"农业农村工作，说一千、道一万，增加农民收入是关键。"

资源条件有限、群众一盘散沙，乡村如何实现增收致富？栖霞市亭口镇衣家村给出了答案。该村通过党支部领办合作社，发动群众以劳动力入股、抱团发展，衣家人成了"一家人"，实现了集体经济从一万元到百万元、村民收入翻一番的蝶变。

拓宽思路，提升规模化经营水平，村党组织领办合作社，把党

强村富民先强组织。临沂市兰陵县代村探索出党建引领社区发展新模式，实现"企业有党支部，区域有党小组，小区有党员"，让党群联系实时化、党群关系亲密化。图为代村社区风貌

组织政治引领功能、合作社抱团发展优势和农民盼富致富愿望有机结合，为增强村党组织政治功能和组织力探索了新路径。目前，全省已发展 3.7 万家党支部领办合作社，带动 286 万户社员致富。

2021 年 2 月 5 日，潍坊市临朐县嵩山生态旅游区 11 个行政村的合作社召开分红大会。2020 年，嵩山生态旅游区把发展村集体经济作为实施乡村振兴战略的重要抓手，以"党支部 + 合作社"为依托，创新实施"一统领七增收"发展模式，实现村集体经济壮大、合作社收益发展、贫困户增收脱贫三方共赢。2020 年，11 个行政村集体经济收入全部超过 10 万元。

2021 年 1 月底，在长岛海洋生态文明综合试验区南长山街道乐园村，党支部领办的长岛乐元海水养殖专业合作社将共计 68 万元

的分红发到了股民手中。早在 2019 年 9 月，借全区近岸养殖腾退的契机，乐园村整合村内养殖户和养殖资源，村集体以海域和资产入股占股 30%，开始了党支部领办牡蛎养殖合作社的新征程。2020年，该村集体分红 16.5 万元，股民分红 38.4 万元。新模式不仅改变了过去散户养殖单打独斗缺乏优势的问题，还形成了明显的品牌效应和生态效益。入了股的村民们也盛赞合作社思路宽、办法多、管理好、销路广，基层党组织的组织力、凝聚力、向心力不断增强。

"现在种地比以前容易多喽！"济南市章丘区黄河街道唐王村村民张宝江感慨。2018 年，黄河街道通过党支部领办合作社，实行全方位土地托管，统一采购农资，统一机械化运作，通过规模化运作大大节约了成本。2020 年，张宝江每亩地平均比之前多收入 400 元。如今，他一到闲暇时间还能打零工挣钱，"路子越来越宽哩"！

"俺村 2016 年以前是贫困村，后来党支部带领全村种葡萄，大伙儿都富裕起来了，像我这样的贫困户一年也能收入两三万元。"青岛莱西市日庄镇沟东自然村村民王人良发出感慨，"看到我们村好了，周边四个村也加入我们成立了沟东新村，一块儿发展葡萄产业。"

拓展"莱西会议"经验，青岛莱西市沟东新村党总支充分发挥统领作用，整合 5 个村庄的土地、资产、人才等生产要素，发展无核葡萄基地 1200 亩，辐射带动周边村庄形成 6000 余亩的无核葡萄产业集群。新村集体经济收入从 3 万元增至 101 万元，人均收入增至 20800 元。如今，沟东新村成为远近闻名的葡萄种植专业村、休闲度假的"打卡地"。

聚力聚合"红色引擎"，凝聚砥砺奋进力量，山东广大党员干部牢记初心使命勇担当。决战决胜脱贫攻坚、打造乡村振兴齐鲁样板,仅靠基层的力量是不够的。如何把乡村振兴的合力汇聚起来?山东推行的干部下沉常态化机制作出了有益探索。从 2012 年起,全省连续 4 轮选派 5 万多名"第一书记",扎根基层抓党建促脱贫,把党的组织优势、干部优势、密切联系群众优势转化为扶贫优势、发展优势。2020 年全省有 2 万多个机关企事业单位党组织、118.1 万名在职党员到农村、社区志愿服务。山东部署开展"万名干部下基层"工作,组建了 638 支服务队,服务 3310 个村(社区)乡村振兴。党员带头、群众参与成为山东乡村振兴的一张闪亮"名片"。

4. 推动黄河流域生态保护和高质量发展

黄河,在山东蜿蜒千里,奔腾入海,哺育了齐鲁儿女,润泽了山东大地。实施黄河流域生态保护和高质量发展战略,为山东服务构建新发展格局带来了重大机遇。

2019 年 9 月 18 日,习近平总书记主持召开黄河流域生态保护和高质量发展座谈会并发表重要讲话,黄河流域生态保护和高质量发展上升为重大国家战略。

山东牢记习近平总书记"让黄河成为造福人民的幸福河""发挥山东半岛城市群龙头作用,推动沿黄地区中心城市及城市群高质量发展"重要指示要求,按照"地处黄河下游,工作力争上游"的目标要求,科学谋划山东沿黄地区发展思路目标、重点任务、政策措施、工程项目,主动对接沿黄兄弟省(自治区),坚持生态优先、绿色发展,加强生态环境保护,改善群众生产生活,坚定走绿色、可持续的高质量发展之路。

（1）高标准谋划，打造先行区、示范区

"思深方益远，谋定而后动。"

山东高度重视黄河流域生态保护和高质量发展省级规划编制工作，高起点研究谋划，成立了由省委主要领导任组长、16个省直部门主要负责同志为成员的领导小组。省委先后4次召开专题会议，研究部署重大事项。省委主要负责同志带队，从黄河入鲁第一站东明县到黄河入海口东营市垦利区，对沿黄9市进行深入调研。2020年6月到7月，山东从省、市、县三级抽调的400名工作人员分成25个小组，奔赴山东沿黄25个县（市、区），开展沿黄地区生态保护和高质量发展普查调研工作，围绕生态保护、污染治理、黄河安澜等7个方面进行大普查、大摸底。普查调研历时一个半月，形成了1个总报告、7个专题报告、25个县（市、区）分报告和黄河流域国土空间地理信息"一张图"，比较全面地掌握了沿黄地区生态环境和产业发展等方面的情况，为编制规划和落实国家战略提供了重要支撑。

在规划编制过程中，坚持立足山东、跳出山东，立足当前、着眼长远，立足自身、协同推进，按照打造改革开放先行区、绿色生态大廊道、文化"两创"大平台、科教创新生力军、高质量发展示范区和新的经济增长极的思路，充分听取各方意见建议，组织完成黄河水资源利用等10个重大课题研究，组建了由6位"两院"院士领衔的高层次专家咨询委员会，召开各类座谈会30余次，并主动与其他沿黄省（自治区）对接规划编制工作。

一次次调查研究、一场场科学论证、一步步深入推进……从宏观到微观，从思考到谋划，从要求到部署，战略思想不断深入，构想逐渐变为现实。2021年3月，山东黄河流域生态保护和高质量发展实施规划印发，生态、水利、文化等9个专项规划编制完成。

东营，拥有 463 公里海岸线、6000 平方公里海域面积、500 余种海洋生物。近年来，随着海洋生态保护与修复工作持续推进，红光渔港的翅碱蓬又红遍海岸带

规划既定，重在落实执行。山东创新体制机制，在省、市、县三级均成立推进黄河流域生态保护和高质量发展领导小组，建立起省、市、县共同推进的工作机制。重点任务分工到相关部门和 16 个市，每一项任务都责任到人。推进黄河流域生态保护和高质量发展的体制机制、政策体系和落实措施均已构建完毕。坚持问题导向，谋划了黄河口国家公园、东平湖蓄滞洪区防洪安居、引黄灌区农业节水、潍柴配套产业园等 500 多个重大事项和重大项目。2021 年，推动实施了生态保护等 10 个方面的 390 个重大项目，总投资 1.5 万亿元。

作为黄河入海口城市，东营在黄河流域生态保护中肩负着重要历史使命。2021 年 4 月 26 日，东营市率先在全省沿黄 9 市出台《东营市黄河三角洲生态保护和高质量发展实施规划》和 9 个专项规划。坚持规划先行，探索建立生态产品价值实现机制保障体系，东营提出"打造大江大河三角洲生态保护治理重要标杆"。为把规划确定的战略定位转化为具体任务、落实到具体项目，东营论证推出245个重大项目，其中生态保护项目60个，预计总投资额1040亿元。

治理黄河，重在保护，要在治理。

湿地，被称为"地球之肾""生命的摇篮"。深秋时节的黄河入海口，芦苇荡漾，鸟类翔集。历经沧海变化，这里孕育了我国暖温带最完整、最年轻的湿地生态系统，拥有新、奇、特、旷、野的多元化美学特征，既能看到海上日出、长河落日，又能看到河海交汇的壮阔，乌鹊反哺的缠绵。

习近平总书记指出："下游的黄河三角洲是我国暖温带最完整的湿地生态系统，要做好保护工作，促进河流生态系统健康，提高生物多样性。"牢记习近平总书记嘱托，山东以保护修复黄河三角洲湿地为牵引，打造具有山东特色的黄河下游绿色生态屏障。

河海相激，三角洲是物种保育的方舟；水盐拉锯，三角洲又处在脆弱的边缘。保护三角洲，就是保护生物多样性的天然基因库，就是守护健康的河流生态系统。山东坚持生态优先、绿色发展，把生态环境保护作为首要任务，统筹山水林田湖草系统治理，持续加大水生态水环境保护和修复力度，做好黄河三角洲保护工作。推进实施黄河口国家公园建设、黄河三角洲湿地保护修复等工程，增强黄河三角洲湿地生态系统的完整性和稳定性，大力开展重点区域生态保护修复治理，增强黄河下游地区生态屏障功能，在建设黄河下游绿色生态大廊道上抓落实、见成效。

高水平建设黄河口国家公园，要突出生态保护修复，突出生态环境治理，突出生态优先的高质量发展。东营以推进黄河三角洲生态保护修复规划和立法为抓手，开展河湖湿地连通、退耕还湿、退养还滩，实施湿地生态修复、海岸带生态防护等工程，力争加快建成陆海生态特色鲜明、生态系统健康稳定、管理统一规范高效的黄河口国家公园。"坚决做到保护第一，坚决做到生态优先，坚决做到系统治理。"黄河三角洲国家级自然保护区管委会高级工程师朱书玉，参加工作 20 多年了，他明显感到黄河三角洲生态保护的力度之大前所未有。

山东以黄河口国家公园建设为契机，开展潮间带湿地恢复研究，实施黑嘴鸥、东方白鹳等关键物种繁殖栖息地保护和鸟类保护等生物多样性工程。2020 年以来，累计修复滨海湿地 3.3 万亩、岸

黄河三角洲国家级自然保护区的东方白鹳筑巢繁育

线 5.3 公里，退耕还湿、退养还滩 7.25 万亩，油田设施全部退出核心区。"哪里环境好，鸟儿最知道。"生态优先，换来了芦苇叠翠、柽柳摇曳、百鸟欢腾。自 2002 年以来，黄河三角洲地区累计完成 35 万亩退化湿地恢复，保护区湿地明水面积占比由 20 年前的 15% 增至 60%。近年来，各级财政投入湿地保护的力度越来越大，2019 年至今，投资 6.5 亿元的九大湿地保护工程在东营实施。黄河三角洲国家级自然保护区先后实施了一系列湿地恢复和生态补水工程，并建设东方白鹳人工招引巢，实施东方白鹳繁殖栖息地保护改善工程，良好的生存条件为东方白鹳顺利繁殖提供了保障。保护区的鸟类从建区之初的 187 种增至 371 种，其中国家一级保护鸟类由 12 种增至 25 种，2020 年又新发现白鹈鹕、火烈鸟两种珍稀鸟类。每年有 600 多万只鸟经此迁徙、越冬、繁殖，这里成了鸟儿青睐的家园。

为推进黄河三角洲地区生态文明建设，2020 年 11 月，位于黄河三角洲国家级自然保护区的 300 口胜利油田油水井生产设施全部退出。仅此一项，每年将减产原油近 30 万吨，合年产值 5 亿元。在生态保护和经济效益之间，山东毅然选择了前者。

山东把黄河生态廊道建设纳入全省推进大规模国土绿化的重点行动，明确到 2025 年建成初具规模的黄河生态廊道。2021 年 3 月 13 日，举行沿黄九市一体打造黄河下游绿色生态走廊暨生态保护重点项目开工活动，集中开工的 93 个项目涵盖湿地保护修复、生物多样性保护、滩区湖区生态修复保护等多种类型，总投资 427.4 亿元。高标准推进泰沂山区、黄河滩区、东平湖、南四湖等重点区域生态保护修复治理，因地制宜建设沿黄防护林工程，打造济南—德州、滨州—东营黄河百里风貌带。目前，山东黄河段绿化

作为山东省第一大湖,也是中国大型淡水湖泊之一,南四湖自然资源丰富,盛产鱼、虾、苇、莲等多种水生动植物,是山东省生态环境保护工作的一大重点

面积超 21 万亩,初步形成了一条集防洪效益、生态效益、经济效益、社会效益于一体的黄河生态绿色廊道。

世界大江大河治理经验表明,河流是流动的有机体,全流域是一个生命整体。江河治理,不谋全局者,不足以谋一域。黄河流域生态保护需要不断加强沿黄区域联动,深化共治合作。

2021 年 4 月,山东、河南两省签订《黄河流域(豫鲁段)横向生态保护补偿协议》,在全国范围内率先建立起省际横向生态补偿机制,最高资金规模 1 亿元。这一年,山东还出台意见,明确在 10 月底前实现全省县际流域横向生态补偿实现全覆盖。出台全面建立流域横向生态补偿机制,充分调动包括黄河流域在内的各流域上下游地区治污的积极性,加快形成了责任清晰、合作共治的流域保护和治理长效机制,促进流域生态环境质量不断改善。

水是发展的命脉。山东量水而行,综合防治,始终把水资源作为最大刚性约束,始终把保障黄河长久安澜作为重大政治任务,既让水资源发挥最大效益又构筑稳固安全防线。为呵护生态绿洲，山东坚持实施黄河三角洲生态调水暨刁口河流路生态补水。2020年累计补水 6.37 亿立方米，其中现行流路湿地和备用流路湿地补水量比近 10 年平均值增加 3 倍多；2021 年生态补水量 1.33 亿立方米，为历年最多。目前，山东境内黄河干流及主要支流国控监测点全部达到或好于Ⅲ类水体，省控及以上断面有 1/3 达到或好于Ⅲ类水体。

黄河水是滨州市无棣县高度依赖的唯一淡水资源，全县近80%的农田需要直接或间接利用黄河水灌溉。2020 年，无棣县史无前例地投入 2.16 亿元，对引黄河道进行升级改造，新增高效节水灌溉面积 10.32 万亩，惠及 7 个镇（街道）90 余个村。

黄河治理，水是最大刚性约束。据统计，黄河流域水资源开发利用率高达 80%，远超一般流域 40% 生态警戒线。近年来，山东实施最严格的水资源保护利用制度，开展水资源消耗总量与强度双控行动，严守用水总量和用水效率控制红线；在全国率先出台《工业园区规划水资源论证技术导则》，推动重大建设项目和产业聚集区水资源论证全覆盖；在全省 65 处引黄灌区全面实施农业节水工程，让有限的黄河水资源发挥最大效益。2020 年，万元国内生产总值用水量 30.13 立方米，万元工业增加值用水量 12.09 立方米，分别较 2015 年下降 21.72%、13.56%；农田灌溉水有效利用系数达到 0.646，领先全国近 10 个百分点，连续 18 年实现农业增产增效不增水。东营发挥黄河三角洲农业高新技术产业示范区的平台作用，联合高校院所，围绕盐碱地农业开展创新研发、成果转化和示范推广，为黄河流域乃至世界盐碱地现代农业发展提供示范。

黄河三角洲农田鸟瞰图

作为黄河下游最大的蓄滞洪区，东平湖是山东黄河防洪的"重中之重"。如今，总投资 7.83 亿元的东平湖蓄滞洪区防洪工程和 3 座大型分洪闸除险加固工程已全面完成，成为保障河湖安澜的钢筋铁骨和坚实屏障。黄河下游"十三五"防洪工程主体完工，6 座水闸除险加固工程通过竣工验收，黄河山东段主河槽过流能力提升至 5000 立方米 / 秒。2021 年以来，山东接续实施黄河下游"十四五"防洪工程、引黄涵闸改建工程以及安全监控系统等重点项目，打造黄河长久安澜示范区。

黄河宁，天下平。滔滔黄河，哺育了齐鲁儿女，润泽了山东大地。抢抓国家战略机遇，山东正扛牢责任，奋力争先，努力在"让黄河成为造福人民的幸福河"的伟大事业中贡献山东力量。

（2）打造沿黄现代产业大走廊、对外开放新通道

作为黄河流域唯一的沿海省份，开放是山东的天然优势。某种意义上说，黄河流域是山东开放发展腹地，生态保护和高质量发展

都是"必答题"。

转换，齐鲁孕育新动能。

在菏泽，鄄城化工产业园内，原来主打抗生素原料药生产的睿鹰制药集团，正在建设一套智能化柔性共享平台：119个标准化生产模块柔性组合，可以生产绝大多数药品，可为新药节约2—3年的产业化时间。

在济南，一年装满一座25层写字楼，17万平方米产业孵化区"竣工即可装满"，引入87个高端创新团队、200多项前沿成果，孵化高技术企业77家，山东产业技术研究院交上了这样的周年答卷。

在淄博，成功研发出氯碱行业"中国芯"——氯碱离子膜的东岳集团，又开始攀登世界氢能高峰。燃料电池膜生产线的配套原材料生产基地2020年6月已投产，第五代燃料电池膜生产线也已投运。2010年至2019年，东岳的产值翻了一番多，但用水量和排水量基本保持不变。

让宝贵的黄河水支撑起更有效益、更为长远的发展，山东全力推进新旧动能转换。2018年以来，累计治理"散乱污"企业超过11万家，关停化工生产仓储企业1500多家，化工园区从近200家压减到84家。推进"现代优势产业集群＋人工智能""领航型"企业培育计划，大力培育壮大新动能、改造提升传统动能。2020年上半年，高新技术产业产值占工业总产值的比重达到44.4%，3年提高6.3个百分点；高新技术企业数量3年翻了一番多，达到1.1万家。

黄河边的山东，经济正在变新、变轻、变绿。

2021年1月，国家发展改革委发布绿色产业示范基地名单，全国 31 家开发区通过评审，其中，德州高新技术产业开发区因在转型升级方面表现突出成功入选。

坐落于黄河岸边的滨州市渤海先进技术研究院，按照"要素资源化、资源平台化、平台公司化"理念，以企业为主体、市场为导向，视技术为产品、研发为产业，集聚科技创新资源、服务科技创新活动、承载科技创新主体，致力于打造创新创业创造新生态，成为富强滨州建设新动能。

菏泽市立足自身产业基础，重塑产业发展优势，把生物医药作为首选产业全力打造，聚集和生发一批生物医药龙头企业和优质项目，力争到 2025 年，建成在全国具有较大影响力的现代生物医药港。在农业发展上，立足滩区生态优势，做大做强牡丹、芦笋、山药等优质特色农业，努力将种植优势转化为经济优势。菏泽提出对沿黄 4 个县（区）进行功能区规划。以东明县为例，经过功能区规划后，该县今后的工业区将限定在北部 5 个乡镇，南部 9 个乡镇全部作为生态保护功能区，力争节约用地，保证环境质量，大力发展富民产业。

提速基础设施建设，为高质量发展"强筋壮骨"。"十三五"期间，山东铁路、公路、水运、机场、城市轨道交通等重大交通基础设施建设全面提速，为服务构建新发展格局提供了基础条件。围绕打造黄河流域陆海联动转换枢纽，日照市正提升以日照港为龙头、以瓦日铁路和新菏兖日铁路为两翼的交通运输体系能级，进一步增强"循环通道"功能。为加强与腹地合作，日照依托日照港和瓦日、新菏兖日两条直通港口以及连接黄河流域 20 多个城市的千公里以上铁路通道，与黄河流域这个我国重要的能源、化工、原材料及基础工业基地形成了密切的经贸联系。

围绕打造沿黄现代产业大走廊、对外开放新通道，山东正进一步加强与中原城市群、关中平原城市群协同发展，放大黄河流域开放门户优势，积极推进与沿黄省（自治区）基础设施互联互通，打造黄河流域改革开放先行区。

（3）增强综合竞争力，加快提升半岛城市群能级

2021年1月23日，济南市天桥区泺口浮桥渡口旁，随着"黄河号"盾构机巨大刀盘破土而出，"万里黄河第一隧"济南黄河隧道全线贯通，并在此后的9月29日建成通车，开车最快4分钟、乘坐地铁2.5分钟可穿越黄河。与此同时，济南"三隧一桥"跨黄通道项目也早已集中开工。随着这些跨黄通道的建设，济南正加快由"大明湖时代"向"黄河时代"迈进。2021年1月27日，随着山航波音737-800型客机、东航空客A350型客机平稳降落在青岛胶东国际机场跑道上，新机场试飞任务圆满完成。青岛胶东国际机场试飞成功，是山东民航业发展的一个里程碑，山东从此拥有了国内一流、

2021年，"万里黄河第一隧"济南黄河隧道建成通车

世界先进的枢纽性机场。新机场正式投运后，无疑将为山东半岛城市群加快发展插上"翅膀"。

2021年4月30日，国务院原则同意《济南新旧动能转换起步区建设实施方案》，正式掀开济南建设起步区、推动高质量发展的新篇章，黄河之畔升起一颗璀璨明珠。

城市群是引领高质量发展的主要空间载体。山东坚决贯彻落实习近平总书记关于发挥山东半岛城市群龙头作用的重要指示要求，努力练好内功，加快提升半岛城市群能级，构建"一群两心三圈"的区域发展新格局。目前，山东形成了两个特大城市、9个大城市、8个中等城市、75个小城市、1072个建制镇协调发展的城镇格局。按可比价格计算，2020年三大经济圈生产总值比上年分别增长3.8%、3.5%和3.6%；全年地区生产总值突破7.3万亿元，是沿黄七大城市群中唯一处于成熟阶段的城市群。

大中小城市协调发展，山东半岛城市群位势加快提升，龙头作用更加凸显。而济南作为山东半岛城市群核心城市、沿黄中心城市、黄河流域唯一沿海省份的省会，全力在黄河流域生态保护和高质量发展中发挥龙头示范作用。

济南新旧动能转换先行区与中科院合作建设中科新经济科创园，其中，中科院工程热物理研究所、计算技术研究所、高能物理研究所3家中科院分支机构已落地；济南先进动力研究所实现一期交付，20兆瓦燃气轮机项目完成点火试验，填补了国内该领域的技术空白。

基础设施薄弱是沿黄地区发展的突出短板。在山东，鲁南高铁曲阜至菏泽段、菏泽至兰考段2021年底建成通车，济郑高铁濮郑段开启试运行，线路运营通车进入倒计时；雄商高铁建设加速；济滨高铁 2021 年开工在建。重大基础设施加快补齐短板，为沿黄地区高质量发展提供了有力的支撑保障。山东省港口集团成立以来，新增内陆港总数持续增长，海铁联运班列高达 70 多条，真正把港口"搬"到了内陆企业的家门口。

立足对外开放、出海港口、科技创新等方面的比较优势，山东主动加强与沿黄省（自治区）的联动合作，围绕产业发展、生态环保、科教文卫、基础设施、对外开放等七大领域，谋划了 102 个跨省合作事项：举办黄河流域生态保护和高质量发展国际论坛、青岛"一带一路"陆海联动暨黄河流域开放协作会议、黄河流域产教联盟成立大会、黄河流域 9 省（自治区）高素质技术技能人才合作交流研讨会……一曲上下联动、协同发力的高质量发展"黄河大合唱"正在奏响。

"黄河西来决昆仑，咆哮万里触龙门。"随着黄河流域生态保护和高质量发展重大国家战略的深入实施，齐鲁大地上正在焕发出全新的生机。在时代的大河奔涌中，脚沾泥土、手捧海水、行尊仁礼、心向苍穹的山东，围绕国家发展大局，拓宽发展新空间，厚植发展新优势，必将在"让黄河成为造福人民的幸福河"中贡献更大力量。

5. 经略海洋

蔚蓝大海，蕴藏着丰富的资源和经济价值。向海图强，孕育着蓝色大省高质量发展的最大潜力。

2018 年 3 月 8 日，习近平总书记在参加十三届全国人大一次会议山东代表团审议时发表重要讲话："海洋是高质量发展战略要地。要加快建设世界一流的海洋港口、完善的现代海洋产业体系、绿色可持续的海洋生态环境，为海洋强国建设作出贡献。"同年 6

月，习近平总书记视察山东时再次强调："海洋经济发展前途无量。建设海洋强国，必须进一步关心海洋、认识海洋、经略海洋，加快海洋科技创新步伐。"

波涛成颂，碧海倾城。2018 年，被视为新时代山东全面实施海洋强省建设行动的"元年"。三年来，山东以习近平总书记重要指示要求为指引，勇担建设海洋强国的使命，坚持陆海统筹，科学推进海洋资源开发，加快构建完善的现代海洋产业体系，海洋经济综合实力显著增强，持续向海图强。

（1）装备制造挺进深蓝，现代海洋产业全面起势

烟台市芝罘湾畔，中集来福士海洋工程有限公司烟台基地如同一个低调的巨人，用创新和干劲推动海洋经济向高质量发展。

筑梦深蓝，装备先行。湛蓝深海，一望无垠。从海上油气田，到海上粮仓，中集来福士绘制着一张大海洋产业蓝图，努力创新设计并建造更多能够搭载海洋新技术的国之重器和民之利器，助力山东高端装备制造业挺进深蓝。2021 年，春日的海南岛东南陵水海域一碧万顷，由我国自主研发建造的全球首座 10 万吨级深水半潜式生产储油平台——"深海一号"能源站巍然屹立。继"蓝鲸 1 号""蓝鲸 2 号"之后，为这又一"大国重器"提供船体模块建造以及大合龙服务的，正是位于烟台的中集来福士海洋工程有限公司。从一家普通的造船厂，到手握多项"世界之最"的中国海洋工程领军企业，中集来福士的蜕变是山东推进海洋产业高质量发展的缩影。

海洋是高质量发展战略要地。开创新时代社会主义现代化强省建设新局面，实现高质量发展，山东最大的潜力在海洋，最大的空间在海洋，最大的动能也在海洋。"海洋兴则山东兴，海洋强则山东强"，已成为全省上下的共识。

　　用 10 年坚守，中集来福士在深海平台设计建造这个被欧美韩新等垄断的领域，实现了从零到 100% 的突破，国产化率从不足 10% 提高到 60%，极大提升了中国深海平台自主设计能力。图为烟台中集来福士鸟瞰

　　以新旧动能转换重大工程为统领，山东将现代海洋产业列入"十强"现代优势产业集群，成立工作专班，集中打造青岛船舶、烟台海工、潍坊动力装备、海洋油气装备等产业集群，发力国家级海洋牧场示范区建设，全力推进现代海洋产业高质量发展。

　　更深、更远、更绿色。

　　让长板更长更强，海洋装备产业勇猛前行。作为海洋产业体系的新兴战略产业，山东海洋工程装备制造业产业规模正在走向 1000亿元层级。中集来福士、中船重工、杰瑞集团等一批大型骨干企业发展势头良好，中国海工北方总部落户烟台，船舶修造、海洋重工、海洋石油装备制造等三大海洋制造业基地初步建成，以"蛟龙号""向阳红 01""科学号"，以及"海龙号""潜龙号"为代表的一批具有自主知识产权的深远海装备投入使用，有效拓展了认识海洋、开发海洋的广度和深度。以"Havfarm1 号""仙境烟台号"为代表的"山东智造"海洋装备,已成功走向数十个国家和地区。

"海工重器"助力实现"深蓝梦"。除了推动海洋高端装备制造核心设备自主化,山东还积极进军深远海渔业养殖装备,建成我国首座全潜式"深蓝一号",在黄海冷水团养殖三文鱼,同时启动国家深远海绿色养殖试验区,加快"海上粮仓"向智能化、高端化、绿色化转型。2020 年底,全球首艘 10 万吨级智慧渔业大型养殖工船项目"国信 1 号",在青岛海西湾船舶与海洋工程产业基地全面启动建造。全省现代化海洋牧场建设综合试点扎实推进,海洋生态牧场已拓展至离岸 130 海里的黄海冷水团海域,烟台"海工 + 牧场"联动发展模式被农业农村部向全国推广。

海洋新兴产业发展势头喜人。海水淡化与综合利用产业快速发展,日产淡化海水 35 万吨,青岛碧水源公司 10 万吨级海水淡化吨水成本已降至 4.25 元,依靠淡化海水基本缓解胶东半岛工业用水严重短缺成为可能。

着力建设"蓝色药库",海洋生物医药产业产值超过 200 亿元,约占全国的一半,海藻酸盐产能全球第一。海洋生物医药产业是我国最具潜力的战略性新兴产业之一,其复合增速是海洋生产总值增速的 2 倍。山东是海洋生物医药产业大省,产值超过 200 亿元,约占全国比重的一半。

"十三五"期间,加大海洋创新药物研发攻关力度,设立总规模 50 亿元的"中国蓝色药库开发基金",创建山东省海洋药物制造业创新中心。"蓝色药库"建成现代海洋药物、现代海洋中药等 6 个产品研发平台。管华诗院士团队自主研发的国产治疗阿尔茨海默病新药 GV−971 获批上市,成为全球第 14 个(中国第 2 个)海洋药物；"蓝色药库"重点新药项目抗肿瘤药物 BG136 即将进行临床申报。青岛市打造了全球规模最大的海藻生物制品产业基地，海藻酸盐产能全球第一；正大海尔制药是国内唯一的国家级海洋药物中试基地；烟台东诚药业成为全球最大的硫酸软骨素原料生产企业，国内唯一的注射剂硫酸软骨素供应商。

山东省海洋局公布的信息显示，近年来，山东现代海洋产业快速发展，明显高于全省经济发展平均速度，海洋经济质量趋优，国家级海洋经济示范区及海洋生物医药、海水淡化与综合利用等新兴产业规模居全国首位。截至 2019 年底，山东省海洋渔业、海洋生物医药产业、海洋盐业、海洋电力业、海洋交通运输业等 5 个产业规模居全国第一位。

"十四五"时期，山东将继续完善发展现代海洋产业体系，突出特色化、高端化、集群化、智慧化，进一步优化海洋产业结构，提高海洋经济增长质量，努力使海洋产业成为地区经济发展的支柱产业，推动海洋经济向质量效益型转变。

青岛海洋产业体系完整，产值过千亿的行业有 5 个。如今青岛正按照"领军企业＋优势产业集群＋特色园区"的模式，谋划水产品加工及贸易、海洋生物医药、海上风电、深海装备制造等九大海洋产业聚集区和产业集群。作为传统渔业大市的威海，近年来实施远洋渔业"百亿工程"，组建全省规模最大的远洋渔业大军，全市专业远洋渔船达到 361 艘，占全国的 14%。向海洋极地进军的威海远洋渔业，已获批两艘南极磷虾船建造指标，其中一艘已开工建设。

2020 年，山东实现海洋生产总值 1.32 万亿元，占山东地区生产总值的 18.03%，占全国海洋生产总值的 16.48%。海洋渔业、海洋盐业、海洋生物医药、海洋电力和海洋交通运输业产业规模位居全国第一。山东建成国家级海洋牧场示范区 54 处，占全国的 40%，稳居全国首位。日照市东港区涛雒镇，中国对虾、南美白对虾的繁育量占全国"半壁江山"。"大国重器"持续出海，"山东造"海洋装备业走在自主创新前沿，不断向国际海洋工程领域最高科技水平迈进。"长鲸 1 号""国鲍 1 号""耕海 1 号"……山东"蓝色粮仓"全面升级。截至 2020 年底，山东海洋牧场综合经济收入超过 2500 亿元，引领全国深远海智能装备化养殖浪潮。华能山东半岛南 4 号海上风电项目每年可提供清洁电能 8.2 亿千瓦时，节约标煤 25.3 万吨，减少二氧化碳排放 55.6 万吨。

21 世纪是海洋的世纪，抓住海洋就抓住了未来。

深耕海洋这片蓝色国土，让海洋大国迈向海洋强国，对推动经济持续健康发展，对维护国家主权、安全、发展利益，进而实现中华民族伟大复兴都具有重大而深远的意义。把目光从陆地投向海洋、思路从浅海扩入深蓝，海洋强省助力国家海洋强国战略，走向蔚蓝的山东，正以全新的眼光东望大海，昂身从港口蓄势扬帆，开启星辰大海新征程。

（2）打造世界一流港口，全域拥抱开放发展新机遇

海洋是高质量发展的战略要地，港口是海洋经济发展的强大引擎。

放眼齐鲁大地，沿海港口处于"一带一路"海陆十字交汇点，是我国连接世界的重要窗口，也是全省稳外贸、保畅通、促增长的物流大通道。假如山东是一盘棋，3345 公里的海岸线和众多港口无疑是激活这盘棋的"棋眼"。解决南北发展、东西发展不平衡问题，下好这盘棋至关重要。

青岛保税港区码头作业区

　　山东谋定而后动，以系统性思维、市场化导向，做好资源整合文章，强力推进全省沿海港口一体化改革。2019 年 8 月，青岛港、日照港、烟台港和渤海湾港四大港口集团完成整合，山东省港口集团正式挂牌成立，资产总额超过 2000 亿元。一体化改革以来，全省港口规划"一盘棋"，管理服务"一张网"，资源开发"一张图"，改革发展"一条心"。激活"棋眼"，迈向"深蓝"。整合后，各港口借势一体化改革发展，从"竞争"走向"竞合"，不仅有效解决了过去各港口之间的同质化发展、无序竞争、重复建设等痼疾，而且稳定货源、开辟航线、参与市场竞争的能力大幅跃升，体现出强有力的港口集群效应。

"此前由于板块集中度不够，缺乏相关领域技术支持，像期货等业务只能委托专业公司开展。整合后港口整体实力强了，开始探索开展金融业务，给企业增效找到了新路子。"山东港口青岛港的许振超这样说。以打造世界一流海洋港口为牵引，山东还推动港产城融合发展，加快枢纽港、贸易港、金融港、智慧港多港共建，打造海洋经济的战略支点。

"海纳百川，有容乃大。"自古以来，海洋就是开放包容的象征。蔚蓝无界，开放前行。以建设世界一流海洋港口为依托，山东拓展全面开放"大市场"，搭建中日韩合作"大平台"，开辟互联互惠"大通道"，积极融入以国内大循环为主体、国内国际双循环相互促进的新发展格局。2020年，山东港口日照港完成货物吞吐量4.3亿吨，同比增长7.6%，实现8个货种过千万吨，5个货种居全国首位。

"十三五"期间，青岛海洋经济年均增速达到13.3%，已具备建设全球海洋中心城市的基础和能力。着眼于长远，青岛正围绕加快创建全球海洋中心城市，推动国家北部海洋经济圈协调发展，推进构建海洋命运共同体，增强国家在国际海洋领域的话语权。2021年以来，青岛大力发展海铁联运和航运服务业，建设黄河流域出海大通道，加快形成陆海内外联动、东西双向互济的开放格局，打造对外开放新优势。

整合以来，通过一系列改革，从"各自为战"到"握指成拳"，山东省港口集团在发展路径上不断创新，综合竞争实力大幅跃升，主要业绩指标在全国沿海港口保持领先地位。所属四大港口集团全部正增长，2020年青岛港集装箱量超越香港港和釜山港，晋升世界第六。在港口科技创新发展上，走在世界港航界科技创新前沿的山东港口青岛港"连钢创新团队"，不断解决"卡脖子"技术难题，不断自主研发核心技术，连续多次打破由自己创下的世界纪录，助力山东港口在智慧绿色港口领域树立全球风向标，为世界自动化码头建设立下"中国标杆"。

2020年，山东沿海各港口吞吐量为16.9亿吨，山东省港口集团货物吞吐量突破14亿吨，居全球港口集团第一位。集装箱量超越3100万标箱，居全球第三位。山东港口对内加速整合，对外频频发力，累计布局中西部地区内陆港18个，开通海铁联运班列线路69条，与世界180多个国家和地区的700多个港口实现通航，多方式、立体化集疏运网络越织越密，走出了一条富有山东特色的"陆海内外联动、东西双向互济"之路。

风从海上来，蓝潮正激荡。山东省"十四五"海洋经济发展规划，清晰勾勒出"深蓝梦想"，对于山东"海洋强省"战略的重要

青岛蓝谷海洋经济发展示范区拥有国内唯一的海洋科学与技术试点国家实验室、国家深海基地等海洋高科技研发平台，是国家海洋强国战略实施的前沿阵地

承载——山东港航业而言，这既是一体化改革发展中必须肩负的时代重任，也为山东港口转型发展、高质量发展带来了"新风口"、注入了新动能。

（3）构建创新生态圈，海洋发展动能澎湃不息

位于黄渤海交界的褚岛北侧700米处，是国家海洋技术中心在威海建立的首个国家浅海海洋综合试验场，这里常年不结冰，四季气候分明，地形地貌变化显著。2020年以来，试验场已为"蛟龙号"深潜器等众多国家重点研发项目提供试验和测试服务。该试验场全部建成后，将集聚国内高水平的研发机构，构建具备多种海洋高端装备研发能力的多学科研发平台，打造"研发—测试—孵化—人才供给"的完整链条，成为全国海洋装备科学研究、成果孵化和产业转化的新引擎。

国家浅海海洋综合试验场，是"国字号"海洋科研力量集聚激活创新资源的个案。积极参与全球海洋治理，构建海洋命运共同体，"蓝色山东"越来越吸引全球关注。

向海图强，科技创新是关键，是引领海洋产业高质量发展的第一动力。

2018年6月12日上午，习近平总书记来到位于青岛蓝谷的青岛海洋科学与技术试点国家实验室，听取实验室在开发利用海洋资源能源、服务海洋经济发展、保护海洋生态环境以及构建综合立体海洋观测网络等方面的情况介绍，了解深远海科考船队共享平台建设和科考船工作情况。习近平总书记勉励大家，再接再厉，创造辉煌。

牢记习近平总书记殷殷嘱托，山东充分发挥海洋科技和产业资源优势，把创新驱动作为核心战略，以山东半岛国家自主创新示范区为载体，加快建立开放、协同、高效的现代海洋科技创新体系，海洋科技资源不断聚集，创新力不断提升。

青岛海洋科学与技术试点国家实验室全景图

历经长达 5 年、6 个航次、近 200 天的海上作业，全球最大的区域海洋观测网"两洋一海"定点观测系统迈入实时化时代。观测数据实时回传，如同实况直播，科学家们坐在实验室里，就可以获取遥远大洋中的水文要素和气象要素，从而为研究海洋与气候变化、海洋碳循环等提供数据支撑。

目前，西太平洋中纬度大型浮标系统自主研发已经升级到第三代。除了浮标，海洋试点国家实验室的水下滑翔机、Argo 浮标、实时潜标、声学与电磁传感器等一批深海观测与探测核心技术与装备，也已全部取得突破，支撑着"透明海洋"等大科学计划的稳步推进。"深远海科考船"已实现全球顶尖科考船投入使用，"组团"出海协同创新的局面。其中，执行"两洋一海"观测系统建设相关任务的"东方红 3 号"科考船，是我国自主创新研发的新一代科学考察实习船。该船配备国际先进的船舶装备和科考装备，可开展高精度的全海深和空间一体化的海洋综合科考，被称为"海上移动实验室"。

"一切只为最大程度上发挥稀有样品对深海科学研究的推动作用。"2019 年 12 月 24 日，青岛海洋科学与技术试点国家实验室举行了一场别开生面的"共享"发布会：将一根来自地球最深处马里亚纳海沟附近的沉积物重力柱，无偿分享给全国 10 余家单位的 19 个进行相关领域海洋研究的团队。发布信息显示，这是国际上首次获取如此珍贵的样品，而这一稀有样品的大范围科研共享，在我国也属首次。

开放共享、创新生态，正在成为山东海洋科创的关键词。2019 年，"青岛蓝谷打造开放创新合作平台提升科技支撑能力"成为国务院第六次大督查发现的三个推进创新驱动发展的典型经验之一。一批公共科研平台及大科学装置群向全球创新敞开怀抱，各类创新资源和要素激荡耦合，众多科研单位和科学家从中受益。

海洋创新生态圈加速形成。中国科学院在山东建设海洋大科学研究中心，中国工程院建设中国工程科技发展战略山东研究院，自然资源部同意将大洋钻探船双母港之一设在青岛、新建大洋钻探岩心库，科技部批准超算升级项目落户青岛海洋科学与技术试点国家实验室；基本形成以青岛海洋科学与技术试点国家实验室为龙头、"国字号"海洋科研教学力量集聚发展的新格局。

空间广阔，未来可期。山东积极参与全球海洋治理，蓝色伙伴关系不断深化。东北亚和东亚方向海洋合作得到加强。东北亚地区地方政府联合会海洋与渔业专门委员会永久会址落户威海，山东省港口集团与中远海运联合开通北极航线。2019 年 9 月，永久落户青岛的东亚海洋合作平台青岛论坛首次举办"东亚海洋博览会"，62 家世界 500 强及行业领军企业参展，210 个国内外团组观展采购。论坛期间，总投资 373 亿元的 10 个重大项目现场签约。目前，正在谋划以山东企业名义申请我国第六个国际海底片区；筹划与联合国教科文组织、国家有关部委等合作，举办世界海洋发展大会。

涛声鼓荡，"蓝色山东"越来越吸引全球关注。青岛国际院士港的吸引力尤为亮眼，已累计吸引 108 名院士，其中，外籍院士占比 85% 以上。青岛国际院士港积极探索院士项目成果转化和产业化路径，累计落地院士项目 32 个，其中 13 个项目产出 42 种产品。特别是司马金院士团队、卡巴尼辛院士团队的深远海机器人等海洋设备，均已进入实验和量产阶段。

圈层聚集，生态催化，伴随着实施推进"透明海洋"计划，更多创新成果不断涌现：首次实现了基于北斗卫星的深海 6000 米大容量数据实时安全传输，改变了以往使用国外通信卫星的历史；首次实现水下滑翔机在北极海域的组网观测；构建全球首个马里亚纳海沟潜标观测系统，万米深海实时化感知正逐步成为现实；海洋试点国家实验室国际影响力显著提升……山东在智慧海洋建设上勇闯海洋创新"无人区"，各学科领域正持续不断产出更多原创性系统性重大创新成果。通过一组数据，可以窥见山东海洋创新发展的"含金量"：山东拥有全国近一半的海洋科技人才和1/3的海洋领域院士，拥有55所省级以上海洋科研教学机构、236个省级以上海洋科技平台，其中，青岛海洋科学与技术试点国家实验室、中国科学院海洋大科学研究中心等"国字号"平台达到46个。"十三五"以来，山东承担了全国近一半的重大海洋科技工程，主导并参与完成37项国家科学技术奖项，占全国的54%。

构建创新生态圈，良好的海洋生态环境是海洋强省的基石，海洋环境保护不能缺席。近年来，山东海洋生态环境持续向好，长岛海洋生态文明综合试验区建设成效显著，2020年山东省近岸

加快建设长岛海洋生态文明综合试验区，海洋生态资源和生物群落明显恢复，海洋生态产业快速发展。图为长岛景观

海域优良水质面积比例达到 91.5%，"水清、滩净、岸绿、湾美、岛丽"的海洋生态加速形成中，3000 多公里的蔚蓝海岸，正迸发出新的发展活力，展现出一道最亮丽的风景线。这一系列变化的背后，是山东扎实抓好海洋生态文明建设，促进海洋环境质量持续改善的不懈努力。

绿水青山就是金山银山，长岛变绿了、变美了，游客也多了。海上环游、特色渔俗、海鲜节、马拉松比赛、海钓邀请赛等旅游娱乐项目应有尽有，在这里游客可进入、可停留、可体验、可享受、可回味，休闲度假成为长岛旅游的新品牌。2020 年，山东省过夜游客占比提高到 71%，游客人均消费增加到 1450 元。以旅游业为主导的第三产业，已经超越了以养殖业为主的第一产业，优美的生态环境正成为长岛发展的"第一引擎"。

荣成好运角旅游度假区的景区景点，成了广受关注的"网红打卡地"。这里地处山东半岛最东端，三面环海、山海相依，112 公里海岸线上分布着五大海湾、30 公里原生态沙滩、7 万亩黑松林、7.5 万亩优质海上牧场。近年来，好运角旅游度假区依托良好的滨海旅游资源，向着国家级旅游度假区的目标奋力冲刺。

用心呵护好宝贵的蓝色资源，坚持开发和保护并重、污染防治和生态修复并举，努力打造生态和谐海洋，是山东逐梦深蓝正在走深走实的发展路径，而立足"双碳"目标，争创国家蓝色碳汇开发试验区，更成为山东加快海洋强省建设的长远追求。

浮云连海岱，平野入青徐。3000 多公里绵长海岸线边，16 万平方公里蔚蓝色国土上，蕴藏着山东未来的发展密码。以新发展理念为引领，山东奋力蹚出"科技引领、陆海统筹、改革推动、合作共赢、人海和谐"的海洋强省建设新路子，向海图强，蔚蓝可期！

（二）文化兴盛：群众精神富起来

"那天您来到尼山脚下，双手推开圣贤之家，将仁义道德轻轻扶起，让古老的文明生机勃发……疏浚了长河归大海，高擎起薪火再出发……"一首时代新曲《再出发》，融儒而歌润人心。这首从济宁推出的原创主打歌曲，响彻齐鲁。

2013 年 11 月 26 日，习近平总书记来到孔府和孔子研究院参观考察，并同有关专家学者座谈。在听取大家关于中华传统优秀文化研究的情况介绍后，习近平总书记强调："一个国家、一个民族的强盛，总是以文化兴盛为支撑的，中华民族伟大复兴需要以中华文化发展繁荣为条件。对历史文化特别是先人传承下来的道德规范，要坚持古为今用、推陈出新，有鉴别地加以对待，有扬弃地予以继承。"2018 年 3 月 8 日，习近平总书记在参加十三届全国人大一次会议山东代表团审议时发表重要讲话，要求山东深入挖掘优秀传统农耕文化蕴含的思想观念、人文精神、道德规范。

"文运同国运相牵，文脉同国脉相连。"

山东牢记习近平总书记嘱托，深挖厚重的文化底蕴，坚持中华优秀传统文化创造性转化、创新性发展，全力推动文化事业、文化产业、旅游业高质量发展，艺术精品创造迎来由"高原"向"高峰"跨越的新时期，现代公共文化服务体系更加健全，文化遗产保护利用取得新进步，文化旅游融合发展迈出新步伐，文旅产业发展质量不断提高，优秀文化产品和优质旅游产品供给能力大幅提升，齐鲁文化影响力、"好客山东"美誉度日益提升。

滋养精神根脉，点亮小康生活。山东以坚定文化自信推动文化繁荣发展，进一步增强山东文化软实力、竞争力和影响力，并以其焕发出的内生动力，形塑着齐鲁儿女的精神气质，提振凝聚起齐鲁大地全面建成小康社会的精神力量。

1. 守护文化根脉，打造文化高地

"泰山高，白云飘，岱顶远眺天下小。"素有"天下第一山"之称的泰山，不仅仅是一座风景秀丽的大山，更是灿烂东方文化的缩影，已成为中华民族的象征，更成为海内外中华儿女心驰神往的精神家园。"千年礼乐归东鲁，万古衣冠拜素王"，儒风迢递、斯文在兹的曲阜尼山，是孔子的诞生地，也是儒学文化的发源地，被人们尊为中华文化乃至世界文明景观的制高点，它对中国乃至世界文明都产生了深远影响。这里的圣山圣境，是世界儒学中心所在地，也是世界文明论坛的举办地。

站在泰山瞻鲁台，向南放眼尼山站位高达 90 米的世界最高孔子像，来一次从中国文化大山到传统文化圣地的深情遥望，景仰之情油然而生。由此而言，2018 年央视春节联欢晚会、中秋晚会在此举办的意义不言而喻。以更深厚的传统文化、更广阔的国际视野、更浓情的团圆思念、更美好的中秋月圆，让荧屏高光聚照的山东，成为全球华人瞩目瞭望的文化高地。

"学而时习之，不亦说乎？有朋自远方来，不亦乐乎……"2020年 12 月，在山东省曲阜市尼山镇东官村新时代文明实践站，伴随着悠扬古典的音乐，数十位身穿传统汉服的母亲和孩子，在老师的指导下，用自己的方式传承经典，传统文化在古风古韵的演绎下别具时代风味。这是曲阜市为丰富家风传播载体打造的"母子传承国学"品牌，通过开展家风家训宣传展示，引导广大家庭传承良好家

2018 年央视春节联欢晚会山东曲阜分会场

风，培育文明新风尚。类似这样让好家风、好家训在孩子心中生根的人文胜景，在齐鲁大地处处可见：随处可见的新时代文明实践中心，遍地开花的乡村儒学讲堂，涵养心性的干部政德教育基地，丰富多彩的道德实践活动，绚烂多姿的文化展演……古韵今风在这里交融碰撞，源远流长的中华优秀传统文化被重新阐发、转化，焕发出勃勃生机，绽放出时代光芒。

文明照鉴未来。2020 年 9 月 27 日上午，2020 中国（曲阜）国际孔子文化节、第六届尼山世界文明论坛在尼山讲堂举行，来自 17 个国家和地区的 150 多位专家学者，以线上或线下的方式出席大会，深入挖掘古老文明智慧。尼山世界文明论坛作为人类文明对话的高端国际平台，自 2010 年以来已成功举办了七届。从 2020 年开始，已实现机制化举办的尼山世界文明论坛与中国（曲阜）国际孔子文化节融为一体，由教育部、文化和旅游部、中国社会科学院、中国人民对外友好协会、国际儒学联合会和山东省人民政府共同主办。聚合资源，建设世界儒学研究高地，山东又往前迈进了一步。

作为中华文明的重要发祥地与儒家文化的发源地，山东拥有丰富而独特的历史文化资源，一直是传统文化研究阐发与传播交流的重镇。多年来，山东以高度的文化自觉和担当，大力贯彻落实"两创"方针，创新体制机制，聚合资源力量，在传统文化平台建设、人才引育、研究阐发、传播交流以及古籍文献整理转化等多方面形成了新的优势与特色，影响力不断扩大。

2019年8月25日，尼山世界儒学中心在曲阜揭牌成立。作为由教育部、山东省人民政府和相关教育研究机构牵头筹建的全球儒学研究实体平台，尼山世界儒学中心整合孔子研究院、孟子研究院、孔子博物馆以及中国孔子基金会等文教科研机构，成为山东打造世界儒学研究高地、儒学人才集聚高地、儒学普及推广高地、儒学国际交流传播高地的有力支撑。未来，山东还将进一步整合有关资源与力量，加快筹建孔子大学，打造更多高端平台。

除了高端平台，中华优秀传统文化的传承发展还需要高端人才的强力驱动。以儒学中心曲阜为例，2015年以来，曲阜依托山东省、济宁市相关人才政策，围绕"儒学人才高地"建设目标，面向海内外持续引进、培育"儒学大家""泰山学者""尼山学者"等多层次、各类型高端人才，孔子研究院、曲阜师范大学等文教科研机构也借势调整充实了科研队伍。

在区域文化发展中打造优秀传统文化品牌。加快曲阜优秀传统文化传承发展示范区建设，2017年12月，山东省人民政府印发《曲阜优秀传统文化传承发展示范区建设规划》，规划在2017—

2030 年，建设以曲阜、邹城、泗水 3 个市（县）为核心区的曲阜优秀传统文化传承发展示范区，打造九大片区，形成"一轴、一带、九大片区"的文化圣地整体框架。示范区将建立健全历史文化保护体系，搭建世界儒学交流合作高端平台和国际儒家文化体验目的地，培育壮大文化旅游、教育培训、健康养生、文化创意和节庆会展等产业集群，打造儒家生态文化体验基地，搭建儒家文化交流平台，加强中外文化交流互鉴，推动中华文化走向世界。

近年来，为让优秀传统文化"走"起来，山东加大"请进来"力度，精心举办尼山世界文明论坛、世界儒学大会、国际孔子文化节等高端国际峰会。同时，加快"走出去"步伐，在对外文化交流中传播中华优秀传统文化价值。坚持既在器物的层面、技能的层面"走出去"，又在思想的层面、核心价值的层面"走出去"，着力打好对外文化交流"孔子牌"。以孔子为主题，整合文物、非物质文化遗产、演艺、图书等资源，针对不同国家、不同地区、不同民族，推出系列化、标准化的对外文化交流和服务的"集装箱"。在不同国家和地区开展"孔子文化周""齐鲁文化丝路行""山东文化年"等系列文化交流活动。以孔子诞生地尼山命名的尼山书屋致力于传播中华优秀传统文化，自 2013 年 7 月首家海外尼山书屋落地以来，尼山书屋目前已遍布世界五大洲。

通过这些举措，中华优秀传统文化"走"起来，中华文明与世界其他文明间的交流日益频繁。

"惟殷先人，有册有典。"数千年来，中华典籍文献记载着中华民族过往的辉煌，铭刻着先民的创造，延续着民族精神的血脉，是中华优秀传统文化的重要载体。2017 年 4 月，山东重大文化工程——全球汉籍合璧工程正式启动。全球汉籍合璧工程是对境外中华古文献进行调查、回归、整理和研究的综合性文化工程，旨在完善中华古文献存藏体系，为传承发展中华优秀传统文化提供系统典籍资源。这一文化工程不仅造福学界，更造福传统文化，造福中华民族的文化延续。此外，山东深入开展中华古籍保护计划，搭建起一系列古籍文献数据库，为从经典中提炼齐鲁文化精髓、全面阐释中华文化奠定了扎实基础。

多年的积累使得山东在中华优秀传统文化传承工作中取得诸多阶段性成果：推进"弘扬中华优秀传统文化与现代化研究"等重大课题研究，面向海内外征集弘扬中华优秀传统文化研究阐发方面的重点项目29项，在国家社科基金立项传统文化研究课题102项，《儒藏》编纂工程出版"史部"274册，《孟子文献集成》出版民国以前部分240册等。除此之外，山东还开展了一系列普及教育、实践养成活动，形成了群众集体参与传承中华优秀传统文化的新局面。

中华优秀传统文化具有旺盛生命力，其创造性转化与创新性发展需要全民广泛参与，最终融入并重塑大众生活。山东在全国范围内率先实现将中华优秀传统文化融入基础教育、干部政德教育，以文育人、以文化人，在现代公共文化服务体系中推动中华优秀传统文化传承，让中华优秀传统文化通过公共普及活起来。目前，山东已建成尼山书院153个，乡村（社区）儒学讲堂2.2万余个，通过图书馆＋书院、新时代文明实践站＋儒学讲堂的传承普及模式，充分激发传统美德基因，涵养文明新风。丰富参与主体、创新参与形式，山东初步实现了中华优秀传统文化的全民共建共享。

"知和而和，不以礼节之，亦不可行也"，此正所谓"国无德不兴，人无德不立"。中华民族是重视道德、崇尚修德的民族，历来强调"道德当身，故不以物惑"。现今，人民物质生活水平有了极大提高，社会道德水平也在相应提高。社会道德水平、道德评价的约束力，是社会关系和谐的基础。在物质文明建设取得巨大进步的背景下，精神文明建设，尤其是道德建设也必须保持同步。

近年来，山东始终坚持用习近平新时代中国特色社会主义思想"培根铸魂"，大力传承弘扬中华优秀传统文化，在培育社会主义核心价值观上下功夫，在推动理论宣传普及上下功夫，切实筑牢信仰之基、补足精神之钙、把稳思想之舵。首先，立足齐鲁文化优势特色，将"两创"充分融入新时代道德建设，切实体现时代价值，融入群众生活，关注重点人群，推动中华优秀传统文化创造性转化、创新性发展；其次，用模范典型"示范引领"，深入开展学习宣传道德模范活动，做好"选、树、学"的文章，弘扬真善美，传播正能量；再次，用良好环境"凝心聚力"，让群众当主角，让行为有规矩，让好人有好报，激励人们争做崇高道德践行者、文明风尚维护者、美好生活创造者；最后，用制度机制"强化保障"，加强组织领导，完善工作机制，坚持齐抓共管，坚持创新创造，坚持常抓不懈，最大限度动员各方面力量，推动全社会道德水平不断提升。

为规范公民道德建设，山东出台了《新时代山东省公民道德建设三年行动计划（2020—2022年）》。正在修订的省级文明创建管理办法计划于2022年内出台，同时推动各地出台文明行为促进条例，完善测评体系，实行动态管理，强化正向激励作用。聚力打造"厚道齐鲁地、美德山东人"形象品牌，着力建设信仰坚定、文化厚重、崇德向善、文明进步的新时代美德山东，凝聚起齐鲁大地上的强大道德力量。

"周虽旧邦，其命维新。"走在伟大民族复兴道路上，坚定文化自信，担当文化使命，推动中华优秀传统文化创造性转化、创新性发展，为繁荣发展中国特色社会主义文化、建设社会主义文化强国贡献更多的"山东力量"。

2. 弘扬沂蒙精神，传承红色基因

山东是革命老区、红色热土，"水乳交融、生死与共"的沂蒙精神在这里孕育发扬，王尽美、邓恩铭两位中共一大代表在这里成长，焦裕禄、孔繁森等人民公仆从这里启程，朱彦夫、李登海等"时代楷模"在这里不断涌现……

巍巍蒙山高，滔滔沂水长。2013 年 11 月，习近平总书记视察山东时深情指出："沂蒙精神与延安精神、井冈山精神、西柏坡精神一样，是党和国家的宝贵精神财富，要不断结合新的时代条件发扬光大。"牢记习近平总书记嘱托，山东把挖掘、诠释、弘扬沂蒙精神作为重大政治任务，用好红色资源、讲好红色故事、奏响传承红色基因的时代强音，为新时代社会主义现代化强省建设提供强大精神力量。

目前，山东打造沂蒙党性教育基地、济宁干部政德教育基地、胶东党性教育基地等各类教育基地 180 多个。其中，依托沂蒙根据地丰富厚重的红色资源，沂蒙党性教育基地建设了沂蒙根据地群众工作展馆、孟良崮战役纪念馆、沂蒙革命纪念馆等现场教学点，编写了几十部特色教材，开发了现场教学、红色故事会、访谈式教学、体验式教学等多种教学形式，目的就是更好地教育党员干部时刻不忘初心、牢记使命，经常打扫思想上的灰尘，修好共产党人的"心学"，守住共产党人的精神家园。

"行源于心，力源于志。"有什么样的精神，就会有什么样的力量。红色文化是山东的宝贵精神财富，是在新的历史起点上攻坚克难、砥砺奋进的强大精神力量。无论是在革命战争时期、社会主义革命和建设时期，还是在改革开放时期，沂蒙精神、胶东红色文化精神、老渤海精神、冀鲁豫边区精神、徂徕山起义精神等革命精神都发挥了重要的精神指引作用。

一切向前走，都不能忘记走过的路；走得再远、走到再光辉的未来，也不能忘记走过的过去，不能忘记为什么出发。让沂蒙精神、胶东红色文化精神在新时代发扬光大，山东在红色基因传承中筑牢人民立场，锤炼党性作风，使之成为推进全面从严治党、打造过硬党员干部队伍的重要力量源泉。

用心讲好沂蒙精神的感人故事。讲述者怀着信仰讲、带着感情讲、结合实际讲，听者触动了感情、坚定了信念、铸牢了初心。这样的事例频繁见诸公开媒体报道和宣讲活动现场，不可胜举。"在这里，我真正理解了为什么陈毅元帅说就是躺在棺材里也忘不了沂蒙人民，理解了为什么我们党能赢得最终的胜利。"2018年5月，滨州市委党校第七期科级干部"五学"培训班的学员，来到沂蒙党性教育基地——孟良崮战役纪念馆，接受红色教育。一件件历史实物，一张张战役照片，一个个感人故事，让学员们几次落泪，感慨万端。

"危急时刻，32名沂南妇女在冰凉的河水中扛起门板，架人桥让子弟兵通过，这让人深刻理解了我们党的力量所在。"2019年3月，在沂蒙红嫂纪念馆"火线桥"展厅，一位参观者含着眼泪说，沂蒙精神就是一本教科书，来这里参观学习是精神上寻根的溯源之行，也是激发自己干事创业动力的灵魂之旅。

"乳娘，乳娘，你可听见人间将故事传唱？儿已白发苍苍，泪眼还辨得清方向；儿要回到摇篮旁，回到血乳交融的故乡。"中国青年政治学院的一名研究生在观看民族舞剧《乳娘》后动情地写下诗句。2019年3月2日晚，山东红色舞剧《乳娘》走进清华大学新清华学堂，来自10余所驻京高校的1800名师生观看了演出。此前，这部根植山东红色基因沃土的舞剧登上国家大剧院舞台首演，演出结束后千余名观众起立鼓掌。

2020年济南初夏之夜，大型红色民族歌剧《沂蒙山》音乐会版重装上演，亮相山东省会大剧院。

在淄博市博山区北崮山村——焦裕禄的故乡，焦裕禄纪念馆静卧山间，这里全面还原了焦裕禄青少年时期的成长环境和生活经历。

民族歌剧《沂蒙山》以抗日战争为主线，以大青山突围、渊子崖战役为创作素材，讲述了海棠、林生、夏荷、孙九龙等主要角色在国家危亡与个人命运的交织中，牺牲小我、军民一心、团结抗战的故事

"这里是焦裕禄的世界观、人生观、价值观得以塑造的地方，是焦裕禄树立共产主义伟大信仰并且为之奋斗的起点，是焦裕禄精神的出发地。"淄博市博山区把丰厚的红色资源利用好，努力打造好"焦家小院听家风"等精品微课堂品牌，推进好"焦裕禄像前面对党旗来宣誓"等品牌活动，倾力打造焦裕禄干部教育学院，组建了一支传承红色基因的优秀干部队伍，做新时代焦裕禄精神的忠实传承者、坚定笃行者，让焦裕禄精神永远传承。

人民有信仰，国家有力量，民族有希望。在全社会弘扬沂蒙精神的工作中，除了红色教育基地和革命遗址的建设，打造红色文艺精品也是亮丽的一笔。山东不仅有民族歌剧《沂蒙山》，还有报告文学《国家记忆》、戏曲《沂蒙情》、电影《铁道飞虎》等文艺作品，都引起社会热烈反响。红色基因薪火相传，广大群众积极参与，形成一种传承力量，激活红色文化的生命力。近年来，山东持续推动打造山东红色文化宣传教育品牌，已连续举办三届"红动齐鲁"山东省红色故事讲解大赛。依托近 1200 个关心下一代教育基地，开展"传承红色基因，争做时代新人"主题教育活动，让老干部、老战士、老专家、老教师、老模范"五老"当好传承"园丁"。

激活红色基因，讲好红色故事，山东红色旅游成为弘扬革命传统的有效载体。近年来，山东各地深挖沂蒙精神、抗战精神和爱国主义教育内涵，借助"红色旅游＋"理念，推动红色旅游与生态旅游、研学旅行、传统文化旅游等相融合，提升山东红色旅游吸引力和竞争力。2018 年 8 月，以"弘扬沂蒙精神、传承红色基因、发展红色旅游"为主题的山东红色旅游推广联盟成立，以沂蒙地区为核心，在全省建成了近百个红色旅游景区，推出了 20 多条红色主题旅游线路，以红色旅游为核心的红色产业不断壮大。

心中有了信仰，脚下才有力量。红色基因源源不断植入心中融入血脉，灌注到干事创业的行动之中，转化为齐鲁大地广大党员干部担当作为的强大精神力量。播撒红色火种，赓续光荣传统。红色文化资源，既有心口相传的精神财富，也有可观可感可触碰的物质载体。中共中央山东分局旧址、《共产党宣言》纪念馆、王尽美纪念馆、孟良崮战役烈士陵园、胶东革命纪念馆……在山东，革命遗址星罗棋布，总计2449处。2018年6月，王尽美120周年诞辰系列纪念活动在诸城市举行。在先烈故乡——诸城市枳沟镇北杏社区，王尽美的故事所蕴含的精神力量将以新的形式更全面地呈现：在王尽美纪念馆、党员干部教育培训中心、尽美广场、衣冠冢等教学现场，综合运用视频展示、模型复制、场景复原、情境体验等方式，再现王尽美与群众同甘共苦等场景。

让红色基因在传承中焕发时代光芒，让红色精神在奋斗中迸发磅礴力量。今天，传承红色基因，就是要保持爬坡过坎的压力感、奋勇向前的使命感、干事创业的责任感，激发始终不渝的意志、应对挑战的信心、埋头苦干的动力。

生前为临沂市兰山区义堂镇党委书记的许步忠同志，正是新时代沂蒙精神的传承者、践行者。许步忠无论在哪个岗位，对组织安排的工作，说得最多的就是"没问题、请放心"。他办公室里的灯经常亮到晚上十一二点，他多次讲"当干部就得干事业，遇到问题不能躲着走""我当班长就该冲在前头"。义堂镇在兰山区2017年经济社会发展综合考核以及2018年上半年新旧动能转换现场观摩考核中均排第一位。2018年10月22日，许步忠同志因连续工作，劳累过度，突发疾病因公殉职，年仅43岁。许步忠是全省涌现出的众多担当作为党员干部的一分子。红色基因内化于心、外化于行，鼓舞着广大党员干部拼搏奋斗，奋力前行。

一项伟大的事业，必然需要伟大的精神。当今山东之发展，犹如船到中流，任务千头万绪，挑战无处不在。当此之时，靠什么凝聚一亿多干部群众的力量，又用什么激发攻坚克难的勇气？发扬沂蒙精神，传承红色基因，已成为山东的自觉选择。

让信仰之火熊熊燃烧，让红色基因融入血脉，让沂蒙精神激发力量，山东更坚定、更执着、更无畏地前行。

3. 人民心所向，文旅皆可往

文化和旅游业，是关系人民幸福指数的重要领域。

"十三五"时期，山东省内国家公共文化服务体系示范区及创建城市共 4 个，国家公共文化服务体系示范项目及创建项目共 8 个，数量均居全国前列；全省公共文化场馆（图书馆、文化馆 / 基层综合性文化服务中心）市县全覆盖、镇村基本覆盖，各类博物馆达到 575 个，3 年增长 19%，美术馆达到 55 个，3 年增长 12%；全省 A 级景区达 1227 家，数量居全国第一位，其中 AAAAA 级旅游景区 13 家，国家级旅游度假区 4 家；两批共 8 个县（市、区）入选国家全域旅游示范区，居全国第一。"好客山东"品牌知名度和美誉度进一步提升。山东省共有国家级文化产业示范园区（基地）17 个，省级文化产业示范园区（基地）171 个；全省共有国家级非物质文化遗产代表性项目 173 项，省级非物质文化遗产代表性项目 751 项；全省有各类博物馆 610 家，居全国第一位；在全国第四批博物馆定级评估中，山东省共有 99 家博物馆成功晋级；全省省级以上重点文保单位有 1900余处，居全国第一位……山东用一份亮眼的成绩单总结"十三五"时期文旅事业发展，信心满满步入新征程。

位于临沂的中国东夷文化博物馆，依托距今有 5000 多年历史的皇山史前古村落遗址而建

在滨海之城威海，"城市书房"是个充满温情的符号。当地 2017 年启动"城市书房"建设，至今已有 41 处对外开放，成为当地市民、外地游客争相体验的"网红公共文化设施"。一位读者在"城市书房"威海鲸园分馆的留言簿上这样写道："让阅读在街边相遇、与指尖相伴，感谢你，城市书房。"

公共文化服务，只有跟百姓心连心，才能不断提升效能。从设施建设到活动组织，小到一场培训，大到全年的惠民演出，山东用心揣摩群众的实际需求，用超高人气为现代公共文化服务代言，不断完善文化设施网络，积极推进公共服务均等化、标准化、社会化、数字化。"十三五"时期，山东省五级公共文化设施网络基本实现全覆盖。全省建成公共图书馆 154 个、文化馆 157 个，建成数量和上等级率均居全国前列。全省 1826 个乡镇（街道）综合文化站建成率 99.6%，6.99 万个行政村（社区）综合性文化服务中心

（综合性文化活动室）建成率 98.2%，8654 个省扶贫工作重点村全部建成综合性文化活动室，提前完成文化扶贫任务。

公共文化服务，要让百姓看得着，更要让百姓用得好。

山东持续开展冬春文化惠民季活动，其中，2018 年至 2019 年冬春文化惠民季，全省开展文化惠民活动超 5.3 万场次，惠及群众 1696 万人次。实施"一村一年一场戏"工程，2019 年全省"戏曲进乡村"演出 9 万余场；创新开展"百姓大舞台""五个大家"系列群众文化活动，有效激发群众文化创造活力。根据"十三五"期间山东省考核工作办公室组织的全省城乡居民满意度考核结果，全省"文化生活"满意度每年均排在第二位。连续成功举办国际孔子文化节、尼山世界文明论坛、中国非物质文化遗产博览会、山东省旅游发展大会、中国国际文化旅游博览会等重大活动，文化和旅游产业在助力全省新旧动能转换等方面的作用日益彰显，齐鲁文化影响力进一步提升。

五年来，山东省加强创作规划，完善扶持机制，实施舞台艺术精品工程，建立"全链条"扶持引导机制，形成了"山东模式"，山东文艺精品不断涌现，艺术创作取得丰硕成果。先后有 25 部作品获得文化和旅游部重点创作资助，172 部剧目获得国家艺术基金扶持资助，52 部剧目参加全国性文艺展示展演活动。成功打造推出民族歌剧《沂蒙山》《马向阳下乡记》、吕剧《大河开凌》、话剧《孔子》《家事》等一批精品剧目，续写山东舞台艺术新的辉煌。其中，民族歌剧《沂蒙山》荣获中宣部"五个一工程"奖。2019 年第十二届中国艺术节，山东获得一项"文华奖"、两项"群星奖"，创非主办省份最佳成绩。第十三届全国美术作品展山东省获奖创历史最高纪录，金牌数并列全国第一。

文旅融合促进文化艺术繁荣，也带动文化产业实现增收。"十三五"时期，也是文化和旅游服务大局、贡献度不断提升的五年，山东文化旅游产业发展走在全国前列，业态呈现"满天星"可喜局面。

随着文化创意产业和精品旅游产业被列入全省新旧动能转换"十强产业"，山东大力推进重点文旅项目建设，建立完善项目库，健全贴息扶持和银企对接机制，积极争取金融机构支持，帮助文旅企业和重点项目解决融资问题。连续举办4届山东文化和旅游惠民消费季，制定出台全省81个国有景区降低门票价格等政策措施，促进文旅市场复苏回暖。创新开展"山东人游山东""冬游齐鲁·好客山东惠民季"等活动，受到文化和旅游部肯定。2020年，受疫情影响，提前启动第四届山东文化和旅游惠民消费季，省、市、县三级落实资金1.5亿元发放文化和旅游惠民消费券。在创建全域旅游示范省的过程中，整合打造八大要素产品体系，推出八大主题418条线路产品及550余项丰富多彩的活动，不断促进旅游景区质量提升。2017年，青州古城景区和威海华夏城景区入选国家AAAAA级景区。2019年，黄河口生态旅游区成功创建AAAAA级景区，微山湖旅游区通过AAAAA景观质量评审，3个县（市、区）入选首批国家全域旅游示范区。

旅游业与110多个行业相关联，具有"一业兴、百业旺"的特点，游客每消费1元用于旅游业，可以带动3元至4元经济增长。山东极力助推精品旅游产业提质增效，出台《大力推进全域旅游高质量发展实施方案》，印发《山东省全域旅游发展总体规划（2018—2025年）》《山东省精品旅游发展专项规划（2018—2022年）》《山东省精品旅游景区建设三年行动方案》，大力发展精品旅游产业，威海华夏城景区、沂蒙山景区、黄河口生态旅游区成功创建 AAAAA 级景区。

积极推进乡村旅游精品化创建、村庄景区化培育和旅游民宿健康发展，助推打造乡村振兴齐鲁样板，乡村文旅和精品民宿渐入佳境。泰安市东西门村原来是典型的"空心村"，共有村民 54 户、118 人，平均年龄 60 多岁。鲁商集团如今在这里建了"网红"乡村书房和精品民宿，提供了 50 余个就业岗位。村集体年均增加收入 20 余万元，户均增收近 4 万元。与东西门村相距不远的八楼村则别出心裁地建造了鸟声博物馆。过去的闭塞山村，如今以新颖的文化设施和精品民宿吸引了越来越多的游客，充满了发展的活力。

据统计，"十三五"时期，山东旅游总收入和接待国内外游客从"十二五"末的 6685.8 亿元、6.6 亿人次，增长到 2019 年的 1.1 万亿元、9.4 亿人次，分别增长 64.5%、42.4%。尽管在 2020 年受疫情影响，山东仍接待游客 5.77 亿人次，实现旅游收入 6019.7 亿元，走在全国前列。2020 年，全省 2440 个规模以上文化企业实现营业收入 4833.9 亿元，增长 7.8%，比全国高 5.6 个百分点。

守正创新，敬畏文化遗产。

山东作为革命老区，有着光荣的传统和厚重的历史。据统计，全省目前有不可移动革命文物 1800 余处；全省省级以上重点文保单位 1900 余处，数量居全国首位；全省各类博物馆 610 家，博物馆总量，一、二、三级博物馆数量，非国有博物馆数量，革命类博物馆数量等 6 个指标，均居全国第一。

文物"活"起来，才能彰显时代价值。山东坚决贯彻落实习近平总书记重要指示要求，统筹文物保护与经济社会发展，文物事业取得长足进步，政策法规体系日益健全，革命文物保护利用成效显著，文物"家底"更加厚实，安全监管不断强化，文物利用活力持续焕发。

"十三五"期间，文物考古成果丰硕，完成考古调查、勘探工作 637 项，调查线路近 6400 公里，考古勘探面积 0.7 亿平方米，考古发掘面积 25.7 万平方米。革命文物保护利用成效显著，在中宣部、财政部、文化和旅游部、国家文物局公布的第二批革命文物保护利用片区分县名单中，山东有 93 个县（市、区）入选，入选数量居全国第一位。

重点文保项目进展顺利，曲阜优秀传统文化传承发展示范区、齐文化传承创新示范区以及大运河、齐长城国家文化公园建设等扎实推进。连续举办 3 届中国非物质文化遗产博览会。齐鲁文化（潍坊）生态保护区顺利通过文化和旅游部验收，成为首批 7 个国家级文化生态保护区之一。

当下，山东正以文化和旅游融合发展为主攻方向，从发展布局、产品业态、市场主体、公共服务、交流合作、品牌形象融合等 6 个方面，重点推动深化拓展文旅融合的深度和广度。

以文塑旅，以旅彰文。山东文旅融合将迈向更深更广，齐鲁大地上的"诗和远方"将更精彩。

（三）民生普惠：人民福祉好起来

"谋呀谋呀谋幸福，奔呀奔呀奔小康，为心中永远的梦想，家国兴旺……"伴随着《幸福小康》的悠扬曲调，淄博市临淄区朱台镇陈营村的夜生活拉开序幕。初心广场上，欢快的广场舞带走人们一天的疲惫；村史馆里，三三两两的村民徜徉其间；"老年之家"里，激战正酣的棋局吸引不少人观看；喷泉旁，嬉戏的孩童发出欢快的笑声……

悠悠万事，民生为大。从"有没有"到"好不好"，在全面建成小康社会的奋斗征程中，陈营村的这一幕幕生活景象，折射出农村"环境好了、生活美了，大伙儿腰包鼓起来了"的新变化。

牢记习近平总书记嘱托，山东坚持人民立场，践行初心使命，把人民对美好生活的向往作为奋斗目标，在高质量发展中不断回应人民新期盼，满足民生新需求。着力解决群众的烦心事、揪心事，物质文明和精神文明建设相互促进、相映生辉，合力推动人的全面发展向更高水平迈进，答好共享发展的"民生卷"，擦亮了高质量发展、全面建成小康社会的"底色"。

1. 济困：扶智扶志"站起来"

"前段时间种苗、化肥、农药等物资运不过来，多亏了县产业复工服务专班的支持，帮我们办理了通行证，才没错过农时。"2020年3月春耕期间，在德州市临邑县孟寺镇昝家村扶贫产业基地里，10多名工人正戴着口罩种西瓜苗。孟寺镇昝家村扶贫产业基地负责人说，目前昝家村扶贫基地的16个种植大棚已正常复产。

这是山东抓实抓细防止返贫和新致贫工作的一个缩影。近年来，山东围绕助残和济困，大力推进残疾人的康复、困难群体救助工作，筑牢社会保障制度体系最后一道防线。

防止返贫和新致贫，既是打赢脱贫攻坚战的重要任务，更是巩固拓展脱贫攻坚成果的必然要求。

2018年底，全省基本完成脱贫攻坚任务后，山东把防止返贫和新致贫摆在工作的突出位置。2019 年，在全国率先建立即时发现即时帮扶机制，把切实保障和改善民生放到突出位置，强化困难群众兜底保障，加大对脱贫不稳定户、边缘易致贫困户等的动态监测、精准帮扶。2020 年，印发《关于健全防止返贫致贫动态监测和即时帮扶机制的通知》，指导各地对脱贫不稳定户、边缘易致贫户开展动态监测。全省共有 3.46 万名困难群众被纳入即时帮扶范围，全部有针对性地落实了帮扶措施，有效防止了返贫和新致贫。山东保持现有帮扶政策、资金支持和帮扶力量总体稳定。过渡期内继续严格落实"四个不摘"要求，保持教育、医疗、住房、饮水、养老、产业、就业、金融、保险、兜底救助、残疾人帮扶等各项政策措施的总体稳定，对脱贫享受政策人口和即时帮扶人口进行帮扶，确保稳定脱贫不返贫。省、市、县保留原财政专项扶贫资金并进行调整优化，确保财政投入力度保持总体稳定。广泛汇集社会力量，实施"千企帮千村"行动；发挥各群团组织优势和民主党派、工商联、无党派人士作用，开展各类帮扶活动。对巩固拓展脱贫攻坚成果和乡村振兴任务重的村，继续选派"第一书记"和驻村工作队。

围绕防止返贫和新致贫，以及残疾人就业康复救助等方面，不断实施推进帮扶举措，打出了一列组合拳。2019 年 12 月，一场在济南泉城广场文化长廊举办的油画、石雕作品展，吸引了诸多市民的目光。让大家意外的是，这些精巧美丽的作品竟出自 30 多名残疾人之手。他们都是济南市平阴绿泽画院的签约画师和雕刻师。作为济南市首家残疾人文化产业培训就业基地，平阴绿泽画院为残疾人打造培训就业直通车，助残疾人梦想起飞，让残疾人实现了体面就业、稳定就业。除了做好残疾人就业工作，山东还大力推进残疾

济南市平阴绿泽画院培训场景

人的康复救助工作，把残疾儿童康复训练补助标准提高至每年 1.5 万元，将残疾儿童康复项目纳入医保基金支付范围并参照门诊慢性病种管理。同时，完善严重精神障碍患者收治工作，将严重精神障碍患者纳入医保门诊范围，取消门诊起付线。

"上个月刚领到 2000 元临时救助金，现在每个月又能领到 565.5 元的低保救助金，家里压力一下子减轻了。"德州市临邑县恒源街道张庙村村民许有林皱着的眉头，终于舒展开来。2021 年 3 月，许有林的妻子突发疾病，丧失行动能力，需长期卧床。为照顾妻子和年幼的孩子，许有林无法外出打工。低保救助，让这个家庭重燃希望。对困难群体的关心关爱，体现着一个地方的民生温度。2020 年，山东将 9 类 350 万困难群众救助标准提升 22% 以上。

"去年（2020 年）10 月，查出孩子病情恶化，要做干细胞移植手术，我们感觉天都要塌了。要不是县社会大救助中心的监测救助，现在孩子能不能顺利完成手术都难说。"向媒体记者说起孩子的情况，德州市平原县桃园街道居民魏秀丽（化名）红了眼睛。

2020年，魏秀丽的女儿查出了骨髓增生异常综合征，治病花销不少。当年4月，魏秀丽一家办理低保，申请到每月755元城镇低保补助金。由此，其家庭情况也纳入了平原县社会大救助中心的监测范围。转过年后，孩子病情恶化为白血病，只能做干细胞移植手术。通过数据共享，平原县社会大救助中心"智慧服务平台"得到孩子住院信息，马上发出督办预警，先后给予魏秀丽女儿救助9次，提供包括临时救助、重特大疾病医疗救助、生活救助等在内的救助金共计11.49万元，极大减轻了其家庭负担。

让社会救助"供""需"精准对接，变"人找政策"为"政策找人"，是社会大救助体系服务平台整合15个政府部门救助资源的现实案例，是山东精准识别困难群众，让救助方式向主动救助、事中介入转变，救助质量明显提升的鲜明注解。

社会救助是社会保障制度体系最后一道防线。山东从体制机制创新入手，优化民生资源配置，在全国率先迈出关键一步，全面统筹社会救助体系，实现制度、能力、平台、资金和管理"五个统筹"。

从贫困户"帮起来"到"好起来"，从低保户"救起来"到"扶起来"，从残疾人"站起来"到"走出来"，山东助残扶弱、济困救助的扶贫故事让人长志气。

2. 就业：托住民生"基本盘"

"总书记的嘱托，给了我很大的信心，我一定把家政行业做实做好！"这是帮助百万名下岗女工再就业的全国妇联"巾帼创业带头人"、济南阳光大姐服务有限责任公司总经理卓长立接受媒体采访时常念叨的一句话。"安置一个人，温暖两个家。"她牢牢把握"阳光大姐"的服务宗旨，在家政行业走出了一片新天地。

2019年10月1日，是卓长立一生难忘的日子——在中华人民共和国成立70周年庆祝活动中，她作为全国优秀共产党员的代表站上了"不忘初心"的彩车，接受党和国家领导人的检阅。从一名下岗女工成长为全国人大代表、全国优秀共产党员，卓长立的成长经历就是一部不忘初心、自强不息、锐意进取、开拓创新的奋斗史！20多岁下岗后，她承包宾馆10余年，带领60多名下岗女工实现了再就业，成为再就业典型。2003年，受济南市妇联委托，卓长立二次创业接手"阳光大姐"，为了帮助更多姐妹实现再就业，她全身心投入家政行业，用"安置一个人，温暖两个家""责任加爱心"等朴素理念，通过"阳光大姐"这一就业创业平台，把党的

帮助百万名下岗女工再就业的全国妇联"巾帼创业带头人""阳光大姐"卓长立

温暖传递给员工和家政服务员，传递到家庭与社会，为全国家庭服务业的发展作出了积极贡献。

点滴之水，折射阳光。卓长立和她带领的"阳光大姐"，"把家政工作当作事业来做"的励志故事，是山东聚焦帮助下岗职工、农民工，尤其是家庭生活困难和就业困难的"两困难"群体实现就业的生动写照。

就业是民生之本，是最大的民生工程。山东每年安排至少10亿元专项资金，用于创业带动就业。2020年，山东加大创业担保贷款贴息力度，全省新增发放创业担保贷款16.29万笔、308.73亿元，发放增量居全国第一，直接扶持创业和带动就业54.82万人。

坚持就业优先，山东以"首稳""首保"，促"六稳""六保"。"十三五"期间，就业规模进一步扩大、结构进一步优化，重点群体就业进一步稳定，就业质量进一步提升，失业风险防控基础进一步牢固。

创业对就业具有倍增效应。"十三五"期间，山东把促进创业作为新的就业增长点，大力构建创业政策、创业培训、创业平台、创业引领、创业服务"五位一体"的工作模式，创业逐渐成为就业增长的新引擎。"十三五"期间，全省发放一次性创业补贴17.2亿元，创业岗位开发补贴7698.4万元，扶持23万人创业。创新创业担保贷款扶持政策，共发放创业担保贷款684.2亿元，扶持创业42.17万人，带动就业156.81万人。

在保障就业规模稳步提升的基础上，就业质量工作开展也颇具成效。截至2020年12月底，全省技能人才总量达1235.2万人，其中高技能人才316.07万人。职工工资收入稳步增长，2019年城镇非私营单位就业人员平均工资比2015年增长42.2%。劳动保障水平逐步提高，省级和 16 个市均成立协调劳动关系三方委员会，劳动人事争议调解成功率、仲裁结案率分别保持在 60% 和 90% 以上，农民工工资支付监管平台广泛应用，根治欠薪工作取得明显成效。

山东是兵员大省、安置大省，每年 4 万多名军人退役回乡，其中近 80% 自主就业或自主择业。坚持教育引路，提升就业能力，先后开展职业技能培训 1.5 万人次，推荐就业 1.2 万人。圆退役军人"大学梦"，全力落实国家高职扩招政策，近两年来有 5.02 万名退役军人通过高职扩招实现学历提升。在残疾人就业方面，山东扎实推动各项扶残惠残政策措施落地落实。"十三五"以来，城镇新增残疾人就业 25137 人。

就业与社保同根连枝、休戚相关。山东坚持社保兜底，进一步扎牢织密社会保障安全网。

"十三五"时期，山东坚持"全覆盖、保基本、多层次、可持续"的方针，着力建机制、促改革、防风险、保民生，社会保障事业发展"稳中有进"，呈现制度体系和体制机制同步完善、参保人数与基金收入同步增长、待遇水平与保障能力同步提高"三个同步"的特点。率先整合城乡居民养老保险制度，率先实施机关事业单位养老保险制度改革，比国家要求提前一年实施企业养老保险基金省级统收统支制度，建立工伤保险基金省级统筹，强化失业保险保生活、防失业、促就业的功能。参加基本养老保险、失业保险、工伤保险人数分别达 7636.7 万人、1466.1 万人、1822.1 万人，分别比"十二五"末增长 8.91%、21.8%、23.7%。建档立卡贫困人口实现养老保险参保覆盖、保费代缴、待遇发放三个"一人不漏"。建立基本养老保险待遇确定和正常调整机制，连续五年调整退休人员基本养老金,先后三次提高居民养老保险基础养老金最低标准,连续五年调整工伤保险定期待遇水平,失业保险金标准提高到当地最低工资标准的90%。将1000亿元企业养老保险基金委托全国社保理事会投资运营。截至2021年4月底,已到期委托运营基金本金767.58亿元,累计收益326.86亿元,有效壮大了山东省社保基金规模。

坚持以人民为中心的发展思想,彰显了办好民生事业、改善人民生活品质的使命情怀。山东全面做好就业和社会保障等民生实事,奋力书写"十四五"民生答卷,努力为老百姓的幸福"加码""助力",不断增强人民群众的获得感、幸福感、安全感。

3. 教育:春风化雨"润心田"

2021年5月,玫瑰花开,香味浓郁。济南市平阴县孝直镇第二中心幼儿园"科学发现室"里,20名"大一"班的孩子,正在老师指导下组装望远镜。"我们园承担周边6个村的幼儿教育,虽然是一所农村幼儿园,但因为有各级学前教育发展资金支持,园里也建了能动手实践、探索发现的'科学专室'。"幼儿园园长不无自豪地笑言。

全县公办率90%、普惠率96%、省优质办园率100%、中心园举办率200%……自三期学前教育三年行动计划开展以来,济南市平阴县着力破解城区入园难和农村学前教育薄弱两大难题,公办园数量和质量迅速提升,城乡均衡、公益普惠全面实现;与此同时,平阴学前教育不断实现规范发展和内涵提升。在这个过程中,平阴学前教育的建设数量和改造提升效果显著,取得了跨越式发展,多次被誉为"平阴速度"。"平阴速度"反映出的,是平阴大力发展学前教育的布局和智慧。

"平阴速度"只是山东学前教育追求优质普惠发展的一个缩影。近五年来，像这样的"幼儿园之变"在山东已成为寻常风景。不仅如此，山东教育高质量发展还给出了更亮眼的"教育丰景"。

这一变化由以下几组数据支撑："十三五"以来，山东基础教育稳居全国第一阵营，学前教育三年毛入园率从 2015 年的 81.97%提高到 2019 年的 90.4%，比全国平均水平高 7 个百分点，普惠率达到 85%，比全国平均水平高 8.99 个百分点；九年义务教育巩固率从 2015 年的 97%提高到 2019 年的 97.74%，比全国平均水平高 2.94个百分点；高中阶段毛入学率从 2015 年的 97.36%提高到 2019 年的 97.65%，比全国平均水平高 8.15 个百分点。同时，山东职业教育改革发展走在全国前列，首个部省共建国家职业教育创新发展高地在山东省落地实施、取得重大突破，达到了"起步成势""一年成式"的目标；高等教育高质量发展积厚成势，高等教育毛入学率从 2015 年的 48.06%提高到 56.75%，比全国平均水平高 5.15 个百分点，进入普及化阶段。

一"老"一"小"问题，最是牵动人心。其中的一"小"，就包括小孩入园"难""贵"在内的教育痛点问题。

为解决"入公办园难"的问题，山东打出了"扩资源、抓整治、促发展"组合拳。通过实施城镇幼儿园建设工程和农村幼儿园建设与提升工程，2016 年以来，全省共新建、改扩建幼儿园 1359 所，新增学位 180 万个；在全国率先开展城镇居住区配套幼儿园专项整治工作，全省纳入整治台账的配套园达 2122 所，2020 年底前全部完成了"清零"任务。山东全面完成无证幼儿园专项整治，全省 10342 所无证园，准入 5695 所，取缔 4647 所，比国家规定完成时间提前一年半；实行"优质园＋"办园模式，

187

东营市海河幼儿园新貌

鼓励优质公办幼儿园举办分园或合作办园；全面推行镇村一体化管理模式，不断扩大优质公办园资源。

为解决"入民办园贵"的问题，山东唱响了"建机制，定补助，强支持"三部曲。出台幼儿园收费管理办法，完善幼儿园成本分担机制，普惠性民办园实行政府指导价；省级制定出台了不低于710元的普惠性幼儿园生均补助标准并落实到位；指导各市通过财政补贴、派驻公办教师等方式，支持普惠性民办幼儿园发展。特别是新冠肺炎疫情防控期间，省教育厅等13个部门印发了《关于切实做好疫情防控期间幼儿园扶持工作的通知》，通过减免租金等八大措施帮助民办幼儿园纾困，共渡难关。

除了学前儿童入园"难""贵"，基础教育中还有一个不得不提的问题就是"大班额"现象。

多年来，山东作为人口大省，城镇化不断加速，二孩政策全面放开，外来务工人员涌进城市，全省各地城区学校承受着越来越大的压力。山东省教育厅统计数据显示，2014 学年全省超过标准班额的班数达 5.75 万个。有的市中心城区大班额比例达 90% 以上，甚至有的超大班额超过了标准班额上限的两倍；2015 年，全省普通中小学 27.6 万个班级中，超过 40% 不同程度存在大班额现象，其中，超过 66 人的班级有 2 万多个。

大班额问题不是简单的一个教室里面放多少桌子、多少板凳，安排多少个学生的问题。大班额会带来三个方面的危害：影响学生的身心健康；影响教学质量；可能带来安全问题。大班额背后反映出的是适龄儿童入学较难、不利于安全、不利于教学改革等问题。

大班额，必须消除。山东指导各地坚持按照"一县一案、一校一策"予以规划实施。2015 年 9 月起，山东在全国率先启动实施消除普通中小学大班额工作。山东省人民政府办公厅先后印发《关于解决城镇普通中小学大班额问题有关事宜的通知》《全面消除普通中小学大班额问题工作方案》，充分整合各类资源，予以规划实施，明确了消除大班额"人""地""钱"系列保障措施。

在经费投入方面，统筹中央和省级相关教育转移支付资金予以奖补，将符合条件的消除大班额项目纳入地方专项债券支持范围，对地方片区土地出让收入，可按规定通过预算安排后对消除大班额项目建设予以重点倾斜。

得益于这些文件支持，各地教育部门在解决历史遗留问题和防止旧账未了又添新账方面有了"尚方宝剑"。以济南为例，济南市教育局规委会成员积极发挥智能，积极参与居住区规划。对于配套教育设施不足的居住区不出具住宅规划条件；参与建设用地使用权招拍挂，配套教育设施未同步完成拆迁熟化的住宅用地不出让；配套教育设施未同步建设的商品房不预售；配套教育设施未同步完工

解决"大班额",金乡走在前列。图为建成并投入使用的山东省金乡第一中学新校

的商品房不办理竣工综合验收手续。据统计,2015 年以来,济南市完工新建和改扩建中小学、幼儿园 794 所,新增中小学学位 27.3 万个,建设总量领跑全省,入学难问题在根本上得到有效缓解。

如果说入园"难""贵"问题、大班额问题更多地出现在教育质量相对薄弱的地方,那么在济南、青岛等大城市,孩子扎堆"小升初"考名校则是一道"独特风景"。

2020 年,为推进教育"均衡发展",营造教育公平环境,防止民办学校违规"掐尖"揽生源的问题,山东出台了史上最严义务教育招生方案,坚持"公""民"同招。所有符合报名条件的学生均可自愿报名,招生学校不得自行组织任何形式的笔试、面试、考查或擅自增加其他任何条件,不准要求学生家长提供任何佐证学生学业水平、兴趣爱好、特长优点等信息的证明材料资料。凡报名人数超过招生计划的学校,一律通过身份证号等信息进行电脑随机派位、公开录取。

此外，山东在全国率先实施了大中小学德育课程一体化建设，成功进行义务教育招生入学网上办、掌上办试点，以等级制和综合素质评价制度为主要内容的初中学业水平考试制度推向全国。实施课题引领，国家级教学成果奖获奖数量居全国第二位。在全国率先启用高中新课程新教材，首批 50 多万高中学生课程教学与考试评价实现有机衔接。

这些创新突破，带来了教育质量的不断提升。国家义务教育质量监测结果显示，山东在数学、语文、科学等 6 个学科中教学质量稳居全国前列。北京师范大学连续三年开展的普通高中教育质量综合评价结果显示，山东省普通高中教育质量逐年稳步上升。山东在大中小学德育课程一体化建设、教师队伍建设、学前教育普及普惠、课程教学改革、家校协同育人等方面的做法和经验被教育部在全国推广。

提质培优、增值赋能，职业教育"山东模式"初步定型。

借"十三五"以来，"部省共建国家职业教育创新发展高地"建设的东风，山东通过创新办学模式、搭建校企共同办学平台等方式构建职业教育育人新路径，激活山东职业教育改革发展的"一池春水"，为全国提供了可复制、可推广的经验做法。

让学生成才有渠道。搭建"职教高考"、五年一贯制和专升本等技术技能人才成长立交桥，职业教育吸引力大幅提升。

让教育教学有标准。对接行业技术规范，一体化设计职业教育各学段标准，开发 322 个专业教学标准和 147 个中职、高职与应用型本科相衔接的课程体系，实现产业链与教育链的有机融合。

让企业参与有动力。制定全国首个混合所有制办学文件，立项 40 个混合所有制改革试点，拉动社会投入近百亿元；认定首批 142

家省级产教融合型企业，支持职业院校与知名大企业建立校企命运共同体，把工厂建到校园里、课堂搬到车间去、专业长在产业上。近年来，山东省现代制造、养老服务、轨道交通等 8 个快速发展行业中，70% 以上的一线新增从业人员毕业于职业院校。

分类管理、分类建设，高等教育高质量发展厚积成势。

"十三五"时期，加大优质教育资源供给，山东整合组建新的齐鲁工业大学（山东省科学院）、山东第一医科大学（山东省医学科学院），积极筹建康复大学，成立尼山世界儒学中心，3 所职业院校升格为本科层次职业技术大学。省部（局）共建 13 所高校，省市共建 9 所高校，5428 家企业参与高校办学。

启动高水平大学和高水平学科"双高"建设，支持 3 所驻鲁部属高校创建世界一流大学；打造 15 所左右的高水平大学、50 个左右在国内有影响力的高水平学科，筑高峰、冲一流、强特色，着力破解山东高校"山多峰少"困境。不断扩大高校"朋友圈"，全球 100 个国家或地区与山东省高校建立了友好合作关系 3259 对，举办中外合作办学机构 16 个、中外合作办学项目 179 个，8 所高校开展境外办学，高等教育的国际影响力逐步扩大。

高校整体办学水平明显提升，先后获批国家一流专业点 213 个、一流本科课程 204 门，数量均居全国前列，涌现出一批服务经济社会发展主战场的重大科研成果，其中，山东理工大学毕玉遂团队"无氯氟聚氨酯新型化学发泡剂"专利技术卖出 5.2 亿元的高价，创造了全国单项专利许可的新纪录。

十年树木，百年树人。增进民生福祉是发展的根本目的，而教育是重要的民生，基础教育是教育民生最基础的部分。从低幼学前教育到高等教育，山东教育托起了明天的希望。

4. 医保：做好健康"守门人"

没有全民健康，就没有全面小康。山东坚持把人民健康放在优先发展的战略地位，健康山东跑出"加速度"。制定出台了一系列医疗保障政策措施，有力促进了全省医疗保障和公共管理服务水平的提升，人民群众的幸福感、获得感进一步增强。

完善医保体系，参保覆盖率不断提升。2020年，山东医保参保人数达到9697.8万人、参保率96.3%，高于全国平均水平，贫困人口及各类困难群众实现应保尽保。全民医保体系的进一步完善，全面推动了职工长期护理保险的实施，提高了生育保险保障水平，一大批慢特病纳入医保支付。

医保待遇提升，更好保障病有所医。"十三五"期间，山东居民基本医保住院报销比例提高到70%左右，职工基本医保住院报销比例提高到80%以上。居民大病保险最低段报销比例由50%提高到60%，最高段达75%。大病保险特效药报销比例由60%提高到80%，封顶线由20万元提高到40万元。居民高血压、糖尿病门诊用药报销比例达到50%以上。制定并完善了脑瘫等残疾儿童和孤独症儿童、严重精神障碍患者等群体医保待遇政策；针对贫困人口，出台了大病保险倾斜政策和医疗救助政策，确保了不因病致贫返贫。

医保基金是人民群众的"保命钱"。2020年，医保基金总收入1587亿元、总支出1463.5亿元，分别较"十二五"末增长62.2%、72.1%。城乡居民基本医疗保险人均筹资标准由"十二五"末的不低于500元提高到不低于830元，增长66.0%，财政补助提高到"十二五"的1.4倍。全面取消了药品和医用耗材加成，建立了山东省药品和医用耗材集中带量采购常态化机制，三批 112 个国家集采药品平均降价 60% 以上，每年可节约药费 27.54 亿元。首批 39 个省级集采药品平均降价 67.3%，最大降幅 98.6%，每年可节约药费 17.9 亿元；首批 5 类高值医用耗材平均降价 66.0%，最大降幅 95.6%，每年可节约费用 10.63 亿元，其中，初次置换人工髋关节由 92418 元降至 4133.33 元，大大降低了人民群众就医用药负担。

流程再造，医保经办服务水平进一步提升。深入实施流程再造，申办材料整体精简 49.8%，办理时限整体压缩 68.2%，即时办结经办服务事项达 58.1%，医保关系转移、异地就医等高频服务事项办理流程压缩 51.6%，92.3% 的服务事项实现网上办、掌上办，全省异地住院联网结算实现乡镇区域全覆盖，与全国 31 个省（自治区、直辖市）的 4.4 万多家医疗机构实现异地住院联网直接结算，数量全国最多。继 2019 年在全国 31 个省（自治区、直辖市）和新疆生产建设兵团医疗保障系统行风建设专项评价中获得第一名后，山东于 2020 年再次荣获全国医保系统行风评价第一名。

除上述亮点成就之外，山东在医保支付方式改革方面，也交出了百姓满意的答卷，打造了具有示范意义的样板案例。

2019 年 11 月 24 日，国家医保局在济南举行全国医保电子凭证首发仪式，启动全国医保电子凭证系统，签发全国首张医保电子凭证，山东实现就医买药无卡结算。此医保电子凭证可以实现凭手机码轻松支付，未带手机可"刷脸"支付。一张电子凭证可服务所有医保业务，还可以实现就医买药不刷卡，在药店可以凭医保码付款，在医院可实现挂号取药等功能。其中，山东省济南、青岛、淄博、烟台、威海、日照、临沂、聊城市和省本级等 9 个统筹区为医保电子凭

2019 年，全国首张医保电子凭证在山东"诞生"

证和移动支付工作试点地区。医保电子凭证，仅仅是山东聚焦流程再造，以数字技术服务民生健康的一个缩影。

随着生活水平的不断提高，人民群众对健康需求及保障水平提出了更高的要求。2020 年 4 月 25 日，全国首个省级数字技术惠民生的载体——山东省互联网医保大健康服务平台在济南启动运行，该平台为全省参保人员打造数字健康门户，以数字技术开创"幸福民生"新格局。

作为全国首个省部共建的省级互联网医保大健康平台，山东省互联网医保大健康服务平台通过"互联网＋医保＋医疗＋医药"的创新模式，实现医保认证、复诊核验、在线处方、送药到家等关键环节的无缝衔接。参保人足不出户，就可通过手机获得在线复诊、开药、医保在线支付等一站式便捷服务。以该平台为载体，利用数字技术全方位、全角度、全链条赋能的医疗健康产业，以数字

山东省互联网医保大健康服务平台界面

化生态的跨界成长能力打通、打破原有痛点和壁垒，用交互服务能力为群众提供多样化创新服务，打造"幸福民生"。

在省、市各级政府的大力支持下，该平台整合省内外多方资源，以医保支付为驱动，吸纳医疗、医药、医养、保险和金融等服务机构进驻，通过一个健康门户、一个数字平台、八大创新服务板块，构建覆盖全省的"互联网+医保+医疗+医药"综合服务体系，满足全省失能半失能人群、慢病患者、困难群体、老年人等不同群体多层次、多领域、多样化服务需求。

随着健康中国、数字中国建设的步步深入，山东吹响了"健康强省""数字强省"的嘹亮号角。作为山东省委、省政府推动数字山东建设的载体，山东省互联网医保大健康服务平台以逐步深入的数字技术为人民办实事，擘画出帮办代办、慢病管理、医保监控、商保惠民的民生画卷。

医保支付方式改革，山东的创新远未止步。

2020 年 7 月，山东进一步深化医保支付方式改革，在全国率先制定互联网医院医保定点协议文本，又一次在民生保障答卷上书写了浓墨重彩的一笔。目前，济南、泰安、德州、潍坊等市加快推动互联网医保大健康市级平台建设，形成了线下线上问诊购药和送药上门一体化服务新模式，让民生资源配置更加合理优化。2020 年 4 月，潍坊启动互联网医保大健康服务平台建设，并于同年 10 月底开展第一批 6 家医院的门诊慢性病管理创新服务试点，成为率先响应山东省推广"互联网＋医保＋医疗＋医药"创新慢病管理模式的设区市之一。在推进创新服务模式过程中，潍坊探索出"特病无忧会员"服务，针对肿瘤患者提供定制化诊疗、心理辅导、运动健康、护理、药事等一站式服务。

继省级互联网医保大健康服务平台上线之后，2020 年 7 月，全国首个省际中药材采购联盟"十二省（自治区、直辖市）中药材采购联盟"在山东济南成立，山东互联网中药（材）交易平台、济南智慧中药店、山东省中药质量检测平台等一批配套平台和项目同期启动，成为全国最大规模的中医药产业创新联合体。山东互联网中药（材）交易平台以质量控制和全程溯源为特点，充分发挥医保支付驱动作用，支持中药材采购联盟开展中药的互联网采购，构建起跨区域中药材交易的数字化服务体系，有力助推中医药产业数字化、规模化发展。

当下，持续发力健康数字化、中医药数字化两个"新局面"，山东正持续在"为民生""办实事"上，彰显"数字山东"新力量。

未来，在健康强省、数字强省的宏大蓝图中，在数字山东越来越贴近社会、贴近群众、贴近生活的步履中，更加开放的山东，将擘画更瑰丽的民生画卷，为数字强省建设奉献山东医保大健康力量。

5. 康养：合璧赋能"夕阳红"

"子女很孝顺，但我们不想把孩子拴在身边，就搬到了这里。"在泰安市泰山医养中心，只要天气好，80岁的孙兆桐和老伴儿都会出来晒晒太阳。2020年，孙兆桐在家中摔伤，虽无大碍，却让两个子女特别担心。入住医养中心后，孙兆桐老人说，中心设施环境好，休闲活动多，还有医护人员在身边，自己和孩子们都放心。

人口老龄化是社会各界关注的焦点问题。山东是全国老年人口最多、老龄化程度较高、应对人口老龄化任务较重的省份。

第七次全国人口普查结果显示，2020年山东60岁及以上老年人口2122.1万，占全省常住人口的20.90%。未来几年，山东将有大量人口步入老年行列，老龄化呈现出进一步加深的趋势。预计到2035年，全省老年人口占比将达30%，山东将进入深度老龄化社会。

推动老龄事业发展和老龄健康工作是摆在现实面前的重大命题。近年来，在省委、省政府的高度重视下，山东不断加强政策法规建设、服务体系建设和社会环境建设，将民生保障与养老服务合璧赋能，医养结合工作全国领先。

"全省养老保险参保人数达7340.5万、城乡居民基本养老保险基础养老金标准提高到每人每月118元、城乡居民基本医疗保险政府补助标准提高到每人每年520元、居民大病保险起付线最低段报销比例由50%提高至60%……"一组组数字，是2019年山东省老年民生保障水平持续提升的有力佐证。

"老有所养、老有所依"的愿景，在齐鲁大地正逐步变成现实。数量渐丰的养老机构和服务设施日益壮大的服务团队，汇聚成养老服务体系建设中的合力。来自山东省卫生健康委的数据显示，截至2019年底，全省养老机构共有2332家、养老床位达35万张。全省建成日间照料中心3064处、农村幸福院10189个，培育居家社区专业养老服务组织1169家。此外，全省设立养老培训基地共7处，每年培训高级养老护理员和管理人员达1.5万人次，设立养老服务与管理专业的院校达到29所，为养老服务提供了人才支撑。

"创新"之一，在于政策标准体系的建设。在全国率先出台医疗机构申请设立养老机构政策，具备法人资格的医疗机构申请设立养老机构，不再另行设立新的法人，此举措为医养结合的落地提供

山东加快构建多层次医养结合服务模式，倾力打造医养结合示范省，更好满足全省老年人多层次、多样化的健康养老服务需求。图为东营市东营区临家老年照护中心医养结合养老院

了坚实的体系支撑。"居家医养，医护巡诊""社区医养，智慧服务""机构医养，两院一体""安宁疗护、医社联动"等服务模式则是各地在推进居家社区、机构医养结合等方面开辟的先路。在医养结合的试点建设中，山东 258 家乡镇卫生院建立了"两院一体"的模式，即实行乡镇卫生院与养老院由一个院长负责，通过毗邻建设、机构共建、资源共享、服务融合，为入住老人提供医疗、护理、康复服务。截至 2019 年底，全省医养结合机构共有 1728 家、开设床位 21.2 万张，742 家基层医疗卫生机构向康复、护理和养老服务延伸。

政策标准体系、服务模式和机构建设的多领域开拓之举，得到了国家卫生健康委的认可。医养结合的"山东模式"开始在全国推广，作为医养结合示范创建省，山东充分发挥了在全国的引领示范作用。

聚焦老年健康工作，首要任务便是推进老年健康设施建设。截至 2020 年底，山东共有 279 所二级以上综合性医院设置老年医学科、康复科，占比 59.52%。117 所二级以上中医院设置老年医学科、康复科、治未病科，占比 73%。全省老年人健康服务医疗机构达到 158 所，其中老年病医院 15 所、康复医院 61 所、护理院 82 所，同比均有较大提高，进一步满足了老年健康服务的可及性。

此外，山东还通过深入开展老年人家庭医生签约服务工作，进一步提升老年健康服务能力。全省老年人家庭签约医生服务费标准提高到每人每年不低于 130 元，明确了五大类 49 项服务内涵，遵循自愿和应签尽签的原则，按照"签约一人、服务一人、做实一人"的要求，指导基层规范开展医疗健康服务。2019 年，全省有 1052 万名 65 岁以上的老年人签约家庭医生，占家庭医生比重 73.55%。

做好老龄事业发展和老龄健康工作这一重大命题，既是不小的民生压力，又是难得的发展机遇。除了用好政府医疗公共资源，山东始终注重政府、市场"两只手"协同发力。2018年以来，将医养健康产业作为"十强"产业之一，加快建设医养结合示范省。组建山东第一医科大学，筹建康复大学，扎实推进济南国际医学科学中心、国家健康医疗大数据（北方）中心建设……山东医养健康产业全面起势、蓬勃发展，产业增加值达到4600亿元。

"莫道桑榆晚，人间重晚晴。"在政府保障基本公共服务有效供给的基础上，山东调动社会力量，激发市场活力，让公共产品供给稳步改善，合璧赋能"夕阳红"，山东老年康养生活将会有更多"新天地"。

6. 安居：社区管理"有慧治"

"原来的垃圾场臭气熏天，现在建成了红色物业中心，小区满目翠绿、车辆停放有序、环境干净整洁，变化实在是太大了。"今年春节期间，家住泰安市泰山区岱庙街道东湖小区的居民心生感叹。"泰山慧治"有诉必应、一键到家，泰安市泰山区居民遇到难题一键上报。

建成20多年的东湖小区曾经是个"问题小区"，垃圾遍地、杂草丛生、停车无序，群众多次反映。2021年2月，泰安市泰山区打造了泰山先锋慧治服务平台，并借助大众日报客户端上线运行了"泰山慧治"，进一步拓宽诉求收集渠道，成为泰山区党委政府与群众对话的有效通道。2021年以来，社区居民下载大众日报客户端，通过泰山先锋慧治服务平台反映问题后，平台迅速激活"有诉必应、一键到家"快速反应机制，小区得以提速整改。

小社区，大社会。社区生活居住管理的善治、慧治，折射了山东创新城乡社区治理所倾注的民生情怀。

济南市历下区甸柳新村街道第一社区原党委书记、居委会主任陈叶翠，生前被社区居民亲切地称为"小巷总理"。近30年里，谁也数不清陈叶翠为居民们做了多少好事，但从全国优秀社区工作者，到党的十八大代表，一个个荣誉见证了她的付出。她用自己一颗赤子之心，换来社区的温暖和谐，赢得了一方百姓的信任和尊重。

城乡社区村居是社会治理的基本单元，也是社会治理体系中的基础部分。生活垃圾怎么分类，小区停车怎么规范，疫情防控如何落实……小小社区、万千村居，民生大事小情千头万绪，管好"小事"就是治理"大事"。

一个国家治理体系和治理能力的现代化水平很大程度上体现在基层。基层社区村居不光需要像陈叶翠这样扑下身子做事的万千"小巷总理"，更需要集众智、汇众力，才能有效提升基层治理能力，不断增强人民群众的获得感、幸福感和安全感。

2020年，山东共建共治共享格局开始形成，59700多个社会组织、1560万多名志愿者活跃在城乡社会治理第一线，群众参与社会治理的热情日益高涨。把网格作为社会治理的基本单元，山东城乡共划分基础网格16.8万个，实现全覆盖，网格员总数达到27.5万人。坚持"支部建在网格上"，山东全省共设立网格党支部9.7万个，占网格总数的57.7%，党员网格员11.3万人，占网格员总数的41.4%。潍坊市奎文区打造"红色物业"、临朐县打造"红色网格"，基层党建与基层治理有机融合。

此外，山东综治中心建设实体化取得成效。2020年，淄博、枣庄、东营、威海、日照、临沂、聊城、滨州、菏泽等9市实现市、县、乡三级综治中心机构设置实体化、人员配备实体化、运行保障实战化。山东全省县、乡两级综治中心整合公安、司法、信访、调解、城管等1.2万余名工作人员进驻，建立吹哨报到、一站式矛盾纠纷调处机制，第一时间了解群众诉求、发现问题隐患、联调联治突出矛盾纠纷和治安问题。“雪亮工程”建设一体化运行，全省建成“雪亮工程”视频监控探头372万余台，省和16个市建成共享平台，实现重点公共区域视频监控覆盖率100%、联网率100%，重点行业、领域的重要部位视频监控覆盖率100%。

推进自治、法治、德治相结合，深耕社区公平正义、文明和谐，山东网格化服务打通社会治理“最后一公里”，已在齐鲁大地铺开一幅“善治”加“慧治”的基层社区村居治理新画卷。

崇德尚礼，幸福社区。图为2018年青岛“邻居节”，李沧区上流佳苑社区活动现场

（四）生态优化：齐鲁大地美起来

"清蓝蓝的河呀，曲曲又弯弯，绿莹莹的那草地望不到边……这是俺家乡的水来，这是俺家乡的滩……谁不夸俺家乡好，就像那长流水呀，奔腾永向前……"2018年，一曲咏唱水美、山美、林美、草美、田园美的《清蓝蓝的河》唱响全国。时下的山东，正如《绿水青山总是情》所唱："一路担绿水，一路挑青山。水是银项链，山是金扁担。种下希望树，引来致富泉……绿水青山总是情，手牵手一生相伴。"

"生态兴则文明兴，生态衰则文明衰。"

建设生态文明、建设美丽中国是党中央确定的一项重大战略任务。在习近平生态文明思想指引下，山东切实践行"绿水青山就是金山银山"的理念，坚持人与自然和谐共生的工作思路，绿色发展按下快进键，生态文明建设驶入快车道，坚定带领人民群众走生态优先、绿色发展之路，着力建设生态山东、美丽山东，让齐鲁大地山更绿、水更清、环境更优美，人民群众获得感、幸福感、安全感不断增强。

"春风卷地起，百鸟皆飘浮。"每年的4月1日是"国际爱鸟日"，放眼齐鲁大地，遍览百鸟欢动，河海交汇之地，更成为鸟类"国际机场"。生态越来越好，引来越来越多的鸟儿筑巢安家，为生态环境"高颜值"锦上添花。

生态美不美，鸟儿最先知。这正是党的十八大以来，尤其是近年来，山东坚决打赢污染防治攻坚战、扎实推进生态修复，生态环境不断改善，生态环境质量指标创有监测记录以来最优水平的生

2018 年国务院批复《山东新旧动能转换综合试验区建设总体方案》以来，青岛市崂山区主动作为、先行先试，对产业发展与生态环境保护协调共进模式进行探索、尝试，取得了一定的成效。图为崂山风景区

灵探微。2020 年，全省环境空气质量综合指数平均为 4.87，重污染天数平均为 8.8 天，优良天数比例平均为 69.1%。"十三五"时期，全省 PM2.5 平均浓度比 2015 年下降 37.0%，优良天数比例比 2015 年提高 14.2%。全省 83 个国控地表水考核断面中，优良水体比例达到 73.5%，无劣 V 类水体；全省 16 个市建成区的 166 条黑臭水体均通过省级"长制久清"评估和国家部委联合抽查，消除率达到 100%。全省万元 GDP 能耗为 0.57 吨标准煤，规模以上工业煤炭消费量 37061.9 万吨，比 2019 年下降 10.4%，压减煤炭消费 4312.7 万吨。

"人不负青山，青山定不负人。"盎然绿色，逐渐成为齐鲁大地高质量发展的底色；良好生态，日益成为山东人民幸福生活的常态。

1. 青未了："只此青绿"海岱风

"遥望齐州九点烟，一泓海水杯中泻"，语出唐代诗人李贺的《梦天》，或许这句诗曾给元代大画家赵孟頫的《鹊华秋色图》带来创作灵感。700多年后，山东人又把这样的灵感倾注当下。随着华山历史文化湿地公园的惊艳面世，绿水青山掩映中的水墨丹青景象真实显影：华山含翠不染尘，长汀层叠看夕照，平原之上出林木，村舍氤氲环抱鹊，柳青摇风曳绿烟，俨然洇染出一幅"只此青绿"的当代版《鹊华秋色图》。

只要我们还在铭记，历史就永远都是鲜活的。华山历史文化湿地公园的建设还历史以生命力，历史同样赋予它独特的文化内涵。"苟日新，日日新，又日新。"时下的齐鲁大地不乏这样踏上"重生"之境的美好景致。

冬去春来，雨气初兴。从泰山日出的门槛望齐烟九点，从河海交汇处观林田湖草，从运河沿岸看远城近村……人文浪漫的云朵聚散，唯有绿水枕清流。大美山东，美在华丽转身，美在生态蝶变。

小康全面不全面，生态环境质量是关键。

"十三五"以来，山东坚持以人民为中心，从解决群众身边的环境问题入手，始终把生态文明摆在突出位置，坚持生态优先、绿色发展，构建生态环境区域管控体系，树立人与自然同在的生命共同体意识，走生态优先发展之路，以系统思维深入推进蓝天、碧水、净土保卫战，持续推进山、水、林、田、湖、草、沙一体化保护与修复，以生态保护和经济协同发展，大美山东生态红利不断释放，生态环境高水平保护推动经济高质量发展，齐鲁大地的每一天都有日新月异的变化。

五年来，山东的天更蓝。山东统筹推进工业源、扬尘源、移动源污染治理，截至 2020 年 9 月底，全省燃煤机组和燃煤锅炉全部实现超低排放，全面淘汰 10 蒸吨 / 小时及以下燃煤锅炉，23 家钢铁企业完成有组织超低排放改造，44 个工业园区、75 个企业集群和 2284 家重点企业完成挥发性有机物治理和提标改造，1.3 万余台工业炉窑开展综合整治，累计整治"散乱污"企业 11 万余家。近年来，全省重污染天气越来越少，空气质量整体得到改善。

五年来，山东的水更清。16 个市建成区黑臭水体均完成治理工程，县级地表水水源保护区内 636 个环境违法问题全部完成整治，省级贫困村水源保护区全部完成清理整治，178 家国家和省级工业集聚区全部实现了园区污水的集中处理，25933 个畜禽规模养殖场（区）废弃物处理利用设施配建比例达到 96.9%，渤海近岸海域水质稳步改善。

五年来，山东的土更净。完成 1.7 万个农用地点位污染状况详查，按期完成 8015 个重点行业企业用地调查阶段性工作，省级以上自然保护区问题整治销号率达到 98.7%。2017 年、2018 年、2019 年，全省危险废物规范化管理抽查合格率分别为 84.59%、86.40%、89.57%，医疗机构及设施环境监管与服务实现了 100% 覆盖，医疗废物、医疗污水及时有效收集转运和处理处置做到了 100% 落实。

算好绿色发展"长远账"，把严高质量发展"标尺"，推动产业结构、能源结构、运输结构、农业投入结构持续优化，环境治理中的结构性矛盾正在逐步破解。在威海市威高产业园，项目想要入园落户，得跨两重"门槛"：不仅项目本身需要"高精尖"，连项目所需用的材料、设备和生产工艺，都要经过再三筛选。"我们从项目的源头上控制住大气污染，高耗能、高污染的项目统统筛掉，留下的都是很有技术含量的新医药与医疗器械项目。"威高集团相关部门负责人表示，这样打造出的"绿色工厂"，不仅污染大大减少，产业结构也得到了进一步优化，一举多得。

威高产业园的这一措施，折射出山东严把环境准入关、推进产业结构调整的决心与魄力。

良好的生态环境是最普惠的民生福祉，是全面建成小康社会的应有之义，也是践行以人民为中心发展思想的题中之义。数据、指标记录着山东的变化，对百姓来说，更为直观的是亲眼所见、亲身所感。蓝天变多了，空气新鲜了，河水清澈了，蓝天白云、繁星闪烁成为常态，成为人民群众幸福生活的重要组成部分。

"污染防治攻坚战的战果，关键看'十三五'规划确定的 9 项生态环境约束性指标完成情况。截至 2019 年底，4 项指标提前超额完成，其余 5 项指标均达到'十三五'序时进度。今年（2020 年）以来，全省环境质量持续改善，从国家考核要求和目前进展情况看，9 项约束性指标能够在年底全面兑现。"山东省生态环境厅通过山东省人民政府新闻办公室举行的发布会，向社会如是通报。

为将泰山大生态带打造成"山青、水绿、林郁、田沃、湖美"的生命共同体，泰山区域山水林田湖草生态保护修复工程开足马力，全力推进。三年间，破损山体连片变绿，污浊断流的水体重获新生，沟壑嶙峋的土地成为良田。泰安市全境的生态优势增强：通过固山，挺起了"山之脊"；通过治污，实现了"水改质"；通过整

破损山体重新披绿，部分污浊断流的水体净水新流，沟壑嶙峋的土地焕然一新……曾入选全国试点项目的山东泰山区域山水林田湖草生态保护修复工程，如今魅力彰显。图为泰山十八盘风景

地，增厚了"田之肌"；通过增绿，保护了"林之肺"；通过护湖，调节了"湖之肾"；通过提质，扩大了"生态空间"。

在长岛海洋生态文明综合试验区，多年未见的大叶藻、海萝藻在海岸丛生，白江豚、鲸鱼等海洋生物成群频现；通过纵深推进山体修复，2019 年以来，累计完成破损山体生态治理 5.4 万平方米，实施山体造林 450 亩；完成岸线整治 1.19 公里，恢复自然岸线 8.7

公里，自然岸线占比达到 80%，长岛被生态环境部授予"绿水青山就是金山银山"第三批实践创新基地称号。

2020 年 11 月 30 日，生态环境部在北京举行第四批国家生态文明建设示范市县、"绿水青山就是金山银山"实践创新基地和"2018—2019 绿色中国年度人物"授牌表彰活动。济南市济阳区、日照市东港区、临沂市蒙阴县、滨州市惠民县被授予"国家生态文明建设示范市县"荣誉称号，青岛莱西市、潍坊峡山生态经济开发区、威海市环翠区威海华夏城入选"绿水青山就是金山银山"实践创新基地。2020 年，山东"两山"实践创新基地命名数量位居全国第一。加上此前已被命名的临沂蒙阴县和烟台长岛县共有 5 个基地，总数跃居全国第二。

奋力实践"绿水青山就是金山银山"，这些地方为什么"能"？

华夏集团生态修复项目经过十多年的综合治理、绿化造林，这个曾经满目疮痍的采石场蝶变魅力花园，采石立面变成九曲情人街，堆放废石、废渣的山谷变成龙湖，巨大矿坑变成胶东民俗馆、神游传奇剧场……华夏生态城如今已被打造成一座兼具中国传统文化韵味和胶东海洋风情的 AAAAA 级景区，到处鸟语花香、满眼郁郁葱葱，每年吸引数百万游客前来观光旅游，惠及当地百姓腰包的同时，让全社会共享绿色发展福利。

威海华夏城生态修复的成功案例、泰山区域山水林田湖草生态保护修复工程打造出的"泰山经验"，皆是"绿水青山就是金山银山"发展理念在齐鲁大地的真实写照。以它们为标杆，放眼全省，可借鉴、可复制、可推广的创新实践次第铺开。2019 年，山东共治理废弃矿山 624 座，建成绿色矿山 91 座。截至 2020 年 9 月底，全省完成采煤塌陷地治理面积 11929.76 公顷，矿山生态修复面积

1994.93 公顷，土地整治面积 28246.79 公顷，废弃矿井治理 92 眼，新增耕地面积 4535.89 公顷，新增湿地面积 609.13 公顷。同时，山东还在 2019 年深入实施"绿满齐鲁·美丽山东"国土绿化行动，完成人工造林 177 万亩。

生态系统是一个生命共同体，在治山、治水的同时，山东始终坚持用系统思维统筹，扎实推进山水林田湖草系统治理，不欠新账、多还旧账，给百姓提供更多优质生态产品。

2019 年 1 月，《山东省推动河长制湖长制从"有名"到"有实"工作方案》出台，将河长制湖长制工作纳入各市经济社会发展综合考核。全省各地积极行动，16 市全部发出总河长令。2019 年 7 月，山东印发《关于全面建立林长制的实施意见》，省委书记、省长任总林长，形成了责任明确、协调有序、监管严格、保障有力的森林生态资源保护管理新机制。如今，伴随着黄河流域生态保护和高质量发展上升为国家战略，山东迎来前所未有的历史机遇。

九曲黄河在山东奔腾入海，流经 9 个设区市、25 个县（市、区），流域人口占全省总人口的 54%。东平湖作为黄河下游最大的湖泊，也是下游唯一的蓄滞洪区，是南水北调东线工程的重要枢纽，其地位举足轻重。东平县坚持"生态立县、绿色发展"战略，在 84 公里的湖岸线全面打响清网净湖、餐船取缔、拆违清障等九大攻坚行动。截至 2020 年 12 月底，累计清理网箱网围占用水面 12.6 万亩，拆除餐饮船只 21 艘，取缔违规餐饮场所 79 家。舍得之间，碧波重现，东平湖重现昔日芳姿。

坚持以水定城、以水定地、以水定人、以水定产，把水资源作为最大的刚性约束。山东牢记习近平总书记嘱托，不断加强黄河沿岸生态建设，提高湿地生态系统保护水平。在努力让黄河成为造福人民的幸福河的同时，加快推进全域范围的河湖治理和生态修复，治理范围从大江大河"主动脉"延伸到农村门前河、小汪塘等"毛细血管"，逐渐实现全流域、全覆盖。

2017 年底，山东全面实行河长制；2018 年 9 月底，全面实行湖长制，山东河湖面貌大为改观，生态功能有效恢复；2020 年，山东启动实施了省级美丽示范河湖建设，各设区市每年完成不少于 5 条省级美丽示范河湖建设任务。2020 年前三季度，全省国控地表水考核断面水质优良水体比例为 69.9%，优于 2019 年同期 8.4 个百分点。

生态优先，"不要带污染的 GDP"。这既是全省各地形成的广泛共识，更是持续推进高质量发展的底线思维。

在潍坊峡山生态经济开发区，项目想要落户，首先要跨过环境门槛。从 2012 年关停全区最大纳税企业华昊焦化开始，峡山先后拒批污染项目 100 多个，累计关停污染企业 290 多家，以短期的利税损失换取一片绿水青山。峡山给生态保护划定了一条清晰的红线——"不要冒烟的企业，不要带污染的 GDP"。门槛提高了，项目的落户热情不降反增。以有机农业为代表的现代高效农业在峡山全面起势，生态红利正在高效转化为产业发展优势。2019 年，峡山完成一般公共预算收入 2.3 亿元，增长 10%；规模以上工业企业实现总产值 28.7 亿元，增长 26.9%。

生态环境问题归根结底是发展方式和生活方式问题。要从根本上解决生态环境问题，必须加快形成节约资源和保护环境的空间格局、产业结构、生产方式、生活方式。2019 年，山东出台《关于统筹推进生态环境保护与经济高质量发展的意见》，用经济和环境"双指标"综合评价区域发展质量，充分发挥生态环境保护法律、标准、制度、监管体系的引领倒逼作用，力求环境效益、经济效益、社会效益共赢。尤其是对工业企业，开展"亩产效益"评价，实行资源要素差别化配置。将淘汰类项目、落后产能、技术装备水平低于全国平均水平的生产线等纳入新旧动能转换"替代源"清单，按照先立后破的原则逐步退出。

保护生态就是发展生产力。发展方式转变过程中或许要承受短期的阵痛，但是只要保持定力，换来的是经济效益、社会效益和生态效益的多赢共赢。

潍坊北部沿海常年受海水入侵，土壤含盐量高，自然条件差、生态环境脆弱、综合利用难度大，多年来一直是一片不毛之地。潍坊借鉴丹麦、挪威海岸带生态修复经验，引进的"鲁柽1号"耐盐碱乔木型柽柳——盐松，专利成果转化成功，不毛之地披上绿装。不仅植绿，还要借绿"生金"。潍坊与海洋科研机构合作，开创"柽柳＋肉苁蓉"的林下种植新模式。据潍坊市海洋发展研究院介绍，2020年试种成功后，与柽柳共生的管花肉苁蓉亩均产量1200斤，鲜品亩产值1.2万多元，深加工后亩产值可达5万元以上。与此同时，依托沿海绿色生态长廊，潍坊积极发展特色滨海旅游，60平方公里集风筝冲浪、游艇观光、海洋文化于一体的AAAA级滨海旅游度假区年接待游客超过300万人次；南美白对虾陆基工厂化养殖规模达到150万立方米水体，年产对虾3万多吨，实现产值近20亿元，成为渔业发展新亮点；寿光万亩林海生态博览园成为国家级森林公园，实现"海洋生态＋蓝色经济"良性发展。

"青山不墨千秋画，绿水无弦万古琴。"进入新发展阶段，山东坚决贯彻习近平生态文明思想，努力打造青山常在、绿水长流、空气常新的美丽山东"新名片"。

2. 草木新："诗意田园"寄乡愁

"绿水逶迤去，青山相向开。"山东乡村中有山水田园的芬芳风景，更有"诗和远方"的优雅闲适。

生态美、环境优，是打造乡村振兴齐鲁样板的关键标志。2018年以来，山东把乡村振兴与脱贫攻坚、美丽乡村建设、农村人居环境整治三年行动方案等结合起来，谋定而后动。

农村地区要注重保持田园风光，突出个性、打造独特风格，切忌千篇一律、千村一面。2018年，山东组织开展美丽村居建设"四一三"行动，针对沿海、平原、山丘等不同面貌，培育形成胶东、鲁中、鲁西南、鲁西北四大风貌区和胶东海滨、沂蒙山区、黄河沿岸、大运河沿线等十条风貌带，培育300个地域文化鲜明、建筑风格多样、田园风光优美的美丽村居建设省级试点。一个个试点村居通过因地制宜、整体规划，串联起一条条风格统一又不失个性的风貌区、风貌带，为美丽乡村建设提供新平台，乡村人居环境获得了显著提升，由"点线美"向"全域美"迈进，以绿色生态发展点亮"三生三美"的乡村振兴新图景。

现在，让我们循着这些多点连片的山东现代版"富春山居图"，寻望齐鲁大地上更多的"诗意田园"。

在威海市环翠区张村镇王家疃村，当地聚力塑造胶东特色风貌，打造具有滨海特色的美丽村居，形成了"精致威海·最美打卡地"。这个村有600多年历史，保留了大量的毛石砌筑的传统民居，是典型的胶东地区浅山区传统村落，素有威海市"桃花源""城市绿肺"的美誉。王家疃村大力发展休闲旅游产业，不仅保护了秀美的绿水青山，守住了"山水田园"的文化底蕴，还成为游客络绎不绝的"网红"村，先后获得"全国美丽宜居村庄""全国乡村振兴示范村""中国美丽休闲乡村""全国生态文化村""首批山东省传统村落"等荣誉称号。

一连串荣誉的取得，是王家疃村持续强化基础配套建设，在不断改善生态环境的基础上，坚持产业带动，打造乡村振兴发展引擎，让村庄发生一系列积聚性变化带来的结果。依托山水资源，立足滨海特色，建设了柿园民宿、琴舍民宿、乡村美学堂等乡土建筑，乡村旅游业火热发展。同时，引导村民和社会资本，发展了一批文化旅游项目。依托省内首条国家级登山步道和国际山地自行车赛道，先后举办"国字号"体育赛事8场次。2019年，王家疃村共接待游客126.8万人次。

"沧浪之水清兮，可以濯我缨；沧浪之水浊兮，可以濯我足。"村名源自屈原《楚辞》，与王家疃村同属于鲁东滨海风貌区的烟台莱阳市姜疃镇濯村，有着近800年的历史。这里的老胶东风俗保留完好，被誉为活着的"胶东人文博物馆"，又因樱花遍野被誉为"北方最大的赏樱胜地"。

回首村变路，沧海变桑田。濯村的"变形记"，是"绿水青山"换来生态"聚宝盆"的生动实践。近年来，濯村不断优化乡村环境，做好乡村旅游文章，成功举办多次樱花节，打造了远近闻名的"樱花小镇"。如今的濯村是"三季有花、四季常绿"的全国一流的花园式村庄，全村绿地覆盖率达90%以上，拥有长达651米的樱花隧道。在2016年央视举办的"寻找中国最美乡村颁奖典礼"上，濯村荣获"中国最美乡村"称号。同时，濯村如今还是"国家级农业旅游示范点""全国美丽宜居村庄""国家级文明村镇"。

美丽乡村有颜值、有特色，一处处特色乡村的出现，让多彩齐鲁乡土更加丰富美丽。

海草房畔，凭海而耕。唱响"海洋牧歌"的威海荣成市宁津街道东楮岛村，向海而生在一个狭长半岛上，村落三面环海，呈荷花状。明神宗万历年间建村，因岛上种满了楮树而得名。村里有着近400年历史的海草房，在湛蓝的海面上，红、黄生态浮漂点点，弯弯排列成一道道"海上彩虹"，渔船与游客点缀在千顷碧波与连片的海草部落间，动静相宜，意趣盎然。这是东楮岛海洋牧场的寻常一景。近年来，东楮岛村利用地域优势打造美丽乡村，将自然的海岸、沙滩、阳光和岛屿有机结合，形成了岛、湾、礁、石完美组合

威海荣成市东楮岛村海草房，是人与自然和谐共生的代表

的海洋景观。在这里，人们可以漫步在天然海礁石铺设的路面上，进入满载记忆与乡愁的"乡村记忆馆"，回味胶东传统风情。2017年，东楮岛村继被国家命名为"中国历史文化名村"之后，又被授予"中国最美乡村"称号。

深秋时节，位于淄博市高青县常家镇的蓑衣樊古村落，湿地芦苇荡迎来最美的养眼时刻。蓑衣樊古村落地处黄河沿岸，水资源比较丰富，有"蓑衣水乡"之称。这里自然资源丰富、气候宜人，为典型的黄河湿地风貌。村周围三面环水，湿地面积万余亩，湖塘星罗棋布，原生态的蒲苇满地、荷叶连天，营造出一片诗意的画面。

如何实施乡村振兴建设美丽乡村，让乡村留得住乡愁，让父老乡亲发家致富，过上小康生活？作为"全国文明村""中国美丽休闲乡村"的济南市长清区万德街道马套村，将一幅优美画卷徐徐展现在人们面前。

马套村念好"山"字经，写好"水"文章，算好"生态账"。临街的早年旧院墙变成了一幅幅精美的彩绘，旧房屋经过修缮成了特色民宿户，整洁的村路、多彩的文化墙、葱郁的绿化带……环境美了，腰包鼓了，村民的小日子也红火起来了。熟悉马套村的人都禁不住赞叹近两年来村里发生的巨大变化。如今，这个山村已经成为"全国文明村""中国美丽休闲乡村""全国乡村旅游重点村""全国民主法治示范村"。它既是一个田园化的村庄，又是一个城市化的村庄。

竹林隐茅舍，清泉石上涌。竹泉村是临沂市沂南县铜井镇的一个小山村。村子有山、有水、有泉、有竹，还有一座中型水库，自然环境较好；村落存续历史比较悠久，至今仍保留了古村落形态和部分农耕文明，是中国北方难得一见的桃花源式的村落。竹泉村山泉潺潺，长流不息，茂林修竹，满山遍村；泉依山出，竹因泉生，民绕泉居，竹围民居，自然环境与人居村落协调一致，体现出泉乡个性、竹乡美景、农家风情的新风貌。竹泉村已成为具有沂蒙特色的原生态综合性乡村旅游度假区，以自身的实践与发展生动诠释了"绿水青山就是金山银山"的理念。美丽乡村有颜值更有特色，泰沂山区一处处承载乡愁和记忆的特色田园乡村的出现，让乡村山更青、水更蓝、民风更淳朴、生活更富饶，人民群众幸福感更强。

在聊城市东昌府区堂邑镇教场李村，宽阔整洁的水泥胡同、整齐划一的菜畦、宽敞明亮的文化广场、创意独特的墙体画让这座新农村颇具现代气息……五年前，教场李村还是省定贫困村。近年来，教场李村大力开展"优美乡村、平安乡村、文明乡村"创建活动，在美丽乡村建设规划上，重点实施雨污分流、胡同硬化、绿化亮化美化、弱电改造工程；在村庄原有绿化的基础上，村里新种植了国槐、红叶石楠、北美海棠等花灌木 1244 株，金叶女贞、扶芳藤、月季等绿植 3100 平方米。2020 年，教场李村蝶变为"全国文明村"。短短数年时间，村容村貌不仅"提档升级"，老百姓生活改善更是激活了乡村振兴一池春水。这座 600 人的鲁西平原迁建小村庄，蝶变为"省级美丽乡村"和"国家文明村镇"。

生态美、环境优，是乡村振兴齐鲁样板的关键标志。教场李村的美丽蝶变，正是近年来山东把乡村振兴与脱贫攻坚、美丽乡村建设、农村人居环境整治三年行动方案等结合起来，谋定而后动的现实案例。

"惟希望也，故进取；惟进取也，故日新。"从脱贫攻坚到乡村振兴，生态优先，文化铸魂，点亮美丽乡村文明之灯，时代正一笔一画改变着齐鲁大地老百姓的美好日常生活。

从胶东、鲁中、鲁西南、鲁西北四大风貌区，到胶东海滨、黄河沿岸、大运河沿线等十条风貌带，截至 2020 年底，山东已累计创建美丽乡村示范村 1500 个，以绿色生态支撑乡村振兴，各具特色的美丽乡村次第绽放。

三、攻坚："越是艰险越向前"

消除贫困、改善民生、实现共同富裕，是社会主义的本质要求。"黄河滩""沂蒙山""老病残"是山东脱贫攻坚的重点领域，也是最难啃的"硬骨头"。

习近平总书记一直十分关心山东的脱贫攻坚工作。2013 年 11 月 26 日，习近平总书记在同菏泽市及县区主要负责同志座谈时强调："一个地方的发展，关键在于找准路子、突出特色。欠发达地区抓发展，更要立足资源禀赋和产业基础，做好特色文章，实现差异竞争、错位发展。"2018 年 3 月 8 日，习近平总书记在参加十三届全国人大一次会议山东代表团审议时强调："全力以赴消除农村贫困，推动乡村生活富裕。"

山东牢记习近平总书记殷殷重托，坚决扛牢政治责任，紧扣"两不愁三保障"基本要求和核心指标，按照"2018 年基本完成、2019 年巩固提升、2020 年全面完成"工作部署，精准施策出实招、精准推进下实功、精准落地见实效，在脱贫攻坚战中创造了众多走向全国的经验。

（一）紧盯"黄河滩"

"九曲黄河万里沙，浪淘风簸自天涯。"

万里黄河在山东入海，在 9 个设区市 25 个县（市、区）留下了总面积 1702 平方公里的滩区。长期以来，受特殊自然地理条件和黄河防洪政策限制，黄河滩区经济社会发展滞后，是山东脱贫攻坚的重点区域。

2017 年，山东正式启动黄河滩区居民迁建工程，通过外迁安置、就地就近筑村台、筑堤保护、旧村台改造提升、临时撤离道路改造提升五种方式，推动滩区脱贫攻坚。截至 2021 年 5 月底，历时三年多时间，各级各部门近 2 万名党员干部、10 余万名工程建设者拼搏奋战在迁建一线；累计投资 371 亿元，建设完成 27 个外迁社区、28 个就地就近筑村台社区和 33.9 公里长平滩区护城堤，改造提升 99 个旧村台和 473 公里临时撤离道路，圆 60 万滩区群众"安居梦"，全省黄河滩区居民迁建工程建设全面完成。

万里黄河奔腾依旧，千里滩区换了人间。昔日贫苦的黄河滩正在变为生产发展、生活富裕、生态良好的"幸福滩"，1702 平方公里的滩区土地焕发出勃勃生机，60 万滩区群众在全面小康的大道上阔步前行。

不负历史重托，不负人民厚望，不枉时代所盼。山东紧盯"黄河滩"，一诺千金，守初心，践使命，书写了黄河滩区居民迁建的宏伟华章。

1. 合力攻坚，脱贫迁建"挪穷窝"

自古黄河多水患。黄河在滋养齐鲁大地的同时，水患频仍，百姓屡屡受难。据统计，从 1855 年到 1938 年，黄河在山东行水 83 年，其中有 57 年发生决溢灾害，可谓三年两决。这 57 年里，山东累计有 966 县次受灾，不仅淹没庄稼，更毁坏房屋。在黄河滩区生活的一代又一代滩区人，不但长期与"出行难、上学难、就医难、安居难、娶亲难"为伴，还在"洪灾—重建—再洪灾—再重建"的悲情轮回中，陷入了"三年攒钱，三年垫台，三年盖房，三年还钱"的生活怪圈。黄河滩区大部分群众把全部积蓄用在了建房上，百姓安居成了难以实现的梦。

历史进入新时代。小康路上，一个都不能掉队。以习近平同志为核心的党中央高瞻远瞩，统揽全局，把关定向，作出了黄河滩区居民迁建重大决策部署，为迁建工作提供了根本遵循，注入了强劲动力。

作为山东较为集中连片的贫困地区和脱贫攻坚的重点区域，截至 2015 年底，黄河滩区有省定扶贫工作重点村 82 个，贫困人口 4.3万，贫困发生率为 7.2%，高于全省平均水平。

山东省委、省政府高度重视黄河滩区居民迁建工作，把滩区居民迁建作为打赢脱贫攻坚战、全面建成小康社会的重要内容和重大举措，先后多次召开专题会议研究部署滩区居民迁建工作，省领导多次赴黄河滩区调研走访。

黄河滩区居民迁建是一个长期的系统工程，每一步都关乎成败。黄河滩区居民迁建，并不是只"迁"或只"建"，而是为了给60 万滩区群众一个稳稳的家。为了这个稳稳的家，山东首先提高决策的科学性和可行性，全面布局、统筹谋划，在战略思考的基础上进行顶层设计。从全局出发，将搬迁安置与经济发展、就业创业、生态建设等各方面系统考虑，紧紧扭住包括就业、教育、医疗、文化、住房在内的农村公共服务体系建设这个基本保障，编织一张兜住群众基本生活的安全网，坚决守住底线，确保"搬得出、稳得住、能致富"。

为全力打造滩区居民迁建百年工程，山东着眼长远、科学规划、精心设计黄河滩区"蓝图"。根据实际情况分类迁建，以对历史和人民负责的精神确保村台、房屋、堤坝、道路质量，同时发展多种产业促就业、促脱贫致富，真正让黄河滩区群众安居乐业。新建的社区配有车库、地下室，居民可以自选，每栋楼都有电梯，方便老人上下楼。室内装有中央空调，天然气入户，基础装修较为完善，基本可以实现拎包入住。新村台按照新型农村社区规划设计，小学、幼儿园、社区服务中心等公共设施一应俱全，垃圾中转站、污水处理站、消防站等基础设施配套完善，绿化、亮化、美化特色鲜明，是美丽村居的样板。为严把质量安全关口，聘请第三方机构对通过质量安全巡查、专项督查发现问题的整改情况进行"回头看"，努力打造百年工程、阳光工程。

聚焦群众的现实需要和长远发展，打造滩区居民迁建百年工程、阳光工程，彻底解决滩区群众的生产生活问题。

为切实把这件好事办好，山东省、市、县、乡、村五级同频共振，以抓铁有痕、踏石留印的劲头狠抓落实，在全省党员干部中抽调精兵强将，不舍昼夜战滩区。以国务院批复的《山东省黄河滩区居民迁建规划》为统领，及时制定印发了规划重点任务分工、项目资金管理、绩效评价、定期调度等 4 个规范性文件，配套制定了

26 个专项方案，构建起"1+4+26"规划政策体系，统筹支持产业发展、基础设施、民生保障等滩区重点项目建设，推动资金、土地等政策向滩区倾斜，确保各项工作落到实处、取得实效。

三年多时光，一千多个日夜。山东一诺千金，给了 60 万滩区群众一个稳稳的家。

2021 年 3 月 18 日，菏泽市东明县沙窝镇 3 号村台上正式启动搬迁入住程序，新社区道路两侧挂满了红彤彤的灯笼，到处洋溢着喜庆的气氛。

该村台占地面积 1072 亩，台顶面积 922 亩，可安置 1710 户、6678 人，涉及北霍寨村、李屯村、西堡城村、东堡城村、杨寨村 5 个行政村以及徐炉村等 10 个自然村。徐炉村、西堡城村的 365 户村民作为首批居民，陆续搬入了在村台上的新家，住进了新社区。

滩区克难，一战功成。2021 年 5 月，东明县最后一批 12 个滩区村 4843 户村民选房到户，住进了大型社区，迎来了新生活。

2. 产业造血，滩区群众"拔穷根"

对黄河滩区居民迁建来说，搬迁不是目的，致富才是根本。脱贫迁建，既要让群众"挪穷窝"，又要帮群众"拔穷根"。山东把产业扶贫作为黄河滩区脱贫迁建的主攻方向，因地制宜发展特色优势产业，通过发展产业带动贫困群众增收脱贫。

在菏泽市东明县长兴集乡竹林新村，一座别具一格的村史馆里人来人往。毛吉志老人放下船桨，拿起画笔，成了远近闻名的文化人。新村不仅建起了新房子，还建起了这座村史馆，陈列起他主创的书画作品。曾经的苦难、滩区的过往，都留存在画中，沉淀在老物件里。这位老人从未想过，他的手艺在今天焕发了生机。

转型升级后的菏泽市鄄城县六合社区扶贫车间

如今，发源于菏泽市鄄城县董口镇的"小窝棚"，发展成为黄河滩区群众就地就近就业的扶贫车间，已实现转型升级，扩大了规模。

在济宁市梁山县赵堌堆乡，离村民李朝修的新家不远，有一个家居产业园，该产业园已落户企业11家，六七百名村民在此务工。梁山县在滩区迁建中坚持工业园区、农业园区、居住社区"三区同建"，并计划将滩区的5.6万亩土地流转，发展适度规模经营。"授人以鱼不如授人以渔"，只有让贫困群众有一门拿得出手的技术，才能长久解决他们的生计问题。2020年11月，泰安市东平县斑鸠店镇九顶社区为社区群众培训编制手工吊篮，在解决社区闲散劳动力就业的同时，帮助群众每月增加1500余元收入。

能发展、可致富，搬出"穷窝窝"，扛起"金扁担"。迁建不仅"迁"出了大片土地，还引来富农产业，"迁"出了滩区群众的致富路。

在菏泽市东明县，当地与中国农业大学对接，借助黄河滩区土质好、无污染的优势，推广种植中药材"虎杖"8000 余亩，形成了完整的产业链条，产品远销美国、东南亚等地。光是虎杖产业园就可以提供就业岗位 300 多个，人均月收入 2000—3000 元。东明格鲁斯生物科技有限公司的"虎杖"种植基地，结对帮扶省定扶贫工作重点村 18 个，带动农民亩均增收 1500 元，基地常年用工三四百人，每人每天工资 100 元左右。

滨州市惠民县大年陈镇黄河滩区，结合当地林果产业、周边绳网产业发展优势，组织迁出群众前往附近手工艺品厂、绳网加工厂、苹果袋加工作坊等地学习并推荐工作，迁出群众就业率达 90% 左右。

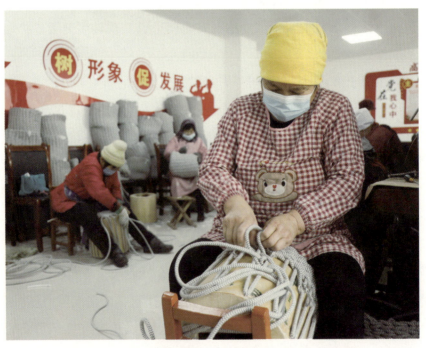

泰安市东平县斑鸠店镇九顶社区的群众在编制手工吊篮

安居与乐业并重，搬迁与振兴同步。

突出产业发展，谋深致远推动安居乐业。全省大力推动安置社区和产业园区"两区同建"，按照"宜农则农、宜工则工、宜旅则旅"的思路，加快44个产业园区或项目建设，规划总投资106亿元，可吸纳2.9万人就业，人均年收入增加3万元以上；各级投入财政专项扶贫资金4.4亿元，在滩区迁建乡镇实施467个产业扶贫项目，实现了滩区群众的"小康梦"。

淄博市高青县木李镇引进山东得益乳业一、二、三产业融合生态循环奶业基地项目，项目距离新建社区仅两公里，可提供上千个就业岗位，每人每月可增收3000多元。龙湾社区居民李坤因此项目受益良多，他骑电瓶车几分钟就能到牧场上班，既挣到了钱，又能照顾老人和孩子。

不断优化的营商环境，正为黄河滩区产业发展提供强大动力，支撑起整个滩区的高质量发展之路。

菏泽市东明县焦园乡鲈鱼养殖基地是江北最大的鲈鱼养殖基地。基地负责人毛朋朋从河南到东明养鱼，政府的服务让他很暖心。"办立项手续、养殖证、环评备案时，县、乡各出一名工作人员陪我们去办理。基地需要更换变压器，我们提出需求后，几天后工作人员就来给更换了。一句话，我们在这里好好养鱼就行，其他的事，政府给包了。"毛朋朋说，"下一步要把养殖基地发展成为集垂钓、餐饮、休闲娱乐于一体的生态休闲渔业项目，带动更多村民学技术，养鱼致富。"

如今，山东深入学习贯彻习近平总书记重要讲话精神和重要指示要求，扎实推动巩固拓展脱贫攻坚成果同乡村振兴有效衔接，建立省、市、县三级滩区迁建巩固提升机制，从改善基础设施、推动产业发展、保障群众就业、强化金融支持、完善责任体系等方面加力帮扶、精准施策，建立长效扶持机制，努力将"黄河滩"变成"幸福滩""金银滩"。

3. 长效保障，滩区之变"稳得住"

泰安市东平县旧县乡时代新城社区，是东平县黄河滩区居民迁建工程规模最大的社区，也是全省4个万人社区之一。社区占地面积808亩，建筑面积47.4万平方米，规划建设住宅楼121栋，安置12个村3408户、10905人。

"学校配有高标准的医务室、餐厅、阅览室，每个教室里都有多媒体设备、空调。这么好的环境，以前是想也不敢想的。"菏泽市鄄城县左营乡左南社区小学校长说。2018年9月，菏泽市鄄城县左营乡黄河滩区丁杨寺、官寺两个行政村的1955户村民搬迁到左南社区，结束了"晴天一身土、雨天一身泥"的生活。与此同时，孩子们也搬进了投资5000万元建设的省级标准学校。除了学校，左南社区内还有卫生院、超市等，齐全的配套设施让新搬来的村民获得了满满的幸福感。

菏泽市鄄城县李进士堂镇辛庄社区居民外迁项目安置大辛庄、小辛庄两个村共777户、2578人。社区位于镇主干道东侧两公里处，临近镇中心小学、中学、卫生院，交通便利。

泰安市东平县银山镇耿山口村村民一直与黄河水患抗争，因水患频繁，村民的大部分收入都用在了盖房上。如今，他们终于离开了黄河滩，搬进了新建社区。

东营市利津县把滩区综合发展放在首位，对滩区道路、水利等基础设施进行改造提升，极大改善了滩区基础设施配套水平，使滩

菏泽市鄄城县李进士堂镇辛庄社区新貌

区村真正走上了小康之路。黄河滩区居民迁建中的外迁安置社区，绝大多数选址在镇区、县区、市区，并同步提升教育、医疗等公共服务配套设施，生产生活条件更加便利。将滩区迁建与设施配套、社区管理、产业发展统筹谋划、一体推进，新建、改扩建 88 所中小学（幼儿园）建设项目，累计完成投资 10.45 亿元，建设校舍面积 36.7 万平方米。其中，菏泽市鄄城县左营乡黄河滩区搬迁新建学校设计新颖，设备齐全，环境优美，在全县乃至全市小学中堪称一流。完成 83 处黄河滩区饮用水水源保护工程，集中补齐民生领域短板弱项，滩区内 56 处村卫生室全部达标。全省滩区迁建绩效评价显示，滩区群众对迁建工作满意度为 95.3%。

"我结婚 19 年了，以前都是干农活儿，这是第一次出来上班。"2021 年 2 月 21 日晚，济南市长清区孝里街道孝里三村村民姜玉刚从餐馆下班，虽然有一些疲惫，但聊起新工作仍面带喜悦。济南市长清区孝里街道孝兴社区是全省黄河滩区居民迁建规模最大

菏泽市鄄城县左营乡黄河滩区搬迁新建学校启用仪式

的外迁安置社区，迁建工作完成后，39 个村的 3.2 万人已陆续搬迁入住。为了解决村民"上楼"之后的生计问题，当地引入了劳动培训机构，让群众掌握一技之长。利用在培训班学到的面点手艺，姜玉找到了这份在餐馆的工作，"离家很近，不耽误照顾孩子，还能增加一份收入"。

进入新时代，黄河沿岸已成为千里绿色长廊，绘就一幅幅黄河经济带发展的画卷，高质量发展让沿河两岸共同唱出了齐鲁好风光。

（二）聚焦"沂蒙山"

蒙山苍苍，沂水汤汤。由于底子薄、自然条件差等原因，沂蒙革命老区长期为贫困所困，是脱贫攻坚的主战场之一。山东牢记习近平总书记"要紧紧拉住老区人民的手，决不让他们在全面建成小康社会进程中掉队"的殷切嘱托，大力弘扬沂蒙精神，党群一心、尽锐出战，多措并举助力沂蒙革命老区"摘穷帽""拔穷根"。

"人人那个都说哎沂蒙山好……高粱那个红来哎豆花香，万担那个谷子哎堆满仓。咱们那个共产党哎领导好，沂蒙山的人民哎喜洋洋。"一首家喻户晓的《沂蒙山小调》，唱出了八百里沂蒙的秀美山川，也唱出了这片红色热土上党政军民的鱼水深情，唱响了沂蒙的好风光和老区人民的新生活。

沂蒙山歌代代传，歌曲创作的主题也在与时俱进。80 多年来，书写极限人生的朱彦夫、两代"沂蒙六姐妹"、乡村振兴的"领头雁"等沂蒙儿女，让沂蒙赞歌传唱不衰，为老区脱贫注入无穷精神力量。他们的脑海里永远萦绕着那首《我的家乡沂蒙山》："我的那家乡沂蒙山，高高的山峰入云端。泉水流不尽，松柏青万年……鲜艳的红旗飘扬在沂蒙山。"他们的心里时刻铭记着《拉住老区人民的手》这首新时代沂蒙颂歌："双手握住老支前的手，你说峥嵘的岁月，总刻在心头……全面奔小康啊不让一人掉队，结亲连心精准扶贫，手拉着手朝前走。"

党的十八大以来，沂蒙儿女牢记习近平总书记嘱托，在新时代干出了一番新天地。向贫困告别，沂蒙革命老区交上了一份经得起历史检验的脱贫成绩单：2015 年底，临沂全市 12 个县（区）、潍坊临朐县、淄博沂源县、济宁泗水县、泰安新泰市、日照五莲县和莒县等 18 个县（市、区）共有贫困人口 55.6 万，到 2018 年，贫困人口全部脱贫；2016 年以来，临沂市 1275 个贫困村全部摘帽，农村贫困人口减少 45.1 万，贫困发生率由 2015 年底的 4.85% 到 2018 年底"归零"；日照市五莲县"互助养老"扶贫经验写入中共中央、国务院《关于打赢脱贫攻坚战三年行动的指导意见》；日照市莒县"积善之家"公益超市获第四届中国青年志愿服务项目大赛全国赛铜奖；2019 年 5 月，临沂市"通过完善五项管理模式，提升扶贫资金资产管理水平"入选中国国际扶贫中心、世界银行、联合国粮农组织等 7 家机构联合评定的首届"全球减贫案例"；临沂市兰陵县压油沟村"'企业＋政府＋合作社＋农户'的组合模式"、沂南县"全域旅游助力革命老区扶贫亮丽开篇"两个案例入选"世界旅游联盟旅游减贫案例"。

一组组数据，见证着发展轨迹：2020 年底，沂蒙革命老区临沂市的地区生产总值达到 6685 亿元，较 2015 年增长 16.9%；一般公共预算收入 479 亿元，较 2015 年增长 22.9%。2020 年，临沂市城镇居民可支配收入 39466 元，较 2015 年增长 37.9%，农村居民人均可支配收入 15918 元，较 2015 年增长 47%。

一个个细节，诠释着发展速度：从当年"四塞之崮，舟车不通"，到高铁开进沂蒙山、公路通车里程全省居首；从"土货不出、外货不入"，到临沂商城"买全球、卖全球"，成为全国闻名的物流之都，沂蒙老区跑出了发展"加速度"。

一帧帧画面，影印着发展变迁：大山里的孩子，坐上了校车，吃上了营养餐，用上了触控笔；沂河边上的人们发现，河水清、湿地美，东方白鹳来"做客"，鸟儿越来越多了……

1. 沂蒙精神引领，老区脱贫跑出"加速度"

紧盯"黄河滩"，聚焦"沂蒙山"。沂蒙革命老区，是山东脱贫攻坚的两个主战场之一。

为了让老区人民过上好日子，山东各级党委、政府凝聚起强大合力，为沂蒙革命老区脱贫发展装上"加速器"。2019 年 11 月 26 日，日照至兰考高速铁路日照至曲阜段开通运营，临沂境内一次开通 5 座高铁站，标志着老区"四塞之崮"变大道通途，沂蒙人民迈入了高铁时代。

让党旗飘扬在脱贫攻坚第一线，沂蒙革命老区各地发挥党员先锋模范作用，沂蒙精神引领，激发脱贫攻坚动力。临沂市、县、乡签订脱贫责任书，立下"军令状"，构建了市抓推进、县乡抓落实的责任体系。连续四轮选派 8275 名机关干部到贫困村、集体经济薄弱村担任"第一书记"，5.7 万名帮扶干部开展结对帮扶。

从厉家寨到九间棚，再到代村、后峪子村，沂蒙精神代代相传，脱贫攻坚中涌现出新时代沂蒙扶贫"六姐妹"。在以新时代沂蒙扶贫"六姐妹"为代表的扶贫模范人物的激励下，沂蒙老区

2019 年 11 月，沂蒙人民迈入高铁时代

凝聚起反贫困斗争的磅礴力量，充分发扬革命老区"党员干部打头阵、男女老少齐上阵"的优良传统，凝聚起多方参与的大扶贫格局，形成了"社会各界自愿扶贫、贫困群众自主脱贫"的良好局面。

"我们扶贫'六姐妹'传承的是老一辈'沂蒙六姐妹'身上的沂蒙精神，她们的后代患病，我们理应去看看。"2019年1月24日，天刚蒙蒙亮，新时代沂蒙扶贫"六姐妹"已从各自家中出发。六姐妹，相约同行，去济南探望"沂蒙六姐妹"患病的后人。这六个平凡的沂蒙女性因扶贫结缘，以自己的无私奉献和坚守，赢得赞誉。她们或是留守妇女，或是创业巾帼，或是大学生村官，或是青年义工，或是肢体残疾人，身份不同、经历各异，却因在脱贫攻坚中的模范作用，被称为新时代沂蒙扶贫"六姐妹"。

新时代沂蒙扶贫"六姐妹"到沂蒙六姐妹纪念馆参观学习

她们是伟大沂蒙精神的传承者。70多年前，在战火纷飞的岁月，沂蒙人民用"最后一口粮做军粮，最后一块布做军装，最后一个儿子送战场"的大爱情怀，毁家纾难，支持革命，铸就了弥足珍贵的沂蒙精神，涌现出"沂蒙六姐妹"、沂蒙母亲、沂蒙红嫂等一大批优秀妇女群体。70多年后，在脱贫攻坚战役中，沂蒙人民"宁愿苦战，不愿苦熬"，坚决打赢脱贫攻坚这场新时代的"孟良崮战役"。

面对贫困，新时代沂蒙扶贫"六姐妹"没有被吓倒、压垮，而是继承和发扬血与火铸就的沂蒙精神，不等不靠，不断创新，最终战胜了贫困，奔向了小康，走向了富裕。她们致富不忘本，积极响应党的号召，以扶贫救困为己任，主动投身到反贫困斗争的大决战中，靠微薄收入帮扶贫困群众，靠点滴善事汇集人间大爱。

"欢迎来到孟良崮果园！"蒙阴县野店镇北晏子村的牛庆花开起了网店，卖起了蜜桃、苹果等沂蒙土特产，叫响了"孟良崮果园"的名号，带动一方百姓致富，成了远近闻名的"'桃'宝皇后"。2015年底，当时还是留守妇女、在家养猪种地的她，参加了北晏子村组织的电商扶贫培训。2017年秋，在临沂接受电商培训时，得知山楂可以在网上销售，她就立即请本村的姐妹帮助在家里采摘发货。就是这个"第一单"为她打开创富之门，开启了她的乡村电商之路。

莒南县坊前镇莫家龙头村的于学艳一家，在十几年前还是村里出了名的贫困户。如今，她开办了公司，创立了国内最大的塑料西瓜网袋生产加工企业，成了有名的"网兜大王"，生产的西瓜网袋远销韩国、日本等国家。她靠勤劳编织起了自己的"致富网兜"，不仅兜来了自己的幸福生活，也兜起了身边脱贫路上的穷乡亲。她的企业安置当地群众近3000人就业，其中1/3是老人、妇女和残疾人等困难群体。

莒南县坪上镇林西臻为感谢好心人的帮助，在农村办起幼儿园，带动村民开展志愿服务，资助孤寡老人和贫困群众100余人，经常到贫困户家里送饺子、粽子、月饼以及米、面、油、牛奶等生活用品。她曾表示："一个人的力量再大，也是微不足道的。我希望身边的每个人都能参与进来。"

平邑县武台镇咸家庄村的刘加芹，曾是贫困户，两次患大病欠下巨额债务，心脏安装了起搏器，左腿险些截肢。经历贫穷和疾病的她咬紧牙关，在各方支持帮助下，在家里办起服装加工厂，不仅自身脱贫，还坚持贫困户和残疾人招工、工资双优先，为周边群众提供就业岗位50多个，吸纳23名残疾人、12名贫困群众务工，每人月均增收2000多元。

在平邑县武台镇咸家庄村，刘加芹上门指导贫困残疾人缝制服装

王洋帮村里办起了"快递＋电商"村级服务站，帮助 13 个贫困户开起了自己的淘宝网店，还依托朱村传统手工制品——柳编，打造了"朱村味道"农产品品牌，通过微信、淘宝店铺等多种渠道推广销售"朱村味道"系列产品，为贫困群众和朱村产业发展打开了一扇新的大门。

沂水县夏蔚镇云头峪社区的曹淑云，以扶贫救困为己任，在偏远山区开办 3 个扶贫车间，吸纳贫困群众务工，带动近 150 名贫困群众在家门口打工，实现脱贫致富。她曾说："扶贫不仅是党委、政府的事，也不仅是贫困户的事，而是我们大家的事。要让大家过上好日子，需要每一个人都努力，有钱出钱，有力出力。众人拾柴火焰高，党中央号召了，我们就要抓紧跟上，不能掉队。"

在沂蒙这片热土上，勤劳勇敢的沂蒙人民，正在熠熠生辉的沂蒙精神感召下，不忘初心，继续前进，不断书写着新时代临沂新的

在沂水县夏蔚镇云头峪社区，曹淑云为她常年捐助的寡居贫困老人送来过冬棉衣

发展篇章。

沂蒙壮歌，放声新时代。知恩还情、扶危济贫，新时代沂蒙扶贫"六姐妹"一直坚守着这份使命。她们在努力改变自身贫困面貌之后，积极响应党中央号召，以扶贫救困为己任，言传身教、引领示范，扶贫扶志扶智，奋战在脱贫攻坚第一线。

以热血赴使命、以行动践诺言，无数共产党人跋涉千山万水，走遍千家万户，克服千难万险，汗水的结晶折射出全面小康的成色。以身传承沂蒙大爱的新时代沂蒙扶贫"六姐妹"，以榜样的力量感召人心；临沂市兰陵县卞庄街道代村社区则是带领群众打赢脱贫攻坚战、打造乡村振兴齐鲁样板的典型。

20 多年间，代村从负债累累的"脏乱穷差"村，变成远近闻名的小康村，成了新农村建设的"领头雁"。

当时的代村，由于历史遗留问题，"地多人少"与"人多地少"现象同时存在。全村 11 个生产队中，人均土地最多的是二亩六分，少的只有三分地，相差近十倍。不仅如此，村民的土地质量也相差很远。经过多次会议讨论，代村新的领导班子达成共识，研究制定出土地调整方案。会后的具体实施过程中，代村党支部书记一边形成文件逐级上报，一边挨家挨户做工作，走好民主程序。

2005 年，代村抢抓机遇将全村 2600 亩土地进行了统一集中流转，归村集体经营。2007 年，代村又适时流转了周边 5 个村的 7000 多亩土地，高标准建起现代农业示范园，也就是如今的兰陵国家农业公园的雏形。

作为具有现代农业示范、现代种苗培育推广、农耕采摘体验、民风民俗体验、休闲养生度假等多项功能，集现代农业示范推广、科技培训和生态观光旅游等于一体的新型休闲观光农业载体，兰陵国家农业公园改变了乡土传承千年不变的路径，为代村"治穷"首开致富之门。兰陵国家农业公园已连续举办了九届"菜博会"，成了兰陵的一张亮丽的生态名片。不仅如此，2019年，兰陵国家农业公园开工建设了"印象代村"夜经济项目。"目的就是带动贫困户尽快脱贫，让他们既能自食其力，也能享受国家政策带来的红利。"代村社区党委书记笃定地说，"全面建成小康，一个也不能掉队！"

沂蒙精神，是脱贫攻坚和乡村振兴的精神坐标。从代村到厉家寨、九间棚、后峪子，这些村庄"骨子里"无不流淌着红色血脉，这正是一脉相承的沂蒙精神在齐鲁大地的具体体现。

2. 产业扶贫攻坚，老区群众念活"致富经"

2018年，沂水县被纳入中央专项彩票公益金扶持范围。利用中央专项彩票公益金投资的2000万元，加上沂水县财政自筹配套资金1200万元，为崔家峪镇硬化道路48.3公里，联通了15个行政村，惠及群众4964户、14705人，其中贫困群众656人。道路的通车既解决了当地瓜果的运输销售难题，又吸引了许多有志青年回乡创业。

新中国成立前，沂蒙革命老区家家户户忙支前，他们推着独轮车，帮解放军运粮、运弹、抬伤员。此后的许多年里，受大山阻隔、交通不便等因素影响，老区的一些山村里，百姓们依然靠肩挑背扛、手推车运送生产物资和农产品，经济状况堪忧。

2017年以来，中央专项彩票公益金下达山东的资助项目中，有三条道路建设，分别位于潍坊市临朐县嵩山生态旅游区、临沂市沂水县崔家峪镇、日照市莒县峤山镇大石头片区。道路建成后，极

临沂市沂水县崔家峪镇的硬化道路

大地改善了老区人民的生产生活方式，方便了老区农牧产品输出，吸引了诸多企业家前来考察投资，带动了当地经济快速发展。

同样受益于这一产业扶贫项目资金的，还有济宁市泗水县。2017年，中央专项彩票公益金扶贫项目再次落户沂蒙革命老区泗水。泗水县按照集中连片、突出省定贫困村的原则进行规划，在济宁市脱贫攻坚重点镇（街道）圣水峪镇和济河街道组织实施，硬化生产路37.76公里，建设小型水利设施7处，覆盖贫困村10个，有效带动乡村旅游产业发展，惠及群众3709户、12361人，其中包括贫困户1203户、2757人。

马崮峪光伏发电项目是临沂市沂水县投资额最高、单体规模最大、受益覆盖面最广的光伏扶贫项目。总投资1亿元，占地面积500亩，安装光伏发电装置11兆瓦，太阳能光伏板4万多块，配

临沂市沂水县马崮峪光伏发电项目远眺

套建设 2 座升压电站，架设 2 条总长度 23 公里的光伏专用输电线路。项目助力贫困户 4793 户、7637 人脱贫增收。

　　发展产业是实现脱贫的根本之策。坚持"摘穷帽"与"拔穷根"并举，沂蒙革命老区各地把实施产业扶贫作为关键举措，加大财政专项资金投入，推进涉农资金整合。临沂市仅主要地区就累计落实扶贫资金 56.9 亿元，发放小额信贷 82.8 亿元，形成了"镇镇有产业、村村有项目、户户有门路"的良好局面。累计建设产业项目 3251 个、扶贫车间 276 个，带动贫困群众 48.9 万人次增收；实施乡村旅游扶贫项目 122 个，辐射带动 9.8 万人增收；纳入国家补贴目录光伏扶贫电站 1745 个，累计收益 5.63 亿元……在临沂，通过产业引领，贫困人口年人均纯收入由 2016 年的 2566 元提高到2020 年的 7481 元。

产业兴，百姓富。2016 年以来，临沂市莒南县大店镇坚持走"造血式扶贫"路子，选优做强产业扶贫，围绕草莓、花卉、乡村旅游等特色产业推进产业扶贫。其中，该镇车峪村扶贫示范园依托草莓种植资源优势，总投资 750 万元扶贫资金，建设 98 座草莓种植大棚，年收益 45 万元，帮扶贫困户 877 户、1309 人，让群众搭上了产业发展的快车。

潍坊市临朐县借力"全域旅游"的东风，把包含淹子岭等 5 个自然村的黄谷中心村打造成为乡村旅游度假区、有机果品生产基地和美丽乡村示范点。其中，山东海拔最高的标准化房车露营地——淹子岭房车露营公园，每年接待各地游客 8 万余人，为贫困村及贫困户分红 10 万元。

临沂市兰陵县大力发展夜间文化旅游经济，用夜景吸引和留住人流，推动旅游产业高质量发展。目前已累计产生扶贫收益 960 余万元，惠及 6593 个贫困户、11281 名贫困人口。其中，兰陵县重点扶贫项目"印象代村"夜景，已正成为繁荣当地夜游经济的标志性项目。

3. 完善兜底保障，沂蒙人民踏上"幸福路"

沂蒙革命老区 50 余万贫困群众，"老病残"占比 70% 以上。各地靶向攻坚，不断完善兜底保障的"政策包"，精准落实救助政策，切实解决贫困群众生活难题，织密保障网。

"没有党和政府的关心和帮助，我们这个家撑不到现在。"潍坊市临朐县蒋峪镇代家庄村贫困户徐明 73 岁的老母亲说。2015 年春，徐明的女儿还未满月，妻子便被确诊为肠癌晚期。为给妻子治病，徐明家一下子债台高筑，但最终也没能留住妻子的生命。屋漏偏逢连夜雨，2017年，徐明外出打工时，因一场工伤事故脑部受伤，这个家彻底坠入了深渊。了解到这一情况后，当地党委、政府立即将徐明家纳入建档立卡贫困户，落实医疗帮扶政策，提高住院报销比例，并为徐明办理了家庭签约医生。同时，落实低保、残疾人生活补贴、护理补贴、经济困难老年人补贴、无人抚养儿童补贴等，让这个困顿的家庭实现了健康有人管，患病有人治，治病能报销，大病有救助。

八百里沂蒙，多少个山脚下，多少个崮崖边，留下了共产党人带领人民脱贫奔小康的身影。沂蒙老区全面小康的伟大成就正是无数党员、群众历尽千辛万苦取得的。

2018年2月11日，临沂市蒙阴县人民医院孟良崮分院的健康扶贫工作队，来到垛庄镇桑园村与村民魏文兰、徐茂田等签订了"家庭医生式服务协议书"，并为他们进行了节前健康查体。至此，该村的168户建档立卡贫困户，户户有了"家庭医生健康管理指导服务团队"。

在健康扶贫工作中，蒙阴县人民医院孟良崮分院不断强化责任担当，以为辖区每个建档立卡贫困户建立一个"家庭医生健康管理指导服务团队"为目标，推动健康扶贫责任落实、政策落地，扎实解决辖区健康扶贫政策落实"最后一公里"问题，提高贫困群众获得感。

"贫困人员生活不易，换位思考一下，咱自己也有着急报销医药费的时候，更何况是贫困人员呢，就更应该多照顾了。"临沂市蒙阴县医疗保障局的一位窗口工作人员说。2020年5月的一天，一名贫困人员拨打电话咨询慢性病报销问题，当得知大爷因为年龄较大、腿脚不便无法前往窗口办理时，受理工作人员便利用下

临沂市蒙阴县医疗保障局扶贫工作人员到群众家中，现场办理贫困人员慢性病报销业务

班时间上门服务，把一张一张单子捋清楚、把一条一条报销政策讲透，争取尽快帮助大爷报销，解决后顾之忧。

稳定实现农村贫困人口不愁吃、不愁穿，义务教育、基本医疗、住房安全有保障，是贫困人口脱贫的基本要求和核心指标，直接关系到攻坚战质量。聚焦"两不愁三保障"，临朐县精准落实、不漏一人。建立从学前教育到高等教育全覆盖的资助体系，累计发放资助金 7911 万元，资助学生 9.2 万人次；新建修缮贫困户住房 1307 户，改造提升居家环境 5166 户；发放医疗救助金 2152.6 万元，家庭医生签约率达 100%；实施贫困群众饮水安全保障工程，安装改造自来水 4439 户。

"以前的房子墙上到处是裂纹，一到下雨天就担心会塌了。现在可好了，上级帮着盖起了新房子，不仅安全，还干净、宽敞。"日照市莒县浮来山街道前官庄村贫困户杨朝兴由于一直依靠扶贫政策维持生活，要实现"安居梦"并不是一件容易的事。2020 年实施的危房改造项目终于圆了他的新房梦。

截至 2021 年 2 月底，莒县聚焦建档立卡贫困户、低保户、农村分散供养特困人员、贫困残疾人家庭，共改造危房 7198 户，发放补助资金 1.04 亿元，切实保障了农村贫困群众住房安全，提振了群众生产、生活的精气神。

2016 年，临沂市沂南县对全县 125 个贫困村大学新生建档立卡，并开通助学贷款"直通车"。这些大学新生无须提报申请材料，学生和家长持录取通知书、身份证和户口簿，在县学生资助管理中心当场就能办理生源地助学贷款，不用再为学费发愁。2016 年以来，临沂市以初中毕业年级贫困户子女为重点，加强招生宣传，实施"定向招生、订单培养、精准脱贫"。全市中等职业学校共招收

临沂市沂南县贫困家庭大学新生办完助学贷款笑开颜

建档立卡贫困家庭学生 2262 人。

着眼长远，让沂蒙人民踏上幸福路。

脱贫是一个动态和持续的过程，一步脱贫易，稳定脱贫难。脱贫任务完成后，巩固脱贫成果，防止返贫和新致贫，构建起长效机制，加快巩固拓展脱贫攻坚成果同乡村振兴有效衔接，是一项重要课题。

2020 年 6 月，临沂市兰陵县苍山街道在开展科级干部遍访活动时，工作人员发现街道群众左跃龙的大儿子左杰患有白血病，虽然该家庭不属于贫困户，但是高昂的医疗费用让左跃龙一家存在致贫风险。当地政府随即将该户纳入即时帮扶户，为其购买了扶贫特惠保险，相较于普通新农合，报销比例大大提高，并可享受住院免交押金等政策，缓解了该户医疗费用负担大的问题。

为了让脱贫更精准、更长效，临沂加强对脱贫不稳定户、边缘易致贫户的监测管理，对可能致贫返贫的困难群众，纳入即时帮扶范围，跟进帮扶措施，避免产生新的贫困。临沂市以济南、临沂两地协作扶贫为契机，在全省率先设立即时帮扶基金"济临扶贫协作专项基金"，规模达到 3.5 亿元，主要对收入骤减、支出骤增贫困人口进行动态帮扶，累计帮扶 5 万余人。

贫困群众是脱贫的主体，政策再好，各方面努力再大，最终实现稳定脱贫还是得依靠贫困群众自己。为激发内生动力、引导贫困户自主勤劳致富，淄博市沂源县财政列支了 1000 万元专项资金，鼓励贫困户发展产业或务工增收，年人均纯收入达到 1000—4000元的，每户奖励 60—200 元；小微扶贫站点带动贫困户务工，年收入达到 1000—4000 元的，每带动一人奖励负责人 100—400 元。扶贫与扶志相结合，让贫困群众重拾生活信心，靠辛勤劳动脱贫，奔向更美好的生活。

"现在农村发展越来越好了，我相信只要好好干，日子一定会越来越好。"临沂市莒南县洙边镇清水涧村村民刘玉明，曾因妻子患病致贫。在当地帮扶干部的引导下，他通过种植茶叶脱贫致富。2020 年，他种植的茶叶、花生等农产品卖了 8000 元。时下，洙边镇继续把茶产业作为一项富民工程来抓，以农业增效、农民增收为目标，推动茶叶产业发展基地化、规模化、标准化、品牌化，以发展专业合作社作为助推乡村振兴的重要举措，带领村民奔小康。

脱贫摘帽不是终点，而是新生活、新奋斗的起点。在蒙山沂水间，新征程的号角已经吹响。全面脱贫后的沂蒙革命老区，将采取有力措施巩固脱贫攻坚成果，衔接推进乡村振兴，让老区人民的日子越过越红火。

（三）锁定"老病残"

"老病残"，是脱贫攻坚的坚中之坚，也是托底保障的难中之难，是最难啃的"硬骨头"。

近年来，山东聚焦聚力"老病残"等特困群体精准脱贫，坚持政府主导与社会参与相结合、政策扶持与市场运作相结合、促进脱贫与帮助解困相结合，综合施策细腻操作，下足"绣花"功夫，确保老有所养、病有所医、残有所助，让特困群体和全省人民一道迈入全面小康社会。

锁定"老病残"，小康路上不掉队，山东的亮点颇多：全省已有 110 个县（市、区）推广建立扶贫孝心基金、签订养老协议的做法；2018 年底，27.39 万名建档立卡贫困残疾人全部脱贫；2020 年，山东贫困人口全年累计就医 616 万人次，医保支付 123.46 亿元。

"十三五"期间，山东省建设农村幸福院 1 万多处；针对扶贫重点扶持乡镇，三年分三批从上级医疗机构共选派 609 名"业务院长"，实现省扶贫重点乡镇和薄弱卫生院全覆盖；每年为 20 多万名残疾人适配免费的假肢、矫形器、轮椅、拐杖、助听器等生活所需的辅助器具。截至 2020 年底，山东脱贫享受政策的 190.2 万人中，60 岁以上老年人、慢性病和大病患者、残疾人占 74.1%，弱劳动能力、半劳动能力、无劳动能力的占 77.5%。其中，共计 136.5 万人次享受残疾人"两项补贴"。

1. 精准帮扶，确保特困群体能脱贫

精准帮扶，因人施策。山东坚持开发式和保障性扶贫相统筹，使用好政府和市场两种手段，加大投入，整合资源，提升集中供养和分散照护能力。对有劳动能力的贫困人口，帮扶重点放在发展产业带动、开展技能培训提高能力上；对于不能劳动的，各地创新收益分配方式，实行差异化分配，切实分好收益"蛋糕"。

"多亏有这么好的扶贫政策，让俺能靠自己的劳动脱贫。在俺家这个玻璃贴花小站点里，有好几个贫困户一起干活儿呢！"2021 年 2 月，淄博市沂源县南麻街道雕崖村村民逯厚一，正在整理着刚进的货。

逯厚一是建档立卡贫困户，肢体二级残疾，不能从事繁重劳动，大女儿上大学，儿子上初中，家庭很困难。当地政府帮他引进玻璃贴花项目，利用他家空闲的两间房子，建起"小微扶贫站点"。

如今，逯厚一每年增加 3000 多元收入，还带动另外几个贫困户就业增收。

桔梗加工、腰果去壳、玻璃贴花……在淄博市沂源县，这种利用农村的闲置农房、简易仓库、庭院闲场建起的"小微扶贫站点"有 1000 余个，超过 9000 多名贫困户在家门口实现就业。

作为全国最大的绳网产业基地，滨州市惠民县南北李村设立了绳网"扶贫加工点"，让村里贫困户、老弱病残人员就近在家门口进行绳网编织。重点帮扶对象 64 岁的巩相玉，通过自己的双手，全年可收入 5000 余元。

菏泽市高新区吕陵镇在各个行政村投资建设扶贫车间，引进劳动密集型项目，为有劳动能力的贫困户提供就业岗位。在村委会协助下，一名患有婴儿瘫的村民进入扶贫车间工作，成了扶贫车间的"万能手"。

菏泽市高新区吕陵镇的扶贫车间

聊城市冠县兰沃乡的贫困户在养鸡场劳作

聊城市冠县兰沃乡一个贫困户在残联和扶贫干部的帮助下建起了养鸡场。以前仅靠 4 亩耕地收入维持生活的他，如今蛋鸡存栏量3000 只，每天纯收入 200 元左右，成功脱贫致富。

"对有劳动能力的贫困人口，帮扶重点放在发展产业带动、开展技能培训提高能力上。"2021 年 2 月，山东省扶贫开发领导小组办公室相关负责人通报，山东积极推广"扶贫车间""小微扶贫站点""大姐工坊"等，让贫困人口在家门口就业、增收、脱贫。目前，全省共有扶贫车间 3400 多家，累计吸纳超过 2.7 万名贫困人口就业。

对于不能劳动的贫困人口，山东各地创新收益分配方式，实行差异化分配，切实分好收益"蛋糕"。日照市岚山区实行产业扶贫项目"大级差"收益分配方式，把贫困户分为特困户、困难户、一般贫困户三类，实行5∶3∶2差异分配方式，解决了"摊大饼""搞均分"等一刀切分配的问题。此外，各地还积极引导特殊贫困群体将承包地、闲置房屋、宅基地使用权等，通过托管、流转或入股的形式，交由合作社等新型经营主体统一经营，定期享受分红收益。

滨州市博兴县吕艺镇探索"以地养老""养老扶贫"特色模式，建设高标准社区式养老院，将贫困、低保、特困供养等困难老人集中供养，提高养老机构服务保障能力，同步破解"脱贫""解困"两大难题。

对全体特困人员，山东统筹使用好政府和市场两种手段，加大投入，整合资源，提升集中供养和分散照护能力，探索了荣成"海螺姑娘"智慧养老居家服务、巨野"E照护"农村特困人员照料护理服务等模式；通过实施敬老院改造提升三年行动计划，提高养老机构服务保障能力，印发农村留守老年人关爱服务体系建设意见，建立巡访关爱服务制度，逐步将"老有所养"的美好图景变为现实。

滨州市博兴县吕艺镇社区式养老院外景

2. 综合施策，织密特困群体保障网

近年来，山东在加强农村低保制度与扶贫开发政策衔接、实现农村低保标准动态高于省定扶贫标准的基础上，出台医疗、助残、教育扶贫等综合性措施，建立起以社会保险、社会救助、社会福利制度为主体，以慈善帮扶、社工助力为辅助的综合保障体系，全面推动"两不愁三保障"等各项政策落实。

"周护士长，真的非常感谢您，您为我们家解决了一个大难题！"潍坊市昌乐县人民医院门诊治疗室护士长为居住在五图街道行动不便的王大爷提供上门服务后，家属对她表达了由衷的感谢。这是山东对贫困人口看病实施"一站式"政策的一个缩影。

习近平总书记强调："对贫困人口中完全或部分丧失劳动能力的人，由社会保障来兜底，统筹协调农村扶贫标准和农村低保标准，加大其他形式的社会救助力度。"近年来，山东在加强农村低保制度与扶贫开发政策衔接、实现农村低保标准动态高于省定扶贫标准的基础上，出台医疗、助残、教育扶贫等综合性措施，建立起以社会保险、社会救助、社会福利制度为主体，以慈善帮扶、社工助力为辅助的综合保障体系，全面推动"两不愁三保障"等各项政策落实。

淄博市紧紧围绕满足分散供养特困人员照料服务需求的目标，在全国首推"第一村医"健康扶贫帮扶模式。三年时间，共选派615名优秀的年轻医生担任"第一村医"，派驻和覆盖1850个村。

截至2020年12月底，全省脱贫享受政策人口中，有86.1万人被纳入低保、特困人员保障范围，占脱贫享受政策人口总数的45.3%，比上一年增长9.3个百分点。临时救助标准由原来的城乡

"第一村医"来到田间地头为村民问诊

低保标准的3—6倍提高到城市低保标准的3—12倍，建立乡镇临时救助备用金制度。

"在这里吃住都挺不错，平时有护理人员照顾，家人不用被我拴着，减轻了不少经济上的负担，孩子们也都能安心工作学习了。"2020年10月17日，第七个"10·17全国扶贫日"宣传暨"2020决胜小康 脱贫攻坚看聊城"主题采访活动期间，聊城市东昌府区郑家镇赵家村因病致残的贫困户赵占然，坐在聊城市东昌府区集中供养中心的院里对中央、省级媒体采访团的记者说。

前几年，赵占然因在家干农活时意外摔伤，造成脊椎骨折，高位截瘫，生活无法自理，需要两个女儿和一个儿子长期轮流照顾。2017年，赵占然来到东昌府区集中供养中心，释放了家中的劳动

聊城市东阿县建立了全县首个日间照料中心，孤寡老人在这里可免费吃住，"老有所养"的美好图景变为现实

力，女儿舒心工作，儿子安心上学，家庭收入也随之慢慢增加了，解决了"一人失能，全家拖累"的老大难问题。

山东建立残疾人"两项补贴"分级保障制度，截至2020年底，全省共计136.5万人次享受残疾人"两项补贴"，同时享受困难残疾人生活补贴和重度残疾人护理补贴的有37万人。

"大爷，您这个病症符合门诊慢性病办理条件，我们将尽快办理，然后把卡给您送到家里。您就不用来回跑了。"工作人员赴禹城市辛店镇贫困人员家中，为其送去办理好的门诊慢性病服务手册，并现场指导用药。2020年4月，为确保符合条件的贫困人口能够充分享受到"两病"（高血压、糖尿病）和门诊慢性病的医保待遇政策，切实减轻贫困人口用药负担，德州禹城市医疗保障局精心组织医疗专家赴各乡镇（街道）开展"两病"和门诊慢性病评定工作。

"尿毒症，手术费 50 万元，接受母亲肾脏移植，每个月透析还要几千块钱。"一场大病，让德州市齐河县祝阿镇南北郑村的郑建建一家陷入了贫困。2017 年底，郑建建成为建档立卡贫困户，生活从此迎来转机：他可以享受建档立卡贫困人员医疗保障待遇，包括居民基本医保、大病保险、医疗救助"一站式"救助政策。2019年底，郑建建家又被纳入低保，家庭成员享受每人每月 190 元的低保金。

郑建建自己算过一笔账，"每月去医院透析三次，花费约 9500元，个人仅承担 1000 元左右"。

近年来，山东对贫困人口看病实行"两免两减半"和"先诊疗、后付费"政策，构筑形成基本医保、大病保险、医疗救助等多重保障体系。2020 年，山东贫困人口全年累计就医 616 万人次，医保支付 123.46 亿元。

"改造一户，合格一户，满意一户"，托起贫困群众"安居梦""小康梦"。截至 2020 年底，山东累计改造贫困户危房 15.9 万户，结合子女赡养、周转房安置等方式，实现贫困人口住房安全有保障。累计解决 13.88 万贫困人口饮水安全问题，省扶贫工作重点村和贫困户实现了安全供水。全省贫困人口"两不愁三保障"和饮水安全稳定达标。

"俺被扶贫办纳入扶贫户，残联给列入重症残疾人，民政部门给办理低保，医保部门给办理慢性病证，儿子申请到扶贫创业基金8000 元建成了蔬菜大棚……"在济宁市微山县韩庄镇大洼村，一位老人掰着指头对人细数着这些年来享受的综合扶贫政策。在好政策的帮扶下，老人一家，过上了病有所医、老有所养、少有所为的安乐生活。2019 年底，经镇政府批准，老人领到了脱贫光荣证。

3. 各方联动，送给特困群体好生活

近年来，山东在创新特困群体扶贫方式上多方探索，千方百计激发内力补齐短板。扶贫专岗、邻里互助、扶贫扶志、精神激励……用情用力，让特困群体生活上有照顾、精神上有疏导、感情上有慰藉。

2021年2月20日上午，乐陵市西段乡西崔村村民李书章从集市上回来，三轮车里装满了新鲜蔬菜和日常用品。不过，他没有第一时间回家，而是来到同村贫困户王本义家中。"王叔，今天赶集买了点儿菜给你拿来了，还有点儿药品，放桌子上了啊……"李书章一边喊着一边进屋。

王本义年过八旬，常年患病，需要人照顾，儿女都不在身边。与王本义一样，60多岁的李书章也是建档立卡贫困户，患有软骨病后遗症，干不了重活儿，但他还有一个特殊身份——扶贫专岗人员，即为贫困户服务的贫困户。

以政府购买服务等方式设立扶贫专岗，聘请弱劳动力的贫困人员，就近帮扶老弱病残等特困人员，实现以贫"服"贫，是乐陵市在全国率先推出的创新做法。按照补贴标准，每个岗位每年只需不到4500元，属于花小钱、办大事。目前，乐陵市共开发扶贫专岗423个，服务特困群体1209户、1866人，带来了"照料一个人，解放一群人，致富一家人"的效应。

聚焦难点重点，推进特困人员脱贫措施精准。山东除了建设县级护理中心外，还开展村级供养点建设。敬老院周边村庄贫困人口全部进入敬老院集中供养，在符合条件的村庄设立村级供养中心，并达到中心敬老院供养水平。为打赢打好脱贫攻坚战，释放贫困家

庭中照顾失能人员所需的劳动力，帮助贫困家庭顺利脱贫，聊城市冠县开展了失能贫困群众集中供养工作，投资 223 万元建设了冠县集中颐养护理中心。另外，东古城镇杨召美地幸福苑是一处村级供养点，是脱贫攻坚工作开展以来省派"第一书记"帮扶的集中养老设施。

扶贫专岗、邻里互助、扶贫扶志、精神激励……近年来，山东各地在创新特困群体扶贫方式上多方探索，用情用力，千方百计激发内力补齐短板，让特困群体的心里热起来、精神提起来。青岛市创新实施"小橘灯"心理救助，为困难群众开展心理慰藉；济宁曲阜市开展诚信救助试点，将"信"文化与"信"救助结合起来。

在养老扶贫中注入孝善文化，是颇具山东特色的一个做法。2020 年 7 月，省委宣传部、省文明办等 12 个部门联合印发《关于开展孝善养老扶贫助力　高质量打赢脱贫攻坚战的工作方案》，推动弘扬孝善养老优良传统与精准扶贫有机结合。发挥子女养老主体作用，通过"子女拿一点、社会捐一点、财政补一点"，在村级设立扶贫孝善基金，子女每月缴纳 100—200 元，由基金按比例给予 10%—15% 的补助，定期发放给老人，让他们的生活有实质性改善。

日照市扶贫志愿者协会积极探索实践"志愿扶贫＋互助养老"路子，在贫困高龄孤寡以及特困群体相对集中的贫困村，筹办"摆渡"爱心食堂、爱心超市项目，解决特困群体最基本的生活问题；从 2017 年起至今，淄博市从全市二级以上医疗卫生单位共选派六批 615 名"第一村医"服务 1800 多个乡村，实现省定贫困村全覆盖，让特困群体在家门口享受到优质的医疗服务。

　　"曲阜老人的'笑容'登上《人民日报》，是因为幸福食堂，有幸福滋味……"幸福食堂传递"幸福时刻"，2020 年 7 月 24 日，"曲阜头条"微信公众号的这条消息瞬间被广大网友点赞。这背后正是济宁市创新实施"幸福食堂"的生动写照。在"幸福食堂"，贫困老人可免费就餐，这不仅有效解决了贫困老人吃饭难的问题，还为他们提供了一个精神交流的场所。

　　"只要来了，就是我的孩子。"潍坊市儿童福利院副院长杨守伟从业 22 年，养育过 1029 个孩子，其中 467 个孩子相继被爱心家庭领养。在各级党委、政府对孤弃儿童的关心关爱和托底保障下，她和同事们一起，用爱心托举着一只只被命运搁浅的"孤

潍坊市儿童福利院关爱孤儿

舟"驶向光明彼岸。

小康路上，一个都不能少。锁定"老病残"，啃下"硬骨头"，齐鲁大地上一张张笑脸，让全面小康成色更足，底色更暖。

四、担当:"一分部署,九分落实"

历史,是由一段段航程连接而成的。任何一项伟业,都需要接续奋斗,才能梦想成真。从提出小康战略构想到全面建成小康社会,齐鲁儿女始终与党同心、与国同行、与时代同步,绘就了一幅由贫到富、由弱到强的壮美画卷。

"明镜所以照形,古事所以知今。"今天,我们盘点山东全面建成小康社会的奋斗历程和历史性成就,不是为了陶醉于过往已有的成绩,更不是要躺在"功劳簿"上止步不前,而是要在前人的实践中汲取智慧和力量,从而更加准确地把握目标定位,更加充满信心地在新时代的伟大征程上再立新功。

(一)抓落实就是最好的奋斗

"每趟挑山的行程,都是艰难的远征,一步一个台阶哟,踏石留痕汗砸坑……担当负重勇攀登……挑山工,真英雄,不抱怨,不空谈,埋头苦干务实功……"正如歌曲《挑山工》所唱,山东广大党员干部筑牢信念之基,"人到半山路更陡,坚韧不拔迎难冲",

勇做新时代的泰山"挑山工"。

2019年2月11日，山东省"担当作为、狠抓落实"工作动员大会在济南召开。自此，山东在全省部署"工作落实年"的大幕揭开。2019年4月，山东省委、省政府印发《关于"担当作为、狠抓落实"重点任务的实施方案》，面向全省各地各部门提出了42条具体措施，要求结合实际认真贯彻落实。

这是"动员令"，更是"冲锋号"，迅速点燃了全省党员干部群众干事创业的热情，也为各项工作开展奠定了奋进的基调。

这份方案涵盖内容非常广，实施举措有明确指标，具有可操作性，对山东经济发展存在的问题提出了切中要害和切实可行的措施，42条措施均围绕"担当作为、狠抓落实"提出具体要求：压减各类会议，2019年全省各级各部门（单位）会议数量减少1/3以上；精简各类文件，2019年全省各级各部门（单位）制发文件数量减少1/3以上；严控各类报表材料，2019年省直各部门（单位）要求基层上报的报表材料一律压减50%以上。同时，制定政商交往"负面清单"，按照构建"亲""清"政商关系要求，合理划定"安全区"和"禁止区"，鼓励各级领导干部同非公有制经济人士正常交往，热忱支持企业发展；加强诚信山东建设，开展地方政府和国企长期拖欠民营企业账款专项清理，加强社会信用体系建设，建立完善失信惩戒机制。

在42条措施中，完善干部推荐考察制度是重要的一条，要求对拟任干部的"落实力"进行"写实"评价，并作为干部选拔任用的重要参考。

济南市聚焦"为担当者担当、让实干者实惠"，持续构建干部正向激励机制，先后建立了事前"调研巡视"、事中"四看一听"、事后"评估"选人用人工作闭环，打造寻找"出彩型"好干部常态化机制，激励广大干部担当作为、出新出彩。

山东多条举措直指坚守岗位、默默奉献的基层干部，努力为其营造良好的工作环境、广阔的成长空间。比如，明确要求拓展县乡干部成长空间，研究制定具体方案，解决乡镇（街道）事业身份干部晋升"天花板"问题；明确要求围绕满足基层干部就餐、住宿及承担急难险重任务需要，明确建设标准，抓好乡镇（街道）机关"五小"（食堂、宿舍、澡堂、图书室、文体活动室）建设。

对此，新华社发文指出，"42条具体举措，严管和厚爱结合，树立崇尚实干、看重实绩的导向。弘扬奋斗精神、崇尚真抓实干，正成为全省广大党员干部的自觉追求"。

风雨多经志弥坚，关山初度路犹长。

全省上下党员干部群众，是抓落实的主体。勇做新时代泰山"挑山工"，头拱地、往前冲，风雨无阻勇攀登，撸起袖子加油干，万众一心奔小康。

（二）始终坚持人民至上

"衙斋卧听萧萧竹，疑是民间疾苦声。"一切为了群众、一切依靠群众，从群众中来、到群众中去，必须始终把人民群众利益放在首位。

"我生在一个小山村，那里有我的父老乡亲……啊，父老乡亲，我勤劳善良的父老乡亲……树高千尺也忘不了根。"就像歌曲《父老乡亲》所唱，"几多叮咛，几多期待，几多情深"，脚下沾满多少泥土,心中就会沉淀多少真情。

习近平总书记指出:"衡量全面小康社会建成与否,既要看量化指标,也要充分考虑人民群众的实际生活状态和现实获得感。"全面建成小康社会必须坚持以人民为中心,确保成效经得起人民和历史的检验。始终坚持站在群众立场想问题、作决策、办事情。消除贫困是广大人民群众的共同愿望,也是全面建成小康社会的底线任务。面对突如其来的新冠肺炎疫情,山东践行人民至上、生命至上理念,全力以赴救治病患,开展跟踪健康服务。很多人感叹,"生在这片土地上,没有任何一个人被放弃,感觉很踏实"。始终坚持解决好群众急需、急盼、反映强烈的事。群众对全面建成小康社会的感受,是从一件件小事中积累起来的。山东倡导领导干部开展"四不两直"调研,和老百姓面对面交流,倾听民声民意,每年都梳理一批重点民生实事,着力解决群众的烦心事、揪心事,和老百姓坐在一条板凳上,瞄准群众"急难愁盼"问题,着力保障和改善民生,全面提高人民生活品质,更好地促进共同富裕。

1. 厚植为民情怀,永葆为民初心

2020 年是全面建成小康社会和"十三五"规划收官之年。站在"两个一百年"奋斗目标的历史交汇点上,我们面临更加复杂的国内外环境。面对各种考验,一年来,山东深入贯彻落实习近平总书记对山东工作重要指示要求和党中央重大决策部署,始终把人民群众利益放在首位,从一件件小事积累,聚焦"不平衡不充分"处发力,除在助残济困、就业、教育、医保、老龄康养、社区服务等民生清单上施政作为,还持续不断从群众最期盼的其他各项事情做起,扎扎实实补短板、强弱项,用心、用情、用力保障和改善民生，解决了许多长期想解决而没有解决的难题，不断提升人民群众的获得感、幸福感、安全感。

这方面的实绩，看点多多，仅简述几例。

（1）看民生投入

近几年，山东近八成财政支出用于民生，民生投入"只增不减"。2020年，全省居民基础养老金标准提高20%以上。

（2）看居民收入

2020年，城乡居民人均可支配收入分别达到43726元和18753元，城乡居民收入差距由2012年的2.58：1缩小到2.33：1。

（3）看城镇棚改

棚改是重大民生工程，也是发展工程。"十三五"期间，全省累计开工改造各类棚户区255万套（户），总量居全国第一，600多万棚户区群众"出棚进楼"，改善了住房条件和居住环境，极大

棚户区改造项目——泰安岱下明珠小区外景

增强了获得感、幸福感和安全感。2020 年，山东棚改新开工 14.75 万套，基本建成 20.38 万套。

（4）看农村基建

近年来，围绕乡村振兴村居风貌提升，全省新建"四好农村路"4.3 万公里，实现清洁取暖 510 余万户，改造农村危房 17.2 万户。

（5）看社会保障

社会保险覆盖面不断扩大。2020 年，全省参加基本医疗保险人数达 9697.8 万，居全国第三位。60 周岁以上老人不分国籍、不分地域，在山东一律享受免费乘坐城市公共交通工具等 6 项政策。

（6）看食品安全

山东以铁的决心全力保障人民群众"舌尖上的安全"，实现全省所有获证食品销售者风险分级，建立起基于风险管控的精准监管机制。以聊城为例，一批"农业首席质量官"活跃在农产品质量管

绿色健康食品保障"舌尖上的安全"，让群众吃得更健康

理第一线，从种植到出厂检测层层把控，给农产品加设了一把"安全锁"。

（7）看放心消费

山东打造"放心消费在山东"金字招牌，让放心消费成为普惠民生福祉。山东省市场监管局聚焦诚信为本，会同省直有关部门启动抓实放心消费全域创建，采取了一系列措施，2020 年底，将创建范围由原来的十二大领域扩展到所有与生活消费相关的市场主体，唤起市场主体"一诺千金"的诚信自觉。同时，严抓群众投诉举报办理，切实把老百姓的事当作自己的事来办；建立消费维权共治体系，凝聚力量为消费者"站台撑腰"。

（8）看法治建设

加强法治教育，依法处理敏感案件，切实维护社会公平正义，始终坚持让人民群众感受到公平正义。运用法治思维和法治方式解决问题、化解矛盾，推动信访积案领导包案化解，10 年以上信访积案全部"清零"。2020 年，实现 5 年以上登记信访积案全部"清零"。

（9）看政务服务

"一次办好"是山东政务服务的一块金字招牌。为进一步深化"就近办"改革，济南市莱芜区行政审批服务局持续推出"窗口前移"和"服务下沉"等一系列举措，审批下沉到镇，窗口前移进村，"服务窗口"搬到群众家门口，打造群众家门口的政务服务便利店。

在聚焦"急难愁盼"处用心，政府和市场"两只手"协同发力，扎扎实实惠民生解民忧，厚积的"民生温度"直抵人心，不但让民生福祉的内涵日益丰富，百姓美好生活的图景也日渐清晰。

2019年确定滚动实施的20项重点民生实事，到2020年全部完成；从省委、省政府带领齐鲁儿女战风斗雨抗击台风，到疫情期间对新冠肺炎确诊患者"不计成本、不计代价"全力救治，全面保障老百姓的生命财产安全；2021年新年伊始结合党史学习教育推出"我为群众办实事"实践活动，再度开出重点民生项目清单……山东将"人民至上"落实到一项项具体行动中，扎实做好民生工作的导向十分明确：从群众最关心、最直接、最现实的利益问题入手，从让人民满意的事情抓起，用心用情用力解决老百姓"急难愁盼"问题，以持续加码的"民生力度"，聚焦"重点关键"处用情，让老百姓获得感幸福感安全感更加充实。

换位思考、亲身体验，想群众所想、急群众所急。让群众"出题"，请群众"阅卷"，民生改革进一步改到群众的心坎上。当前，全省各级各部门正致力于推动服务理念重塑、管理模式再造、办事方式转型。全省人力资源和社会保障干部，全员以办事单位群众和经办工作人员"两种角色"走流程，找痛点、疏堵点；全省卫健系统，各级党组织负责同志走进村居场站，走进患者家中，走进科室诊室、走进工厂车间，现场体验发现问题。

深化改革创新推动民生新跨越。扩大民生保障范围、提高民生保障水平，需要改革来推动；扎实的民生举措、暖心的民生实事，需要长效机制来固化。步入"十四五"，山东以深化改革创新推动民生跨越，善借市场的力量，善走创新的路子，善用整合的办法，让老百姓获得感幸福感安全感更加充实、更有保障、更可持续。

行到半途须努力，欲登绝顶莫辞劳。厚植为民情怀，永葆为民初心，永葆奋斗精神，"赶考人"将始终同群众想在一起、干在一起，把人民幸福镌刻在新时代社会主义现代化强省建设新征程上，把更多"幸福花开"的故事，写进亿万人民的心间。

2. 在抗疫大考中尽显齐鲁担当

2020 年伊始，新冠肺炎疫情突袭大江南北，成为新中国成立以来传播速度最快、感染范围最广、防控难度最大的一次重大突发公共卫生事件，喧腾年味被瞬间封存。在以习近平同志为核心的党中央坚强领导下，全国人民勇毅前行，在危难中挺身而出，在重压下义无反顾，打响疫情防控的人民战争、总体战、阻击战。

疫情是危机，更是大考。山东省委、省政府坚决贯彻落实习近平总书记重要指示要求和党中央决策部署，扛牢责任、周密安排、狠抓落实。疫情蔓延之初，山东便以"战备"状态全面落实各项防控措施，致力于坚决打赢疫情防控这场硬仗，第一时间汇入全国战"疫"洪流中。全省人民团结一心、艰苦付出，在驰援湖北、防控疫情、复工复产三条战线上集中力量战"疫"，推动疫情防控取得决定性胜利，支援湖北支援黄冈成效显著，生产生活秩序短时间内得到恢复。

经济社会是一个动态循环系统，在确保疫情防控到位的前提下，推动非疫情防控重点地区企事业单位复工复产，恢复生产生活秩序至关重要。省委成立经济运行应急保障指挥部，和省委疫情处置工作领导小组一起，共同发挥作用，推动分区分级精准疫情防控和复工复产。

2020 年 2 月 19 日，山东举行重点外商投资项目推进会，济南、青岛、淄博等 7 市总投资达 28.6 亿美元的 16 个重点外资项目一道敲响了"开工锣"。在切实抓好疫情防控工作前提下，山东千方百计做好外商投资企业复工复产服务，大力推进外商投资，推出的19条措施针对性和可操作性强，支持力度大，任务分工明确。商务部高度认可山东省的这一系列举措，向全国推广外企复工复产的"山东样本"。

稳经济关键是稳投资、抓项目。2020年2月12日，山东重工（济南莱芜）百万辆整机整车绿色智造产城园、潍柴（潍坊）新百万台数字化动力产业基地项目开工；2月25日，重点外商投资项目视频集中签约仪式上，16个市共签约66个重点外商投资项目；2月27日，中国中信集团与山东省举行合作协议在线签署仪式；3月19日，裕龙岛炼化一体化项目融资战略合作协议视频签约；5月11日，重点外商投资项目视频集中签约仪式上，92个重点外商投资项目集中签约；5月16日上午，全省16市的796个重大项目集中开工建设……省委、省政府以时不我待的紧迫感，加快推进一批大项目好项目签约开工建设，千方百计把疫情造成的损失夺回来。

山东是农业大省，素有"北寿光南兰陵，山东'菜园子'，京沪'菜篮子'"之称。疫情发生后，山东农业部门紧急成立省级专家组分赴蔬菜主产区，指导蔬菜生产，确保蔬菜稳定保供。山东始终用朴实无华的行动诠释着责任与担当，彰显了"人民至上、生命至上"理念，展现并传递了全国战"疫"力量中的山东速度、准度和温度。

岂曰无衣？与子同袍。疫情发生后，省委、省政府坚持全国一盘棋，支援湖北支援黄冈不讲条件、不计代价、不打折扣。确定山东对口支援黄冈后，山东迅速成立高规格前方指挥部，由省委副书记任指挥长、副省长任副指挥长，制定具体的对口援助方案，高位推动、无缝衔接对黄冈市疫情防治工作。其间，又调配多批医疗队、援助物资支持黄冈。

明德至善，尚义担当。2020年1月25日，大年初一。湖北省启动重大突发公共卫生事件Ⅰ级响应的第二天，按照国家统一部署，山东首批援助湖北医疗队出征。随后一个月内，白衣为甲、逆行出征，山东共派出12批医疗队、1812名医疗队员支援湖北抗疫一线。两个多月的时间，山东援助湖北医疗队不辱使命、不负重托，围绕"零感染、打胜仗"目标，坚持"四个贯穿始终"，攥指成拳，克难攻坚，援助工作实现了"三减三零三确保"（减少重症率、病亡率、群众恐慌，医务人员零感染、零事故、零投诉，确保防护措施完备、医疗救治规范、队员身心健康）目标，打造了山东硬核式援助品牌，以实际行动展示了山东风采，表达了山东人民对湖北人民的深情厚谊，诠释了舍生忘死、命运与共的大无畏精神。

2020年2月2日，山东省第三批援助湖北医疗队举行出征仪式

2020 年 2 月 15 日,风雪中的诸城乡村党员先锋岗

值得一提的是,因疫情防控工作需要,自 2020 年春节开始,数百万党员干部、志愿者深入城市社区、田间村头、交通要道,筑起疫情防控的层层防线,用温暖消弭寒冬,用生命护佑生命。从城市到乡村,社区与村庄门口的一个个检查点成为那个春节独特的风景。

2020 年庚子战"疫"硝烟渐去,难忘瞬间奔来眼底。这些瞬间,记录着齐鲁大地穿越风雪、砥砺前行的密码,孕育着中华民族久经磨难、自强不息的精神。

(三)坚决不要"带血的 GDP"

"一方水土养一方人,一方人恋着一方土,土里头浸着黄河的魂，土里头埋着泰山的骨。祖祖辈辈恋着这黄土地，年年盼着捧出丰收的谷，风调雨顺咱赶上了好年景……"就像山东创作推出的脱贫攻坚公益歌曲《风调雨顺小康路》所表达的主题那样，平安是福，诸事顺遂，祈盼风调雨顺的好年景，是百姓最朴素的生活愿望。

一方水土养一方人，一方的水土里藏着一方的魂。小康进阶之路，山东要的发展是安全、高质高效的发展，必须以高质量发展夯实全面小康物质基础。

习近平总书记指出，实现全面建成小康社会奋斗目标，仍然要把发展作为第一要务，努力使发展达到一个新水平。山东要的发展是人民群众得实惠的发展。只有通过高质量发展，才能让人民过上更有品质的生活。山东立足产业优势，培育壮大"十强"现代优势产业集群，既加快发展资金技术密集型产业，又继续发展劳动密集型产业，让企业有更好的收益，让群众有更高的收入。山东要的发展是长远、可持续的发展。宁可发展的步子慢一些，也要把发展的方式转过来。针对产业结构偏重的问题，山东深入实施新旧动能转换重大工程，大力发展"四新"经济，2020 年，"四新"经济增加值占地区生产总值比重达到 30.2%，比 2017 年提高 8.3 个百分点，推动形成以新动能为主导的经济发展格局。山东要的发展是安全、高质高效的发展。坚决不要"带血的 GDP"、低质低效的 GDP，关停治理"散乱污"企业 11 万多家，坚持"以亩产论英雄"，实施"要素跟着项目走"，促进集约发展。山东认真落实习近平总书记关于构建新发展格局的重要论述和党的十九届五中、六中全会精神，着眼增强内生动力，加快培育完整内需体系，做足激活内需大文章，努力在新发展格局中展现更大作为。

1. 站稳人民立场，保障人民安全

"人民至上，生命至上。"我国新冠肺炎疫情防控用最直接、最明确、最有说服力的事实，证明了在中国特色社会主义制度中人民至上的理念，证明了人民安全在我国国家安全中的基石位置。对此，习近平总书记强调指出："人民安全是国家安全的基石。要强化底线思维，增强忧患意识，时刻防范卫生健康领域重大风险。只有构建起强大的公共卫生体系，健全预警响应机制，全面提升防控和救治能力，织密防护网、筑牢筑实隔离墙，才能切实为维护人民健康提供有力保障。"

民惟邦本，本固邦宁。

安全是发展的前提，发展是安全的保障。国家安全涉及方方面面，其中最核心、最重要的就是人民安全。山东采取加强重点行业领域安全生产整治、推进煤矿化工等重点领域智能化建设、完善防灾救灾减灾工作机制等一系列举措，切实保障人民生命财产安全。

提升企业本身的安全水平是安全生产的重中之重。2016年以来，山东全面推进风险隐患双重预防体系建设。目前，双重预防体系基本建成并有效运行的企业达1.7万余家，登记风险点186.4万个，实现了全省生产安全事故起数和死亡人数持续大幅"双下降"。按照"十四五"规划要求，将工作重点放在发挥好双重预防体系与安全生产标准化的互补关系上，实现两者有机融合、一体化建设。组织专家起草了一体化建设规范、运行标准和评定制度，配套开发了风险管控智慧管理系统，分批次、分行业进行试点完善，争取用三年时间在全省全面推开。

在煤矿、化工等行业领域，智能化是实现安全高效发展必须经历的变革。山东能源集团以加强与先进工业互联网企业战略合作为依托，打造煤炭行业工业互联网平台和5G+智能矿山解决方案，重点开展数字化三维地质模型、5G传输、煤矿机器人应用等技术研究与实践，推动全行业智能化建设水平提升。

区域应急救援中心是应对各种重特大灾害的"尖刀"。山东省委十一届十二次全体会议以来，山东加快推进地震、海洋灾害、危化品事故、森林火灾、矿山和地质灾害五个区域应急救援中心建设。

2. 防控金融风险，护航经济运行

山东省委十一届十二次全体会议以来，山东立足"十四五"规划，围绕"深入贯彻总体国家安全观，建设更高水平的平安山东"，在确保经济安全运行方面作出积极部署。

打好防范化解重大风险攻坚战，确保经济安全运行，防控金融风险是重点。"十四五"时期，山东将加强经济安全风险预警、防控机制和能力建设；建好用好"金安工程"，综合施策处置企业流动性风险，降低银行业信用风险等，为经济安全运行保驾护航。

"建好用好'金安工程'是创新风险防控的'山东解法'。"山东省地方金融监管局对此强调表示。2020年12月以来，金融风险防控监测大数据平台已上线运行，监测企业达109万家，日抓取研判重点金融信息1万余条，为稳步推进金融机构风险化解工作、坚决打击违法金融活动、持续加强金融风险防控，打下坚实的监管保障基础。

面对复杂严峻的内外部形势，作为金融监管部门，要坚决守住不发生区域性、系统性风险的底线。山东银保监局已建立完善了"银政企"协同联动风险处置机制，"一企一策"，妥善化解处置辖区重点企业风险。今后，还将进一步强化监测预警、狠抓数据治理，持续提升信息化建设水平。同时，发挥跨部门金融协调机制作用，加强信息共享与监管联动，推动前瞻性监管工具运用，建立重点领域专项监测指标集，努力开创辖区银行保险监管工作新局面。

风险防范是银行经营的"生命线"。2020 年底，中国工商银行山东省分行，着力构建"主动防、智能控、全面管"的全面风险管理体系并取得阶段性成果，全行不良额、不良率大幅"双降"，降幅为 2015 年以来同期最多。未来，将大力推进分池分区分块智能信贷风险管控体系建设，并完善"矩阵式、网格化"信用风险管控机制，建立前中后台联防联控联席会商常态化工作机制，强化信贷条线跨部门协作，共享风险信息。

3. 创新社会治理，维护社会稳定

加强和创新社会治理，是人民安居乐业、社会安定有序、国家长治久安的重要保障。山东提出，推动社会治理和服务重心向基层下移，坚持和发展新时代"枫桥经验"，完善社会治安防控体系等，保持社会和谐稳定。

基础不牢，地动山摇。社会治理的重心一定要下沉基层，大力推进网格化服务管理，夯实平安稳定的根基。山东省政法系统把网格作为基层社会治理的基本单元，强化党建引领，把党支部、党小组建在网格上，通过发挥基层党组织的核心作用，把辖区内的社会治理力量纳入网格，实现党的建设、综合治理、应急管理、民生服务等工作"一网统筹"。加强专兼职网格员队伍的规范化建设，为网格化服务管理提供有力队伍保障。加快建设全省社会治理网格化智能工作平台，横向联通有关部门单位，纵向贯通省、市、县、乡、村、网格员六个层级，提升基层社会治理的智能化水平。

"枫桥经验"是基层社会治理的宝贵财富。山东省委政法委坚持和发展新时代"枫桥经验"，抓住基层基础这一本源，最大限度把各种矛盾风险防范化解在基层。坚持调解优先，深化溯源治理，把非诉讼纠纷解决机制挺在前面，完善人民调解、行政调解、司法调解"三调"联动工作体系，构建县（市、区）为主体、部门为主管、条块结合、各负其责、齐抓共管的矛盾纠纷源头预防和多元化解工作格局。加强县（市、区）、乡镇（街道）综治中心建设，以此为平台，整合各类矛盾调解力量资源，逐步实现矛盾调解"只进一个门、最多跑一地"。

完善社会治安防控体系，是建设平安山东的基础性工程。山东省公安厅以创建全国社会治安防控体系建设示范城市活动为载体，大力推进智慧安防单元、智慧街面巡防等项目建设，强化危险物品管控，创新网约房、网约车等新业态监管，织密维护社会治安的"天罗地网"；持续深化"警种联动、警保联控、警民联防"工作机制，推动实现多元共建、问题共治、平安共享，促进平安山东建设；坚持统筹兼顾、全面覆盖，加强农村地区治安防控，助力推进美丽乡村建设。

坚持以人民为中心的发展思想，立足上述三个方面发力建设高水平平安山东，为新时代社会主义现代化强省建设塑造安全环境，"高质量发展"的醒目标签将会在山东擦得更亮。

（四）补短板是硬任务

"高天上流云，有晴也有阴；地面上人群，有合也有分。南来北往，论什么远和近，一条道儿你和我，都是同路人……一人添上一根柴，顽石也能炼成金。"全面建成小康社会牵涉方方面面，既有短板，更有弱项。一曲《高天上流云》唱出了人间冷暖、互助情深："莫道风尘苦，独木难成林，一人栽下一棵苗，沙漠也能披绿荫。"

必须坚定不移补短板、强弱项。习近平总书记指出："全面建成小康社会牵涉到方方面面，但补短板是硬任务。"山东是农业大省，城乡发展不平衡是最大的短板。按照习近平总书记重要指示，山东统筹推进产业振兴、人才振兴、文化振兴、生态振兴、组织振兴，同时把乡村振兴和脱贫攻坚、农村"七改"、农村人居环境整治、美丽乡村建设等结合起来，探索了土地托管服务、党组织领办合作社等新路径，努力打造乡村振兴的齐鲁样板，为全面建成小康社会增添了亮丽底色。山东省东、中、西部发展基础差异大，加快建立区域发展新机制，制定《关于突破菏泽、鲁西崛起的若干意见》，谋划确定省会、胶东、鲁南三大经济圈，推动分工协作、优势互补、共同发展。山东将进一步增强系统观念，聚焦发展不平衡不充分问题，努力把短板补得再扎实一些，把基础打得再牢固一些，切实提升全面小康的平衡性、协调性、可持续性。

协调发展是新发展理念的重要内容，是全面建成小康社会的内在要求。在着力提高发展的整体性、协调性、耦合性、均衡性，下好区域协调发展"一盘棋"，紧锣密鼓脱贫攻坚的同时，山东还坚持全国一盘棋，持续加大对口支援和东西部扶贫协作工作力度，以组团式帮扶为统领，坚持资源集聚、资金整合、政策集成，举全省之力、集各方之智，持续加大资金投入力度、人才支持力度、产业合作力度，倾力帮助战贫斗困。

1. 鲁渝共续"山海情"

2021 年初，以闽宁扶贫协作为素材拍摄的电视剧《山海情》在央视热播。该剧描绘的只是中国东西扶贫协作的一个片段。山城重庆，海岱齐鲁，两地跨越千山万水，也因东西协作扶贫结缘，开创出优势互补、长期合作、聚焦扶贫、实现共赢的新局面，上演鲁渝版"山海情"，共筑现代版"桃花源"。

重庆，是中国最年轻的直辖市，更是最火热的"网红之城"。在旅游旺季，洪崖洞的游客量瞬时就可突破 3 万人。但这只是重庆的一面，或者说只是重庆主城区的那一面。位于青藏高原边缘的重庆，是山的世界。大巴山、巫山、武陵山、大娄山把重庆分割成一个又一个既关联又独立的小世界。重庆主城区与周边的区（县），构成了一种对比明显的"魔幻"存在：拥挤与宽敞，繁华与冷清。

山东与重庆在地理环境与地域文化方面差异化明显。山东多平原丘陵，重庆多高山。重庆的苗族、土家族特色文化更是山东没有的。在山东省扶贫协作重庆挂职干部看来，相对于山东，重庆在旅游资源的开发上还有更多优势，"气候适宜，旅游周期长，室外活动项目可以从 3 月一直持续到 12 月"。自然资源与文化积淀两方面的差异，让重庆在面对山东游客时，有足够大的吸引力。

但连绵的大山让交通成为阻碍文旅发展的第一道难题，从重庆主城出发到区（县），动辄数小时的车程，极大耗费游客的精力。乡村薄弱的基础设施建设，无法让游客留下来。即便在已经具有相

山东扶贫协作重庆的巫山县抱龙镇蜜柚园建设项目

当知名度的武隆等地，也以点状的一日游为主，无法起到带动周边的辐射作用。

山东省扶贫协作重庆挂职干部表示，文化旅游不像其他领域，可以有资金、劳务协作等具体量化指标，"我们的工作虽然没有明确指向，但似乎又把每一项都融入其中"。

不过最根本的目的是明确的，就是"绞尽脑汁让重庆人致富"。山东省扶贫协作重庆挂职干部工作队推出了一个项目——"十万山东人游重庆"。

自重庆出发。第一站武隆，除去"网红"天坑地缝之外，还可以欣赏印象武隆大型实景演出；第二站彭水，距离武隆仅有半小时车程，独特的苗族、土家族风情让人沉醉其中；第三站黔江，游濯水古镇，看风雨廊桥卧在阿蓬江上，尽享山水诗意……

2019 年，名为"十万山东人游重庆"的专场旅游推介会在山东济南、烟台等 14 个城市先后展开，推介会吸引了 3000 多家山东旅游企业参加，渝东北、渝东南贫困地区精品旅游线路产品，吸引了大家的目光。

实地调研、整合资源、提升基础设施水平、打造服务品牌，山东省扶贫协作重庆挂职干部工作队用一年多的时间，推出了"十万山东人游重庆"这个品牌工程。"从最初，我们就计划把它打造成一个高质量的品牌。"

不仅在山东举行推介会，鲁渝双方还联合举办山东媒体、旅行商走进重庆贫困区（县）采风踩线活动，30 余家山东主流媒体记者、旅游博主和山东本地极具影响力的重点旅行商参与其中。"十万山东人游重庆""重庆文化旅游"等关键词成为网络热搜，短时间内，总浏览量突破 1 亿次。旅行商则充分利用网络热度，针对游客需求定制旅游产品。

这一年，重庆 14 个区（县）的所有景区对山东人免票、山东旅行社组团山东人游重庆专项奖励等多项优惠措施落地。鉴于渝东南、渝东北地区交通不便，经过鲁渝双方共同努力，推动开通了济南—万州、青岛—黔江、日照—黔江、烟台—巫山 4 条旅游航线，2019 年还组织了两列旅游专列，单列游客多达 1000 余人。2019 年，重庆市接待山东籍来渝过夜游客 168.73 万人，旅游消费达 41.09 亿元。2020 年，尽管新冠肺炎疫情对旅游业冲击严重，但重庆仍得以接待山东籍过夜游客 121.7 万人。

不仅如此，为进一步打造好"十万山东人游重庆"的品牌效应，以苗族、土家族船工号子和三峡山水为核心的"唱响号子游重庆""陆上游三峡"品牌相继创建。"我们就是要做到精益求精、好上加好、锦上添花。我们所做的，都是具有长久生命力的项目，会是一个慢慢发酵的过程。"山东省扶贫协作重庆挂职干部说。2018年至今，"十万山东人游重庆"品牌一年一主题，年年不同。

"十万山东人游重庆"的成功推行，使重庆贫困地区的基础接待能力一步步成熟，其旅游资源的开发也从依托主城过渡到脱离主城。14个区（县）具备了接待全国更大数量游客的能力。

从创建品牌输送山东客源，到言传身教用活山东经验，在近三年的精心培育之后，鲁渝协作的旅游扶贫正迎来第三步——高效精准引入山东资本。淄博幽幽谷旅游公司与丰都九重天景区合作，打造研学基地，总投资8.4亿元。济南文旅发展集团、山东中旭投资管理有限公司在武隆投建"白马山文旅康养小镇"，总投资96亿元，第一批到位资金5亿元。

山东省扶贫协作重庆挂职干部工作队将他们在重庆所做的工作总结为12个字：广言传、精身教、扶上马、送一程。通过扶志扶智、模式输入、产业合作、营销宣传，工作队完成了对重庆周边区（县）旅游项目从"单一"到"成熟"，从"输血"到"造血"的提升。

从武隆、彭水、酉阳、黔江到丰都、万州、云阳、巫山，从武陵山到巫山、大巴山，一个围绕在重庆主城外围的山水画廊已经展开，山东省扶贫协作重庆挂职干部工作队让这片埋于深山的沃土，变成人人向往的现实版"桃花源"。

2. 泉润湘西蔬果香

自2016年10月中央确定济南市与湘西州结成东西部扶贫协作对子以来，济南市与湘西州牢牢把握中央坚决打赢脱贫攻坚战的总体要求，紧紧围绕山东、湖南两省的决策部署，在构建协作机制、加强产业合作、强化人才支援、落实帮扶资金等方面，加强对接、密切协作，各项工作进展有序。数以千计的济南人才奔赴湘西，为湘西带去先进的技术和经验，"济南老张"就是其中之一。

年过五十的张峰，是济南市历城区唐王镇东张村的村民，更是一名掌握越冬日光温室生产核心技术的新型农民，曾担任西藏自治区白朗县越冬日光温室生产技术指导。

2017 年，历城区人民政府决定派遣张峰到历城区国家东西部协作对口联系县——湖南省湘西州保靖县执行为期一年的派遣任务时，张峰的外孙女刚出生不久。本该享受天伦之乐的他，大可不必再操心受累。然而张峰却说，"身为一名共产党员，必须得有担当和责任"。

2017 年 9 月，做通家人思想工作的张峰，来到了保靖县阳朝乡溪洲村农业科技示范园。从放下行李的那一刻起，他便一头扎进了保靖县农业科技示范园一期工程的建设中。阳朝乡地势开阔、土壤肥沃，素有"保靖粮仓"之称，是保靖蔬菜主产区之一，主要为县城提供新鲜蔬菜，但是当地蔬菜种植仍沿用传统种植方式，产效低。

张峰从历城区托运了辣椒、西红柿、草莓、黄瓜、茄子等苗株，带领村民培育了 3 个大棚育苗床，培养移栽成 8 个蔬菜大棚。为了提高苗株成活率，入冬以后，每天晚上，张峰都会与大棚里的工人一道，给大棚盖上智能棉被，保温增暖。

"不怕冷，就怕没阳光，像西红柿，光照不够就不变红。"张峰说。济南晴天多、空气相对干燥，而湘西全年阴天居多。怎样在大棚里补光补温，保证蔬菜高品质生长，成了摆在张峰面前的难题。功夫不负有心人，经过反复试验对比筛选，张峰终于探索出了一套大棚蔬菜补光补温的路子。在张峰的技术指导下，刚种下不到一个月的西红柿苗已经开始挂果。

有付出就有收获，到保靖的一年多时间里，张峰天天耕耘在大棚蔬菜基地，当年大棚蔬菜基地就实现了丰产丰收。

在阳朝乡溪洲村农业科技示范园，张峰每天往返于蔬菜基地、宿舍之间，一心扑在大棚蔬菜上。"我最大的愿望就是让保靖的老百姓学会这个技术，通过改善种植方式种好蔬菜，发家致富。"

"授粉的剂量、浓度、间隔时间我们都学会了，过去我们没有基础，不懂技术，老张就耐下心来，不厌其烦地教我们。""老张给村民传授技术毫无保留，我们都把老张当作亲人。""老张把大棚基地当作他的家，哪个大棚的塑料薄膜烂了，老张总是第一个发现，每次他都会很细心地亲自带头整理，或者换上新的薄膜，他把这些蔬菜当成菜宝宝一样地呵护。""老张这么尽心尽力帮我们，支持我们，我们再不努力的话，真的都不好意思。"走在大棚蔬菜基地，村民们对老张的好评不绝于耳。

在阳朝乡溪洲村大棚蔬菜基地，张峰通过教授农民种植技术，让他们获得更多收入。村民们每天在基地工作 8 个小时，一天就能有几十块钱的收入。

如今的溪洲村村容村貌焕然一新。连片蔬菜大棚内一片绿油油，蔬菜种植方式已经悄然发生改变，蔬菜种植队伍里多了一批懂技术、会管理的新型农民。新式的大棚二期正在建设中，建成后将直接带动 230 户建档立卡户 1000 余人稳定脱贫。

（五）党心民心紧密相连

全面建成小康社会，一头牵着党心，一头连着民心。在以习近平同志为核心的党中央坚强领导下，党心民心紧密相连，心之所向，战无不胜。

2018年6月，习近平总书记在山东考察时指出："我们党要永远立于不败之地，就要不断推进自我革命，教育引导党员、干部特别是领导干部从思想上正本清源、固本培元，筑牢思想道德防线，增强拒腐防变和抵御风险能力，时刻保持共产党人的政治本色。"山东坚定贯彻落实习近平总书记关于党的建设和组织工作的重要论述，始终把政治建设摆在首位，深入推进全面从严治党，为全面建成小康社会、推动各项事业发展提供了坚强保证。省委注重加强干部队伍建设，落实新时代党的组织路线和好干部标准，大胆使用"李云龙式""老黄牛式"干部，锻造忠诚干净担当的高素质、专业化干部队伍。注重发挥党组织战斗堡垒作用，深化软弱涣散村党组织集中整顿，选优配强带头人队伍。2020年底，山东组建加强农村基层党组织建设工作队，派出9078名干部深入开展驻村帮扶，帮助建强班子、化解矛盾、密切干群关系。省委注重锤炼求真务实过硬作风，巩固拓展"不忘初心、牢记使命"主题教育成果，开展作风大整顿，坚决纠治形式主义、官僚主义，以作风建设的实际成效取信于民。

1. "到人民群众最需要的地方去"

经济社会发展的美好蓝图不是喊出来、等出来的，而是干出来、拼出来的。事业成败，关键在党、关键在人。党徽承载重托，山东党员干部正以饱满的热情担起新使命，准确识变、主动求变，为改革发展创造新机会，为服务人民打开新局面。

不论是面对疫情，还是迎战自然灾害；不论是在脱贫攻坚的战场上，还是在高质量发展的紧要关口，广大党员干部毫不退缩、勇挑重担、全力以赴，将初心和使命镌刻在新时代的征程上。

2018年8月20日，受台风"温比亚"影响，潍坊寿光市连降暴雨，遭受历年罕见的洪涝灾害。面对暴雨袭城，寿光当地党员干部首先冲锋在前，一名党员一面旗，抗灾自救当先锋，寿光党员干部与全国、全省各地接连汇聚而来的红色力量，共同筑起冲不垮的"红色堤坝"，洪水中屹立不倒的醒目党旗让人感动。2019年8月11日，台风"利奇马"登陆山东，日照市莒县东莞镇孟家洼村村干部孟凡永，在抢险中被洪水夺走生命，令人痛心。2020年8月26日，台风"巴威"逼近胶东沿海，青岛、烟台等地当天降下暴雨。青岛市即墨区通济新经济区元庄社区，由基层党员干部、志愿者等组成的救援队伍，从低洼积水处转移群众的一幕，感人至深。

青岛市即墨区通济新经济区元庄社区的党员干部、志愿者救助群众

在狂风暴雨中，在滔滔洪水中，这些渺小但又伟大的个体和群体，默默负重前行，党性闪耀的初心之光，点亮万众民心。

解放思想，敢闯敢试。山东广大党员干部迎难而上，紧盯群众最急最忧最盼最愁的问题，啃"骨头"、涉"险滩"，解决了一大批急难险重问题。省领导带头化解信访积案，脱贫攻坚成果有效巩固，污染防治持续加力，扫黑除恶专项斗争战果丰硕，推动了改革发展稳定各项工作。

"有了它，'疑难杂症'有了兜底服务。"2021年初，济南市章丘区的百姓发现区政务服务大厅的窗口标识牌，多出一个"新成员"，它的"身形"比旁边几块牌子要大上一圈儿，蓝色底面上"办不成事"四个字格外醒目。虽然叫"'办不成事'反映窗口"，却是给办不成的事开辟了新通道，群众办事过程中可能遇到的"疑

济南市章丘区政务服务大厅"办不成事"反映窗口

难杂症"都可来此反映。章丘只是个案，山东多地主动攻坚，创新设立"办不成事"反映窗口，为群众办事提供兜底服务，确保难点、堵点有出口，群众办事不白跑、不扑空。

干事创业的精气神如何提振？要严管也要厚爱，要激励也要约束。山东对此有清晰考量：对任何工作，都要有功论功、有过追过，奖章要挂在具体人"胸前"，奖金要发到具体人"手里"，板子要打在具体人"身上"。

2018 年以来，山东省委制定《关于进一步激励广大干部新时代新担当新作为的实施意见》，出台"激励干部担当作为 22 条"；表彰"担当作为好书记""干事创业好班子"，创设"攻坚克难奖""勇于创新奖"；制定"精文简会 15 条"，出台全国首部省级减负法规，规范"一票否决""责任状"；坚持正确的选人用人导向，坚持不换思想就换人，不负责就问责，不担当就挪位，不作为就撤职。

自 2019 年 5 月底起，"不忘初心、牢记使命"主题教育分两批在全省先后开展。广大党员干部接受严肃深刻的党性洗礼，进行刀刃向内的自我革命，32.4 万个基层党组织，666.6 万名党员，8.4 万名县处级以上领导干部，筑牢信仰之基，把主题教育焕发出来的热情化为干事创业的强大动力。

全省广大党员干部"到基层一线去、到人民群众最需要的地方去"，他们沾满泥土的双脚留下一串串铿锵的足迹，计量着民生的厚度。山东已累计选派 5 万余名"第一书记"扎根基层。仅 2020 年就有 1.4 万名"第一书记"，奋战在脱贫攻坚和乡村振兴最前沿。同时，山东组选派出 1000 余支乡村振兴服务队、高质量发展服务队，2500 多个"四进"工作组，9078 名"加强农村基层党组织建设"工作队队员，直插一线，奔走忙碌，奋战攻坚。

2."功成不必在我，功成必定有我"

谁把人民放在心上，人民就把谁放在心上。

回望时下的沂蒙老区、黄河滩区，倾听百姓口述的"鱼水情深"故事，一幕幕回放，鲜活如昨。"滩建有我，今生无悔。"菏泽市东明县长兴集乡党委书记是一名乡镇基层党员干部，也是山东省优秀共产党员、山东省脱贫攻坚先进个人，在全省最大的纯滩区乡镇工作10年，曾负责黄河滩区居民迁建工作。而今，10个村台社区建设任务圆满完成，30个行政村、63个自然村的14375户滩区群众陆续喜迁新居，圆了百年安居梦。奋战到生命最后一刻的滩区迁建干部践行了"共产党员一诺千金，只为黄河滩区群众安居圆梦"的铮铮誓言。"带上母亲去扶贫、践行人间忠与孝"的省派"第一书记"自2015年3月起，五年间连续担任第二轮、第三轮、第四轮省派"第一书记"，他走遍了沂蒙老区沂水的每一个村镇、每一条山村小路。在他圆满结束扶贫工作任务即将离村时，百姓发出情真意切的呼唤："俺们舍不得书记走啊！"

群众心中有杆秤，党员干部们用担当赢得群众的信服和爱戴。

2021年3月，山东省脱贫攻坚一线"齐鲁时代楷模"先进事迹发布仪式在济南举行。其中，黄河滩区脱贫迁建攻坚群体当选"齐鲁时代楷模"。

"青松寒不落，碧海阔逾澄。"三年多时光，1300多个日夜，全省近两万名党员干部、十万多名建设者集结黄河滩，以"功成不必在我"的精神境界和"功成必定有我"的历史担当，鏖战大迁建，建功黄河滩，圆了60万滩区群众的安居梦，谱写了一曲新时代黄河大合唱。

党心连民心上下一条心,干事有力量,国家有底气。山东同全国一道已实现了现行标准下农村贫困人口全部脱贫、贫困县全部摘帽,中国脱贫攻坚战取得全面胜利。不忘初心走在前,牢记使命再出发。在以习近平同志为核心的党中央坚强领导下,从"两个一百年"奋斗目标的历史交汇点出发,我们身后是波澜壮阔的全面建成小康社会的攻坚奋进历史,我们前方是更加值得期待和憧憬的共富美好未来。

结语：全面小康照亮奋进山东

在庆祝中国共产党成立 100 周年大会上，习近平总书记代表党和人民庄严宣告："经过全党全国各族人民持续奋斗，我们实现了第一个百年奋斗目标，在中华大地上全面建成了小康社会，历史性地解决了绝对贫困问题，正在意气风发向着全面建成社会主义现代化强国的第二个百年奋斗目标迈进。"

回首奋斗路，山东在全面建成小康社会进程中取得的历史性成就，是亿万齐鲁儿女上下一心、众志成城，为奔向幸福生活绘就的史诗画卷，永远镌刻在齐鲁大地这片红色热土上。

江山就是人民、人民就是江山，打江山、守江山，守的是人民的心。这一历史性成就既是山东"由大到强"跨上新台阶的雄壮交响乐，也是让全省人民笑颜绽放的鲜活故事。它书写在消除绝对贫困的人间奇迹里，书写在日益织密织牢的社会保障体系中，书写在不断增多的蓝天、不断延伸的绿地、不断改善的居住环境里，书写在让人民生活"一年更比一年好"的不变追求里。

胸怀千秋伟业，恰是百年风华。全面建成小康社会，实现第一个百年奋斗目标，充分彰显了习近平新时代中国特色社会主义思想的实践伟力，充分彰显了中国共产党领导和中国特色社会主义制度的优势，激励着全党全国各族人民再接再厉，向实现第二个百年奋斗目标继续奋勇前进，不断为美好生活而奋斗。

历史照亮未来，征程未有穷期。站上新的起点，迈向新的征程，走在通往更加美好幸福生活的大道上，在以习近平同志为核心的党中央坚强领导下，齐鲁儿女勇做新时代泰山"挑山工"，不忘初心、牢记使命，不懈奋斗，永远奋斗，必将为全面开创新时代社会主义现代化强省建设新局面、实现第二个百年奋斗目标、实现中华民族伟大复兴的中国梦作出新的更大贡献！

主要参考文献

1. 中华人民共和国国务院新闻办公室：《中国的全面小康》，人民出版社 2021 年版。

2. 中华人民共和国国务院新闻办公室：《全面建成小康社会：中国人权事业发展的光辉篇章》，人民出版社 2021 年版。

3. 山东省人民政府研究室：《政府工作报告》，山东省人民政府官网政务公开栏，1994 年至 2021 年历届省人代会历次政府工作报告。

4. 中共山东省委党史研究室、山东省档案馆编著：《中共山东历史大事记（1949 年 10 月—1978 年 12 月)》，中共党史出版社 2001 年版。

5. 中共山东省委党史研究室编著：《中共山东历史大事记（1978 年 12 月—2002 年 6 月)》，中共党史出版社 2004 年版。

6. 许玉杰：《解读〈共产党宣言〉》，中国经济出版社 2010 年版。

7. 杨占辉：《富民强省新跨越——山东省第九次党代会以来发展变化解读》，《支部生活（山东)》2012 年第 7 期。

8. 余孝忠、刘宝森、陈国峰：《记者观察：构筑开放新高地的山东实践》，新华社济南 2019 年 2 月 27 日电。

9. 余孝忠、潘林青、张志龙：《融合"三生三美"打造乡村振兴齐鲁样板——山东落实习近平总书记全国两会重要讲话精神纪实》，新华社济南 2019 年 2 月 27 日电。

10. 徐锦庚、侯琳良：《腾出新空间　跑出加速度》，《人民日报》2020 年 8 月 19 日。

11. 鲁祖轩：《强基　引领　振兴——山东以莱西会议 30 年为新起点开启党建引领乡村振兴新篇》，《中国组织人事报》2020 年 10 月 12 日。

12. 中共山东省委理论学习中心组：《奋力书写决胜全面建成小康社会的山东答卷》，《光明日报》2020 年 12 月 6 日。

13. 赵秋丽、李志臣：《山东：涵养城市文明　焕发时代光彩》，《光明日报》2020 年 12 月 24 日。

14. 贺晓菲、王渌：《勇立潮头扬帆远航，山东打造对外开放新高地风鹏正举》，齐鲁网 2021 年 2 月 1 日。

15. 徐锦庚、侯琳良：《山东推动高质量发展取得有效进展，走在前列开新局》，《人民日报》2021 年 5 月 20 日。

16. 杨守勇、杨文：《生死与共的磅礴伟力——习近平总书记到过的红色圣地之山东篇》，新华社济南 2021 年 5 月 25 日电。

17. 赵成：《让沂蒙精神在新时代发扬光大》，《人民日报》2021 年 11 月 4 日。

18. 中共中央宣传部、中央党史和文献研究院、国家发展和改革委员会、国家广播电视总局、中央广播电视总台、中央军委政治工作部等单位联合摄制：大型文献专题片《我们走在大路上》，2019 年。

19. 中共中央宣传部、中央党史和文献研究院、国家发展和改革委员会、国家广播电视总局、中国社会科学院、中央广播电视总台、中央档案馆、中央军委政治工作部等单位联合摄制：大型文献专题片《敢教日月换新天》，2021 年。

20. 山东 16 地市宣传部：各地报送脱贫攻坚新闻报道集，2016—2021 年。

21.《大众日报》，1978—2021 年。

后　记

　　奋进小康路，建功新时代。《全面建成小康社会山东全景录》根据中共中央宣传部统一部署，由中共山东省委宣传部牵头组建编写组，山东画报社负责书稿编写，山东人民出版社承担出版任务。

　　全书依托《圆梦山东　奋进山东——"纪录小康工程"主题展》架构谋篇，各章开篇引言，以在齐鲁大地传唱不衰的极富山东特色的经典歌曲为切入点，以全景式、多层次、立体化方式，忠实纪录了党领导人民打赢脱贫攻坚战、全面建成小康社会伟大历史进程中的山东实践，生动展现了改革开放以来，特别是党的十八大以来，山东牢记习近平总书记嘱托，锚定"走在前列、全面开创"，统筹推进"五位一体"总体布局，协调推进"四个全面"战略布局，深入实施八大发展战略，纵深推进九大改革攻坚的历史图景，山东发展呈现由"量"到"质"、由"形"到"势"的根本性转变，绘就了最暖最亮的小康答卷。

　　为民族复兴修史，为伟大时代立传。中共山东省委宣传部高度重视本书编写工作，积极组织调度多方力量，保障编写出版工作顺利实施。具体编写工作，得到了袭艳春、魏长民等同志的关心指导，并得到刘大鹏、王安琛、孙坤、史斌等同志的大力支持。杨大卫同志协调编撰工作，程洪建同志执笔撰稿。

在成书过程中，全省 16 地市宣传部门报送了近年来脱贫攻坚有关新闻报道资料，省直相关单位提供了大量数据。书稿完成后，山东人民出版社邀请多位专家进行审读把关，专家们提出诸多中肯意见，进一步完善了书稿。因书中所用部分图片的拍摄者信息不详，无法一一确定或联系著作权人，请相关著作权人与山东人民出版社总编室联系，以便支付报酬，聊表谢忱。

历史照亮未来，征程未有穷期。齐鲁大地上全面建成小康社会的历史性成就，既是山东"由大到强"跨上新台阶的雄壮交响乐，也是让全省人民笑颜绽放的鲜活故事，凝聚起全面开创新时代社会主义现代化强省建设新局面的强大奋进力量，激励着我们更加紧密地团结在以习近平同志为核心的党中央周围，高举习近平新时代中国特色社会主义思想伟大旗帜，扛起光荣使命，赢得更大荣光！

因时间仓促，水平有限，书中难免会有一些疏漏之处，恳请读者批评指正，待再版时予以修正。

本书编写组

2022 年 6 月